빅데이터
경매분석
이렇게 쉽다고?

발품 줄이는 손품 노하우   역시 달라

빅데이터
경매분석

최윤석 지음

이렇게 쉽다고?

지지옥션

누군가의 성공사례가 아닌
나만의 성공 방정식에 집중하라

직장생활을 하며 월급을 받고 있음에도, 자영업을 하며 매달 수익을 얻고 있음에도 부동산 경매를 배우려는 이유가 무엇일까? 비슷한 시간을 들여 경매 공부를 했어도 꾸준히 많은 수익을 얻어 결국 전업투자자가 되는 사람이 있는가 하면, 투자금을 잃고 '다시는 부동산에 관심을 두지 않을 거야'라고 마음먹는 사람도 있다.

서점에 널린 성공신화의 주인공에게 맡기면 쉽게 돈을 벌 수 있을까? 투자를 통해 많은 수익을 얻었다는 성공사례는 발 없는 말보다 빠른 속도로 퍼져 나간다. 소문의 진원지는 대개 자신의 성공 스토리를 널리 알리고 픈 욕망과 명예욕으로 얼룩진 그 사례의 주인공이다. 천만 원으로 몇십억 벌었다더라는 이야기는 누구나 혹할 법한 이야기이고, 실제로도 많이 유혹당한다. 반면 투자 실패사례는 어렵게 모은 종잣돈을 손해 보는 경우가 많아 당사자에게 엄청난 정신적 고통과 자괴감을 안겨준다. 그래서 꼭꼭 숨겨두고 아무에게도 알리지 않으니 아는 사람이 거의 없다.

그렇게 우리는 실패사례보다 성공 스토리를 더 자주 접하게 되고, 그러다 보면 쉽게 돈을 벌 수 있다는 착각에 빠진다. 성공신화의 주인공을 만나 존경하고 따르며 그가 소개해주는 물건을 아무런 검증 절차 없이 매수하다 보면 나도 곧 10억대, 100억대 부자가 될 것만 같다. 그러나 추천만으로 해당 아파트를 매입했다가 전세 만기가 도래하는 2년 후에 마주하게 되는 진실은 무엇일까?

처음 함께 경매를 배웠던 40여 명의 동기들은 누구보다 열정적이고 부지런했다. 수업시간에 배운 내용을 요약하며 함께 공부하고, 삼삼오오 모여서 임장을 다니고, 중개사무소에 가서 매수자 또는 매도자인 척 연기도 했었다. 두근거리는 가슴을 부여잡고 경매 부동산의 초인종을 누르고 법원에 입찰표를 제출하며 설레기도 했다. 지금 그 사람들은 다 어디로 갔을까?

10여 년이 지난 지금, 3명을 제외하고는 모두 생업으로 돌아갔다. 비율로 따지면 부동산 투자를 지속하고 있는 사람은 7.5%에 불과하다. 물론 필자를 포함해 경매 투자를 지속한 3명의 인생은 현재 많이 바뀌었다. 더는 직장 상사의 눈치를 보지 않아도 되고, 15분 만에 점심식사를 입 안에 쓸어 담지 않아도 된다. 월급을 받을 때보다 경제적으로 더 여유로우면서도 시간을 자유롭게 쓸 수 있게 된 것이다.

필자도 직장생활과 부동산 경매 공부 및 투자를 병행하다가 현재는 전업투자자로 활동하고 있다. 지금까지 숱한 경매 입문자들을 만났지만, 그들 중 상당수는 입문 2~3년 차에 좌절하며 부동산 투자 세계를 떠나버렸다.

직접 일하며 돈을 버는 근로소득이 아닌 일정한 돈을 굴려서 수익을 얻는 재테크에는 참 많은 종류가 있다. 주식, 펀드, 파생상품, 채권, 금, 가상화폐 등등……. 이 중 경매 투자는 내가 노력한 만큼 수익을 얻을 수 있어 예측 가능하면서도 안전한 투자법이다. 물론 초반에는 노력에 비해 별 성과가 나오지 않는다. 그러다 어느 정도 시간이 지나면 노력에 비례한 성과를, 때로는 노력한 것보다 더 많은 수익을 안겨주기도 한다.

그런데 경매 입문자 중에는 이렇게 생각하는 사람들이 적지 않다. 아니, 꽤 많다.

'저 사람이 추천해주는 물건은 당연히 수익이 나겠지? 무조건 돈을 벌 수 있을 거야.'

누군가가 추천해주는 물건을 아무 생각이나 검증 절차 없이 사는 것은 결코 노력이라고 할 수 없다. 그럼에도 다른 이가 들려주는 물건 설명을 생각 없이 받아 적는 것이 곧 스스로 노력하는 것이라 착각하고, 시간 투자를 했으니 당연히 수익으로 돌아오리라는 잘못된 믿음을 갖는 것이다.

자신의 실력을 키우려는 노력을 하지 않고 성공신화에만 홀려 일확천금을 바란다면 부동산 투자나 도박이나 다를 바가 전혀 없다. 그나마 도박은 내가 투자한 돈만 날리면 되지만, 부동산 투자에 실패하면 투자금보다 더 많은 부채가 생길 수도 있다. 안타까운 사연을 종종 접하면서 경매를 시작하는 사람들에게 필요한 것이 무엇일까 고민을 해보았다.

오랜 기간 잃지 않는 투자를 지속하려면 반드시 두 가지 눈에 입각한 기준이 필요하다. 이 두 가지 기준에 따른 부동산 물건별(아파트, 상가, 토지, 지식산업센터, 다가구주택 등) 판단 기준을 이 책에서 설명하고 있으니, 계속해서 상기하고 책을 덮은 후에도 잊지 않았으면 한다. 아울러 초보자의 관점에서 어떤 방식으로 시간을 내서 실력을 쌓고, 시간이 부족한 직장인이나 자영업자가 현장으로 나가기 전에 어떠한 방식으로 사전조사를 해야 하는지, 그리고 현장에서는 어떻게 효율적으로 조사를 해야 하는지 등에 대해서도 말하고자 한다.

민법적 권리분석(대항력, 말소기준권리, 주택임대차보호법, 상가임대차보호법 등)에 대한 내용은 쉽게 만나볼 수 있으므로 그에 관한 내용은 깊이 다루지 않을 것이다. 그 대신 부동산 경매 투자자라면 꼭 알아야 함에도 다른 곳에서 심도 있게 다루지 않았던 부분을 중점적으로 설명했고, 최대한 쉽게 따라할 수 있도록 했다. 이 책의 독자들 모두가 스스로 노력해서 행복을 찾는 데 조금이라도 도움이 되기를 소망한다.

그동안 지방에 대리입찰을 다니느라 고생하신 어머니, 적기에 부동산 투자의 길로 안내해주신 아버지, 만만치 않은 투자자의 길을 묵묵히 응원하며 든든한 우군이자 투자 동료로서 커다란 버팀목이 되어준 사랑하는 아내에게 깊은 고마움을 전한다.

CHAPTER **03**　　**팔 때 가격이 오르는 아파트 찾는 방법**

CHAPTER **04**　　**돈 되는 빌라 고르는 방법**

CHAPTER 07   **소형 오피스텔·도시형 생활주택으로 월세나 받아볼까?**

▼

경매를 배워야 하는 이유

부동산에 대한 작은 관심이 당신의 미래를 바꾼다
경매를 모르면 착하게 살아도 피해 볼 수 있다
수익을 언제까지 운에 맡길 것인가
경매 투자와 다른 재테크의 차이점

부동산에 대한 작은 관심이 당신의 미래를 바꾼다

▼

1970년생 A는 고교 시절을 통틀어 전교 1등을 단 한 번도 놓친 적이 없었다. 매일 새벽 5시에 일어나 공부하고, 방과 후에도 온종일 책을 붙들고 살았다. 넉넉지 않은 집안 형편 탓에 비싼 사교육은 엄두도 낼 수 없으니, 잠을 줄이고 최대한 책을 오래 들여다보는 수밖에 없었다. 형과 어린 여동생이 있긴 했지만 둘 다 공부에 취미가 없어 부모님의 기대는 온통 A에게 쏠렸다. 등록금이 비싼 사립대학 대신 국립대학에 들어가기 위해 무던히 노력한 A가 마침내 원하던 국립 의과대학에 합격하던 날, 본인과 가족 모두가 뛸 듯이 기뻐했다. A는 부모님을 편하게 해드릴 날이 가까워진 것 같아 설레었고, 그간의 노력에 대한 보상을 받았다는 생각에 더없이 뿌듯했다.

그러나 대학 입학은 또 다른 고행의 시작이었다. 예과 2년, 본과 4년 동안 고등학교 때보다 잠을 더 줄여야 했고, 더 많은 시간을 공부에 투자했다. 그래도 공부할 양이 워낙 많은 탓에 성적이 기대만큼 나오지 않았다. 이렇게 전쟁 같은 대학생활 6년을 보내고 의사 국가고시에 합격했건만 바로 진료를 볼 수는 없었다. 1년간의 인턴생활과 4년간의 레지던트 과정을 거쳐 전문의 자격을 취득해야 했다. 하루 12시간 업무는 기본이고, 한 달에 열흘가량 24시간이 넘는 당직 근무를 서고 나면 그야말로 만신창이가 됐다. A는 그렇게 대학 입학 후 총 11년에 걸친 고된 시간을 견뎌낸 끝에, 드디어 꿈에 그리던 전문의 자격을 취득할 수 있었다.

이후 A는 정형외과 전문의로서 쉬지 않고 연구하는 한편, 진료를 보고 수술을 하며 역량을 키워나갔다. 수술 실력이 입소문을 타면서 그를 스카우트하려는 병원이 늘었고, 자연히 연봉도 높아졌다. A는 말 그대로 집안의 기둥이었다. 여동생의 대학 등록금부터 형의 사업 자금, 부모님 생활비까지 모두 A가 마련했다. 결과적으로 부모님, 결혼한 형과 여동생뿐만 아니라 본인의 가정까지 부족함 없이 행복하게 살았다. 그는 벌어들이는 돈의 대부분을 가족에게 썼기 때문에 많은 종잣돈을 마련하지는 못했다. 그래도 계속 일을 하면 되니 큰 걱정은 없었다. 그가 가족을 위해 얼마나 많은 노력과 희생을 했는지 알기에 A는 온 가족의 존중과 사랑을 한 몸에 받았다. 그도 명절 때마다 가족들의 극진한 대접을 받으면서 어깨가 으쓱해지곤 했다.

그런데 몇 년 전부터 분위기가 사뭇 달라졌다. 일밖에 모르는 A와 달리 형은 재테크에 관심이 많았고, 그중에서도 부동산에 흥미를 느껴 공부를 시작했다. 2013년 형은 서울 강서구에 있는 아파트를 3채 매입했고, 여동생도 형의 권유에 따라 과천의 모 아파트를 샀다. 더욱이 형은 부모님도 내 집 마련을 해야 한다고 설득해 전세금을 빼서 인덕원에 소재한 중소형 아파트를 사게 했다.

형은 A에게도 병원 근처의 아파트를 구입하라고 권했다. 하지만 A는 "아파트 갖고 있어봤자 재산세나 내야 하는데 뭐 하러 사? 난 일에나 집중할래"라며 거절했다. 집은 사람이 거주만 하면 그만이지 굳이 소유할 필요가 없다고 생각하며 직장 근처의 평수 넓은 집에서 전세로 사는 데 만족했다. 노령 인구가 점점 늘어나는 반면 수술이 가능한 정형외과 의사 수는 많지 않아 A의 몸값은 계속 치솟았고, 연봉이 2억 원에 육박했다. 그렇다 보니 신축도 아닌 구축 아파트에 투자해봤자 억 단위 수익을 기대하긴 힘들 것 같은데 이를 권유하는 형이 이해가 되지 않았다.

그런데 2013년 형이 4억 2,000만 원에 샀던 마곡의 아파트 2채가 2018년 9억 원대에 팔렸고, 여동생이 4억에 샀던 과천의 아파트 역시 8억 5,000만 원으로 뛰었다. 형의 권유로 전세금을 빼 3억 원에 매입한 부모님의 인덕원 아파트도 6억 원까지 상승했다. 단순 계산으로도 형 덕분에 가족이 17억 원을 벌어들인 것이다. 이제는 명절에 모일 때마다 어깨에 가장 힘이 들어가는 쪽은 A가 아니라 형이었고, 온 가족이 우리 집안의 대들보라며 치켜세우는 사람도 형으로 바뀌었다.

수술을 직접 집도하기 힘든 나이에 가까워질수록 연봉도 적잖이 떨어질 것이다. 그러다 보면 곧 정년퇴직이 닥칠 텐데 막상 모아둔 돈이 없으니 A는 불안해졌다. 직장 근처는 이제 내 집 마련을 하기엔 가격이 너무

마곡·과천·인덕원 아파트 가격 추이

출처 : 아파트 실거래가

서울 강서구 방화동
마곡푸르지오 / 32평(84.99㎡)

경기 과천시 별양동
주공4단지 / 23평(60.83㎡)

경기 안양시 동안구 관양동
인덕원삼성 / 24평(59.80㎡)

많이 올라 부담스러웠다. A는 '형이 권할 때 내가 살 집 한 채라도 사둘
걸⋯⋯' 하고 후회했다. 늦게나마 부동산 투자를 해보려 했지만 이미 아
파트는 가격이 많이 오른 것 같고, 은퇴 이후를 생각해서 지속적으로 월
세를 받을 수 있는 상가에 관심을 두게 되었다. 그러다 경기도청, 검찰청,
법원 이전 등 큼지막한 호재가 많아 장래가 밝다는 분양상담사의 말에
광교의 널찍한 상가를 분양 받았다.

총투자금만 2억 이상에, 대출을 최대한 끌어 모아 8억 원이 들어갔다. 이 정도면 2013년 당시 서울의 아파트를 3채 이상 살 수 있는 금액이다. 어차피 과거를 돌이킬 수는 없으니, 분양상담사의 말대로 좋은 임차인 만나 꼬박꼬박 월세 받는 일만 남았다고 생각하기로 했다. 그런데 이게 웬일인가! 입주가 시작된 지 6개월이 넘도록 들어오겠다는 임차인이 없었다. 매달 이자와 관리비 등으로 200만 원 넘는 생돈이 나갔다.

A는 기대와는 전혀 다른 현실 앞에 어쩔 수 없이 임대료를 내리고, 6개월간 임대료를 받지 않는 렌트프리를 조건으로 내세웠다. 그래도 전혀 반응이 없었다. 엎친 데 덮친 격으로 인근에 또 다른 대규모 상가가 입주한다는 소식이 들려왔다. A는 분양 받은 가격에라도 처분하려 했지만 공실인 상가를 거들떠보는 사람은 아무도 없었다. 호가를 5,000만 원 내렸는데도 사겠다는 사람이 없자 두 달 후 5,000만 원을 더 내렸다. A의 속은 까맣게 타 들어갔다.

'내가 뭘 잘못했기에, 지금까지 누구보다 열심히 살았는데, 왜 이런 실패를 겪어야 하는 거지?'

경매를 모르면 착하게 살아도 피해 볼 수 있다

▼

돈을 벌 목적이 아니라면 부동산 경매를 몰라도 되는 것일까? 투자할 생각이 전혀 없어 경매에 대해 몰랐던 사람들에게 일어난 두 가지 사례를 살펴보자.

2018년 8월 낙찰 받은 경기도의 한 아파트를 명도(거주자를 내보내는 일)하러 갔을 때의 일이다. 그 집에는 임차인이 전세로 살고 있었는데, 전액 배당 대상자였다. 법원에서 조금이라도 배당금을 받아 가야 하는 임차인의 경우, 낙찰자의 인감증명서가 첨부된 명도확인서가 있어야만 보증금을 찾아갈 수 있다. 따라서 낙찰자에게 적대적인 경우는 거의 없다.

　　그런데 이사 당일 내부를 확인하고 명도확인서를 주러 방문했더니 임차인이 대뜸 화를 냈다.

　　"내가 이 집이 경매 넘어가는 바람에 얼마나 손해가 큰지 알기나 하세요? 이 집에서 이사를 나갈 수가 없어서 어쩔 수 없이 서울에 갖고 있던 집을 팔았는데, 제가 팔고 나서 그 집이 3억이나 올랐어요! 그러니까 제가 3억이나 손해 본 거라고요."

경매물건의 임차인·등기부 현황

출처 : 지지옥션

임차인현황

임차인/대항력		점유현황	전입/확정/배당	보증금/월세	예상배당액 예상인수액	인수
정OO 전세권자	有	[주거/전부] 전부	전입 2011-10-25 확정 2016-08-11 배당 2017-11-06		-	인수

임차인수 : 1명 / 보증금합계 : 0 / 월세합계 : 0

임차인 배우자의 진술에 의하면 본인 가족만 거주한다고 함.임차내용은 임차인 배우자의 진술 및 주민등록상 등재내용을 기재한 것임 경　　:전세권자로서 이 사건의 신청채권자임

등기부현황 (열람일자:2017-11-09)

접수일자	권리종류	권리자	채권금액 예상배당액	말소	비고
2006-12-13	소유권	하OOOO			
2016-08-11	전세권	정OO	300,000,000	인수	
2016-08-31	가압류	신용보증기금 ▇▇▇	182,000,000 94,114,139	말소	말소기준등기 2016 카단 ▇▇▇ (양도)
2016-09-21	가압류	신보2014저▇차유동화전문	500,000,000 258,555,327	말소	2016 카단 ▇▇▇서울중앙 (양도)
2017-11-06	임의	정		말소	경매기입등기

등기부채권총액 : 982,000,000

이 임차인의 경우 전입은 2011년에 했다. 그 후 2016년에 전세권을 설정했고, 2017년에 전세권에 기한 임의경매를 신청한 것이다. 만약 본인의 서울 집으로 이사할 생각이었다면 좀 더 일찍 경매를 신청해서 보증금을 배당 받고 이사를 갔어야 한다. 직접 경매로 넘기기는 귀찮고 자금 여력이 있다면, 임차권 등기를 해두고 나서 이사를 가도 큰 문제는 없었다.

하지만 이 임차인은 현재 수도권 부동산시장이 어떤지, 본인이 소유한 집 인근의 부동산시장에 어떤 변화가 있는지 전혀 관심이 없었다. 평소 조금이라도 관심이 있었다면 매도가가 상승할 것을 예상했을 테고, 섣불리 서울의 집을 팔아버리지도 않았을 것이다. 결국 모든 문제의 원인은 본인에게 있었다.

또 다른 사례를 살펴보자. 전 재산이 1억 원인 사람이 있었다. 마음에 드는 연립주택이 있어 임대차계약서를 쓰기 전에 등기사항전부증명서를 확인해보니 아무 권리도 기재되어 있지 않았다. 등기부가 깨끗한 상태에서 들어가면 보증금은 안전하다는 말을 들은 적이 있어서 안심했다.

'행여나 경매로 집이 넘어가도 내 보증금은 다 지킬 수 있겠지?'

그는 실제로는 1월 21일에 이사를 들어갔는데, 전입신고와 확정일자의 개념을 잘 알지 못했다. 이사 당일(1월 21일) 확정일자만 받고, 전입신고는 중요하게 생각지 않아 2월 16일에 신고한 것이다.

그런데 이사 후 전입신고일보다 앞선 2월 4일에 시중은행과 저축은행에서 근저당권을 설정했고, 이 물건은 약 2년 후 법원경매에 부쳐졌다. 이 임차인은 어떻게 되었을까? 이 집은 약 2억 4,000만 원에 낙찰되었는

경매물건의 임차인·등기부 현황

출처 : 지지옥션

임차인현황

임차인/대항력		점유현황	전입/확정/배당	보증금/월세	예상배당액 예상인수액	인수
손OO	無	[주거/전체] 전체 점유2010.1.20-2012.1.20	전입 2010-02-16 확정 2010-01-21 배당 2012-03-30	보 100,000,000	-	소멸

임차인수 : 1명 / 보증금합계 : 100,000,000 / 월세합계 : 0

현황조사차 방문한 바 점유자를 만날수가 없었으며 안내문을 현장에 두고 옴. 전입세대열람내역상 손   세대만 전입되어 있음

등기부현황 (열람일자:2013-08-20)

접수일자	권리종류	권리자	채권금액 예상배당액	말소	비고
2010-02-04	소유권	차OO			
2010-02-04	근저당권	■■은행 분당■	226,800,000 226,800,000	말소	말소기준등기
2010-02-04	근저당권	■■저축은행 구리	48,700,000 11,130,255	말소	
2011-10-18	가압류	■■기업은행	50,000,000	말소	
2012-01-03	가압류	기술신용보증기금	265,649,706	말소	
2012-02-15	임의	우리은행 여신관리부		말소	경매기입등기
2012-02-22	임의	한국가스관리공사 경기지역본부실 립사무국		말소	
2013-03-15	압류	안산세무서		말소	

등기부채권총액 : 591,149,706

데, 임차인은 가장 빨리 이사를 들어갔지만 경매 과정에서 배당금을 한 푼도 받아 가지 못했다.

안타깝게도 그에게는 배당금을 온전히 찾아갈 기회가 충분히 있었다. 이사와 동시에 전입신고만 했더라면 주택임대차보호법상 낙찰자에게 돈을 다 받을 때까지 나가지 않아도 되는 권리인 '대항력'과 돈을 받을 수 있는 권리인 '우선변제권'이 두 은행보다 먼저 발생했을 것이다. 그러나 전입신고에 대한 이해가 부족한 탓에 그는 한 푼도 배당 받지 못했고, 살던 집에서도 대항력이 없어 쫓겨나야 하는 처지에 놓였다.

대항력과 우선변제권은 법원경매를 배울 때 앞부분에서 다뤄지고, 무

료 강좌나 무료 영상, 언론을 통해서도 자주 언급되는 내용이다. 그러나 평소에 전혀 관심이 없고 몰랐기 때문에 소중한 재산 1억 원을 날려버린 것이다. 물론 1억 원의 채권 자체가 없어지는 것은 아니다. 임대인에게 소송을 통해 받을 수는 있지만, 법원경매까지 진행된 임대인은 십중팔구 많은 빚을 졌을 테니 실제로 돈을 받기까지는 굉장히 오랜 기간이 걸리거나 불가능할 수도 있다.

이쯤 되면 꼭 투자가 목적이 아니더라도 부동산을 모르면 억울한 상황에 처하는 경우가 자주 발생한다는 것을 알 수 있다. 억울한 정도에서 끝나는 것이 아니라 실제로 금전적 손해를 볼 수 있다. 내 집 마련을 하거나 투자를 할 때면 '이 물건을 팔고 다른 물건을 사야 하나, 아니면 더 보유해야 하나'라는 선택의 순간이 온다. 그리고 그 선택으로 인해 자산이 늘어날 수도 있고, 반대로 줄어들거나 삶의 질이 떨어질 수도 있다.

이 책을 읽는 독자들은 그러한 순간에 적어도 실패하는 선택은 하지 않으리라 믿는다. 집을 사려고 마음먹었을 때, 전세 만료 기간이 되어 이사 가야 할 때, 주식이나 펀드 투자 등이 재미가 없어서 부동산 투자를 해보고자 할 때, 학교 다닐 때처럼 일주일 만에 벼락치기 공부를 하고 덜컥 계약을 하거나 매입한다면 실패할 확률이 매우 높다. 부동산 가격이 상승하고 하락하는 데에는 여러 요인이 복합적으로 영향을 미친다. 이 원리를 이해하기 위해서는 평소에 꾸준히 관심을 가지고 있어야 한다.

수익을 언제까지 운에 맡길 것인가

▼

부동산 경매 투자를 하다 보니 직장생활을 할 때보다 경제적으로 여유가 생기는 것 외에도 여러 장점이 많아 가까운 친구에게 함께 배우는 게 어떠냐고 권유를 한 적이 있다. 그런데 항상 내 말에 맞장구를 잘 쳐주던 그 친구가 이렇게 말했다.

"야, 난 집으로 투자할 생각 없으니 부동산이나 법원경매 같은 건 절대 안 배울 거야. 사람 사는 집으로 장난치는 건 투기꾼들이나 하는 짓이지. 정직하게 월급 받아서 아껴 쓰면 된다고 생각해. 불로소득으로 돈 버니까 좋아?"

의외의 반응이 돌아왔다. 과연 부동산 지식은 돈 벌 목적이 아니면 알 필요가 없는 것일까?

비슷한 재산에 부동산에 별다른 관심이 없고 서울 강남권으로 출퇴근하는 세 친구가 있다. 모두 2013년에 결혼하고 수입은 비슷하다고 가정해보자.

A는 결혼하면서 서울 집값이 더 하락할 것 같지 않은 예감이 들었다. 전세를 살면 내 집이 아니라서 불편한 점이 많을 듯싶어 집을 사는 편이 낫겠다고 생각했다. 가격이 오를 거라는 확신은 없었지만, 아내를 설득해 주택담보대출을 받아 직장에서 지하철 여섯 정거장 거리인 동작구의 전용면적 25평형 아파트를 4억 원에 구매했다. 오래되고 약간 좁긴 해도 출퇴근 편하고 집에 일찍 도착하니 개인 시간을 많이 가질 수 있었다.

욜로족인 B는 평소 집은 소유하는 게 아니라 거주하는 것이라고 생각해왔다. 가지고 있어봤자 세금이나 내야 하고, 수억 원이 넘는 집을 사느니 남들 눈에 더 경제력 있어 보이는 고급 수입차를 사는 편이 낫다고 생각했다. 집이 좁으면 친구들 초대하기도 불편하고, 출퇴근 시간을 버리는 것이 싫어서 직장과 가까운 강남구 도곡동의 주상복합아파트 54평형 전세를 선택했다. 저금리로 전세자금대출을 받아 보증금 4억 8,000만 원을 지불했다.

C는 남의 집에 사는 것은 싫고, 내 집 마련을 위해 대출을 받는 것은 더더욱 싫었다. 다른 이의 돈을 끌어다 쓰는 것은 학자금 대출 받던 때가 마지막이라고 생각했다. 하지만 본인과 아내가 모은 돈으로 대출 없이 살 수 있는 집을 찾다 보니 서울 아파트는 언감생심이었다. 서울과 맞닿아 있는 경기권의 아파트도 가격이 만만치 않았다. 서울에서 멀어질수록 아파트 가격은 저렴해진다. 그렇다고 논밭 한가운데에 아파트만 덩그러니 있는 곳은 아내와 미래에 생길 아이가 살기에 불편할 것 같았다. 그래서 서울에선 좀 멀지만 상가와 편의시설이 많고 학군이 좋은 동탄1신도시로 이사 왔다. 출퇴근 시간이 오래 걸리긴 하겠지만 '나 하나만 불편을 감수하면 된다'고 생각했다.

이들의 현재 운명은 어떻게 달라졌을까?

A의 경우 실제로 살고 있던 서울의 아파트 가격이 두 배 이상 상승했다. 4억 원에 구매한 아파트가 9억까지 올라, 가격 상승분을 연 단위로 나누면 거의 연봉에 육박할 정도다. 1년에 8,000만 원씩 번 꼴이다. 서울에 집을 구하지 않았던 B와 C보다 자산가치가 많이 증가했지만, 그렇다고 마냥 행복한 것은 아니다. 둘째 아이가 곧 태어나서 현재 25평형보다

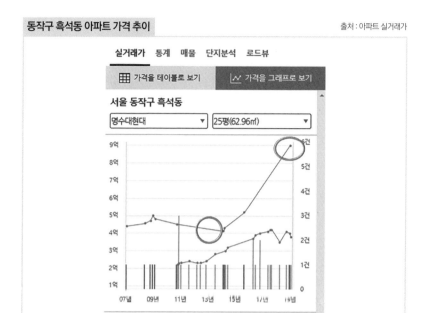

더 넓은 집으로 이사를 하고 싶은데, 내 집만 오른 것이 아니라서 가까운 곳의 큰 평수로 가려면 더 많은 대출을 받아야 한다. 그렇다고 전세로 들어가자니 계속 가격이 오를 것 같고, 가격에 맞춰 서울 중심부에서 떨어진 저렴한 곳으로 옮기자니 다시는 강남 가까이 올 수 없을 것 같다.

B는 서울 야경이 시원하게 보이는 통창이 달린 54평형 주상복합아파트에 친구들을 불러 집들이를 하고 고급 승용차를 자랑하면서 자아도취에 빠졌다. 그러나 행복한 시간은 딱 2년뿐이었다. 지금은 셋 중 자산이 가장 많이 줄었다. 자랑거리였던 넓은 통창은 여름에는 무더위로, 겨울에는 추위로 그를 지치게 했다. 에어컨을 최대로 틀어도 여름에는 비닐하

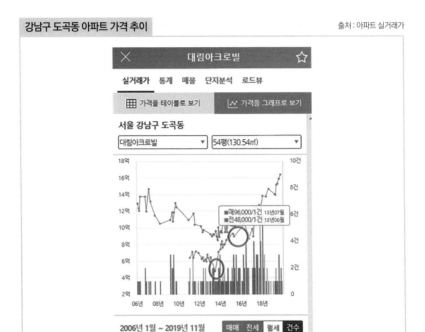

우스에 들어앉은 듯 더웠고, 두꺼운 암막 커튼을 치고 보일러 온도를 최고로 올려도 겨울에는 한데에 나앉은 듯 추웠다. 창문이 한쪽에만 있으니 환기도 잘되지 않았다. 전용률이 낮은 주상복합의 특성상 비슷한 전용면적의 아파트보다 관리비를 1.5배 이상 내야 해 지출도 많았다.

　더 큰 문제는 2년 만에 전세가가 4억 8,000만 원에서 9억 원으로 급등하는 바람에 이사를 갈 수밖에 없게 된 것이다. 그는 '경기도 시흥, 안산, 동탄2신도시에 신축 아파트가 한꺼번에 많이 나와서 전세가 싸다는데 그쪽 새 아파트로 가볼까? 아니면 이제라도 내 집 마련을 해야 하나?'라며 늦은 고민에 휩싸이고 말았다.

C는 만만하게 보았던 출퇴근 지옥을 몇 년째 겪는 중이다. 실은 강제 다이어트를 하게 되면서 출퇴근 일주일 만에 후회했다. '같은 단지 사람들은 대부분 직장이 근처 대기업이고 셔틀버스가 아파트 앞까지 데리러 오는데, 나는 왜 한 시간을 줄 서서 기다렸다가 50분 동안 광역버스를 타고 가야 하는 걸까?' 출근 시간, 끝도 없이 늘어서 있는 버스 대기 줄을 보니 헛웃음만 나온다. 회식이라도 하는 날에는 10시가 넘어서 버스를 타야 하는데, 30분에 한 대밖에 다니지 않아 집에 오는 길은 험난하고 기운이 빠진다. 강남역 신분당선 출구에서 이미 만석인 버스의 입석이라도 타기 위해 정류장에서는 매일같이 $100m$ 달리기가 이어진다. 친구 A처럼

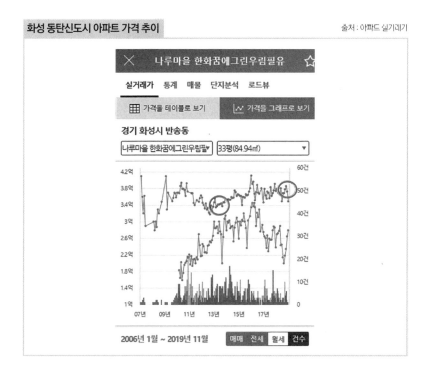

CHAPTER 01 경매를 배워야 하는 이유 029

집값이라도 올랐으면 위안이 되련만, 경부고속도로 건너편에 어마어마하게 큰 규모로 생긴 동탄2신도시 때문에 전세 시세는 더 내려갔고, 매매가도 크게 오르지 않았다. 서울과 그에 인접한 경기권은 집값이 크게 올랐다는데 여기는 잠잠하기만 하다. 지금이라도 팔고 이사를 해야 할까? 아니면 지금껏 버텼으니 좀 더 기다려봐야 하는 걸까? C도 고민이 깊어지고 있다.

A는 확신은 없었지만 운 좋게 자산이 증가했다. B는 자산이 줄어든 데다 직장에서 점점 더 먼 곳으로 밀려나며 상대적 박탈감에 시달리고 있다. C는 교통이 좋아질 때까지 버티면 가격이 더 상승할지, 아니면 대출을 끌어모아서 더 위쪽으로 이사를 해야 할지 쉽지 않은 고민의 늪에 빠져 있다. 순간의 선택으로 인해 세 친구의 경제 상황은 이처럼 천양지차가 되었다.

물론 위 이야기는 허구지만 우리 주변에서 어렵지 않게 만날 수 있는 사례들이다. 노력 여부나 그 정도와 무관하게 순간의 선택이 자산의 크기와 삶의 질을 결정한 것이다.

많은 사람들이 생활에 필수적인 의식주 중 먹는 것과 옷을 고를 때에는 철저하게 본인의 주관에 따라 움직인다. 맛집을 찾기 위해 인터넷을 검색하거나 SNS에서 후기를 읽어보며 어떤 메뉴가 맛있을지 고심한다. 마음에 드는 옷을 사기 위해 이 가게 저 가게 비슷한 옷을 입어보며 고르고 또 고른다. 마음에 드는 옷이 있어도 매장에서 바로 사지 않고 모델명을 인터넷에서 검색한 후 최저가로 산다. 만약 외국이 더 저렴하다고 하면 해외여행 때 구매하기도 한다.

집은 살면서 가장 많은 시간을 보내는 곳이자 옷이나 밥과는 비교할 수 없을 정도로 많은 돈이 들어간다. 그런데도 집을 구매할 때에는 자신만의 뚜렷한 기준 없이 너무나 쉽게 선택한다. 먹고 입는 것보다 몇만 배 더 비싼 집을 고를 때 대부분의 사람들은 어떻게 할까?

공인중개사 여기는 초등학교가 바로 앞에 있고요, 마트도 가깝고 요 앞에 전철이 뚫릴 예정이에요. 4베이 구조라 햇빛도 잘 들어오고 옆 단지보다 동 간격도 넓어요. 사장님 직장과도 가깝죠. 급매라서 오후에 두 팀 더 보러 오기로 했는데, 어떻게 하실래요? 가계약금이라도 먼저 거세요. 오늘 중으로 무조건 나갈걸요?
구매자 앗, 정말요? 이 집 마음에 쏙 드는데……. 말씀대로 집이 조용하고 햇빛 잘 들어오고 구조도 너무 잘 빠졌네요. 에잇, 시간이 없다니까 우선 가계약금 쏠게요. 계좌번호 빨리 알려주세요.

이렇게 주관 없이 순전히 다른 사람의 말만 듣고, 인근 지역 사정과 내부 구조가 어떻게 되는지만 확인한 뒤 결정하기 일쑤다. 집의 내부 구조, 동 간격, 학군 등도 중요하지만 더 중요한 것은 해당 지역의 부동산 가치가 앞으로 상승할 것인지 하락할 것인지를 아는 것이다. 분양 받거나 매수한 집의 가격이 폭락했던 경험이 있는 이들이라면 무슨 말인지 이해할 것이다.

누구나 살면서 지불하는 가장 큰 돈이 바로 집을 구매하는 비용이다. 절댓값이 크기 때문에 월급을 모아도 감당할 수 없을 만큼 상승하는 때도 있고, 몇 달치 월급에 해당하는 금액만큼 하락하는 때도 있다. B의 사례처럼 중심부에서 점점 밀려나는 경우도 허다하다. 이처럼 삶에 큰 영향을 주지만 정작 학교에서는 집이나 부동산에 대해 가르쳐주지 않는다. 그러니 직장생활을 하면서 딱 한 가지만 공부할 수 있다면, 자신의 삶에 중대한 영향을 끼치는데도 학교에서는 절대 알려주지 않았던 부동산에 집중해야 한다.

경매 투자와 다른 재테크의 차이점

처음 부동산을 접하는 사람들 중에는 부동산 공부가 흥미롭다고 생각하는 이들도 있지만 어려워하는 사람도 많다. 생소한 용어가 많다 보니 이런 생각을 하는 경우가 종종 있다.

'어차피 부수입 올리려고 하는 재테크 수단인데, 군이 직접 발로 뛰어야 하는 부동산 투자를 할 필요가 있나? 스마트폰으로 손쉽게 할 수 있는 주식이나 똑똑한 은행 직원들이 알아서 투자해주는 펀드나 채권 투자 하면 되잖아? 이도 저도 아니면 가상화폐나 사두지 뭐.'

얼마 전 제1금융권에서 절대 안전한 상품이니까 안심하라며 판매한 해외금리 연계형 파생결합증권(DLS)의 원금 손실률이 약 60%로 확정되었다고 한다. 1억 원 가입해야만 투자가 가능한 상품이었으니, 최소 금액인 1억 원을 투자한 사람은 6개월 후에 4,000만 원만 돌려받는 셈이다. 오랫동안 어렵게 모은 목돈을 안전하다는 말을 믿고 맡겼는데 흔적도 없이 증발해버린 것이다. 이런 상품을 추천하는 사람들은 과연 자신의 목돈을 직접 투자해보고 판매를 하는 것일까? 실제로는 그렇지 않은 경우가 많고, 이해가 부족한 상태에서 투자 상품을 파는 경우도 적지 않다.

이러한 투자의 더 큰 문제점은 이것이다. 투자자의 관점에서 가치가 오를 것인지, 투자 과정 중에 어떤 위험성이 있는지를 알 수 없고, 그러한 위험을 미리 알고 대비하는 것은 더더욱 어렵다는 점이다. 대부분은 전혀 예측할 수 없다. 그렇다면 부동산 경매와 다른 재테크 수단에는 어떤 차이가 있을까?

내 수익(률)을 미리 결정할 수 있다

6,000만 원짜리 소형 아파트를 대출 4,500만 원을 끼고 매입했다고 가정해보자. 해당 아파트를 구매하기 전, 동일 평형대 월세 시세는 충분히 조사할 수 있고 대출 금리가 몇 퍼센트인지도 미리 알 수 있다. 따라서 보증금 300만 원에 매달 30만 원의 월세를 받을 수 있다고 할 때의 수익률을 미리 계산해볼 수 있다.

여기에 투입된 돈은 '매매대금 6,000만 원 - 대출금 4,500만 원 - 보증금 300만 원=1,200만 원'이다. 대출 금리가 4%라면 1년에 내야 할 이자는 '4,500만 원×4%=180만 원'이고, 매달 내야 할 이자는 15만 원이다 (180만 원/12개월=15만 원).

그렇다면 이 부동산을 사들였을 때 나에게 들어오는 순수입은 '월세 30만 원 - 이자 15만 원=15만 원'이고, 연 수입은 '15만 원×12개월 =180만 원'이 된다. 내가 1,200만 원을 투자했을 때 1년에 들어오는 돈이 180만 원이므로, 연 수익률은 다음과 같다.

$$(\text{연수입 180만 원/투자금 1,200만 원}) \times 100 = 15\%$$

취득세, 재산세 등 세금과 인테리어 비용, 법무 비용 등을 제외하고 약식으로 계산해본 것인데, 이들 항목도 미리 알 수 있으니 정확하게 계산할 수 있다. 이렇듯 투자금이 얼마가 필요하고, 연 수익률이 몇 퍼센트인지 미리 알 수 있다는 것이 부동산 투자의 큰 장점이다. 수익률이 더 잘 나오는 상품을 스스로 고를 수도 있고, 매매가를 낮춰서 수익률을 더 크게 올릴 수도 있다.

불황에도 투자를 지속할 수 있다

전반적인 경제 상황이 좋지 않을 때 다른 재테크 수단은 투자하기가 쉽지 않다. 하지만 바로 이럴 때 경매나 공매에서는 기회가 오는 경우가 종종 있다. 부동산 대출 규제가 강화되어 다주택자들이 대출 연장을 못 하고 금리가 높아져 대출 이자를 감당하기 어려울 때에는 경매물건이 증가하게 된다. 그런데 일반매매 시장이 얼어붙어 있으니 경매시장에서는 권리분석상 아무 하자가 없는 평범한 물건도 경매물건이라는 이유만으로 실제 매매가보다 저렴하게 살 기회가 오곤 한다.

노력한 만큼 위험 요인을 제거할 수 있다

아무리 경제에 해박한 사람이라도 영국의 EU 탈퇴 결정, 사드 문제로 인한 대중국 수출 악화, 일본의 일방적 수출 규제, 사우디아라비아의 석유시설 폭격 등을 미리 알고 대처할 수는 없다. 개인이 예상하거나 대처하기 불가능한 외부 요인으로 인해 주식, 펀드, 채권의 가격은 큰 영향을 받는다. 반면 부동산은 어떠한가? 물론 외부 요인에 충격을 받는(실수요자 영향보다 투자자 수요가 많은) 부동산도 일부 있다. 그러나 대부분은 사람이 실제로 거주하다 보니 외부 요인보다는 실수요자가 더 큰 영향을 미친다.

경기가 좋지 않고 당분간 수출길이 막혔다고 해서 모든 사람이 사는 집을 정리하고 비닐하우스나 산에 들어가서 살지는 않는다. 실제 수요자들이 시장을 움직이는 힘이 가장 크고, 주택이나 상가 등을 공급하려고 해도 하루 이틀 만에 공급할 수는 없으므로 공급량 또한 예측할 수 있다. 실제로 경매 입찰에 참여하기 전에 투자자는 미리 권리분석을 할 수 있고, 현장조사를 통해서 위험 요인을 하나하나 제거할 수 있다. 또한 위험 요인이 있다 해도 해결 가능한지, 해결 시 소요 비용은 얼마인지, 기간은 얼마나 걸릴지 등을 예측해볼 수 있다. 아는 만큼 정확하게 볼 수 있고, 조사하고 발로 뛰는 만큼 위험 요인을 없애 안전한 투자를 할 수 있는 것이다.

실물이 있는 자산이다

얼마 전 가상화폐 투자가 선풍적 인기를 끌었다. 각종 매체에는 수천만 원에 산 가상화폐가 수십억 원이 넘어 부자가 된 사람들에 대한 자극적인 이야기가 쏟아졌고, 뒤늦게 이미 오를 대로 오른 가상화폐에 투자한 사람들은 원금의 70%가 두 달여 만에 사라지는 믿기 힘든 경험을 했다. 물에 녹아버린 휴지 조각처럼 아무것도 남지 않은 것이다. 이와 달리 부동산은 설령 가격이 하락하거나 팔리지 않아도 최소한 건물 혹은 토지는 남아 있다. 실제로 만지고 사용할 수 있는 물건이 남아 있기 때문에 거래가 활성화될 때까지 실거주하며 기다리는 방법을 택할 수도 있다.

규제로부터 상대적으로 자유롭다

경매는 법원이 중재해 전국에 광고하고, 이를 일반인에게 판매하는 시스템이라고 생각하면 된다. 일반인에게 잘 팔려야 경매물건에 돈을 빌려준 은행도 채권을 빨리 회수할 수 있고, 해당 소유자가 내지 않은 각종 세금, 건강보험료 등 미납 공과금도 빨리 거둬들일 수 있다. 거시경제 측면에서 봤을 때 장려할 만한 좋은 '환금 시스템'이라고 할 수 있다. 은행에 이자를 내지 않는다고 해서 은행의 요청으로 채무자의 집을 국가에서 다 돈을 주고 살 수는 없는 노릇이니 말이다.

이런 이유로 경매는 규제에서 상대적으로 자유로운 편이다. 대표적으로 토지거래허가구역의 경우 일반매매 형식이면 관할청의 허가를 받아야 하지만 경매로 취득 시에는 허가가 필요하지 않다. 조정대상지역 내 부동산 또한 대출 규제가 심해지기 전까지는 주택담보대출보다 경락잔금대출 한도가 더 많이 나왔었다는 것도 장점이었다(현재는 그렇지 않지만 앞으로의 대출규제 방향에 따라 예전처럼 더 나올 확률도 있다).

부동산의 가치를 보는 눈이 생긴다

매매로 아파트를 사고자 할 때 대부분은 중개업소를 이용한다. 실제로 중개업소를 방문하면 어떤 대접을 받을까? 중개사 처지에서는 수수료를 지급해줄 고객이기 때문에 친절할 수밖에 없다. 따라서 커피나 차 한 잔을 대접받으며 편히 앉아서 설명을 들을 수 있다.

"이 집은 동 간격이 넓어서 정말 좋아요. 앞에 중학교도 학군이 좋은 편이고요. 후문에서 10분만 걸어가면 지하철이 있으니 출퇴근하기도 좋지요. 단지 내 조경이 예쁘죠? 에버○○ 조경을 담당했던 회사에서 작업한 거라 퀄리티가 달라요. 다른 아파트랑 비교하시면 안 돼요. 내부 구조도 잘 빠진 편이에요. 남향이라 햇빛도 잘 들어오고 습기도 안 차요."

단지 내 중개업소 한 군데만 가봐도 친절한 설명과 함께 여러 물건을 실제로 들어가서 볼 수 있다. 장점 위주의 여러 설명을 듣고 내부 구조나 실내장식, 교통이나 학군이 좋다는 내 주관인지 중개사의 주관인지 모를 이유로 살 집을 결정한다.

법원경매가 진행 중인 물건을 알아보러 중개업소에 가면 어떨까? 매매와 마찬가지로 친절하게 많은 설명을 해주고, 나와 있는 물건들을 발 벗고 나서서 보여줄까? 대부분은 그렇지 않다. 경매물건을 보러 온 사람 중 실제로 수수료를 지급할 고객이 될 사람은 많지 않다고 생각하기 때문에 친절한 설명은 기대하기 어렵다. 다만 물어보면 대답은 해주므로 사전조사를 충분히 해 가야 한다. 그리고 단답형 대답만으로 정보를 많이 얻기는 어려우니 단지 내 모든 부동산에 들러 대화를 나눠보고, 더 나아가 옆 단지, 옆 동네, 맞은편 동네 등 여러 중개업소에 들러서 많은 이들이 들려주는 정보를 취합해야 한다.

보통 본인이 일하는 중개사무소와 가까운 부동산에 대한 악재나 좋지 않은 사실은 말하기 꺼리기 때문에 거리가 멀어질수록 좀 더 객관적인 정보를 들을 수 있다. 이렇게 여러 건의 경매물건 조사를 하면서 수많은 중개업소를 방문하고 현장조사를 하다 보면 점점 부동산을 보는 눈이 뜨일 것이다.

재산을 지킬 수 있는 각종 법률과 친해진다

일반인이 본격적으로 법을 공부하게 되는 때는 언제일까? 내가 다른 사람에게 물질적, 정신적으로 피해를 입혔을 때, 아니면 본인이나 가족이 이러한 피해를 입었을 때이다. 그러한 경우는 교통사고일 수도, 부동산임대차 문제일 수도 있으며, 전세 살던 집이 경매에 넘어간 경우도 포함된다. 그러나 사건이 터지고 난 후에야 공부하는 것은 그야말로 소 잃고 외양간 고치는 격이다. 반면에 법원경매를 배워두면 일상생활과 밀접하게 관련 있는 민사집행법, 민법, 주택임대차보호법, 상가임대차보호법의 주요 조문을 필수적으로 알게 된다. 그리고 이러한 지식이 문제가 터지기 전 자신의 재산을 지키는 데 큰 몫을 하는 경우가 적지 않다.

평소에 만나기 어려운 부류의 사람들을 만날 수 있다

필수적으로 여러 사람을 만나야 하는 영업직 등이 아니라면, 직장인들 대부분은 본인과 비슷한 사람들만 만나며 살아간다. 가족보다 더 많은 시간을 함께 보내는 사람이 직장 동료다. 필자도 직장에 다닐 때 40여 명가량의 검사실 직원 모두가 학교는 달라도 같은 학과 출신이었고, 비슷한 검사를 하며 하루를 함께했다. 그러다 보니 점심시간이나 회식 때 나누는 대화 내용도 항상 비슷했다. 점점 닮은 눈을 갖게 되는 것이다.

특히 전문직은 평생직업이라는 생각에 해당 업무에 관한 공부만 하는 경우가 정말 많은데, 만약 불가피한 이유로 직장을 그만둔 뒤 같은 업종에 취업하지 못하면 소위 '전문직의 함정'에 빠지게 된다. 가진 거라곤 본인이 익힌 기술뿐이니, 몸이나 힘을 쓰는 일 외에는 달리 할 수 있는 게 없다는 얘기다. 필자의 직업이었던 임상병리사 또한 경력을 아무리 쌓아도 새로 설립되는 대형 병원이 거의 없다 보니 이직을 하고 싶어도 쉽지가 않다. 그때쯤 되면 평소 폭넓은 공부를 통해 시야를 넓히지 못한 것을 후회하게 된다. '전문직은 평생직업이야. 이거 하나만 알면 먹고사는 데 아무 지장 없어.' 이런 생각은 결코 바람직하지 않다.

그에 비해 부동산 경매 모임에서 만난 사람들은 달랐다. 사석에서 만날 기회가 많지 않은 대학교수, 고위직 공무원, 전직 외교관, 대기업 임원, 법원 직원, 사업가, 자영업자, 부동산 중개사, 법무사, 건축사, 감정평가사 등을 만날 수 있었다. 이처럼 다양한 직업을 가진 사람들과 교류하며 직장생활에서 접하지 못했던 사회와 부동산을 보는 다양한 시야를 간접경험했고, 발상의 전환도 많이 해볼 수 있었다.

직장생활만 했을 때에는 직장이 필자가 아는 사회의 90%였다. 그러나 경매를 배우면서 본인이 직장의 한 구성원인 것은 물론이고, 거대하다고 느꼈던 직장 또한 사회의 구성원 중 하나일 뿐임을 깨달았다. 본인의 주업이 있는 상태에서 또 다른 목표를 위해 모인 사람들이 얼마나 부지런하고, 하루를 쪼개가며 바쁘게 살아가는지도 알게 됐다. 또한 이미 사회에서 많은 성과를 냈음에도 열정적으로 새로운 공부를 시작하는 사람들에게서 긍정적인 영향을 받을 수 있었다.

투자금이 많아질수록 수익도 커진다

이제는 경매시장에서 먹을 게 없다고 말하는 사람들이 있다. 하지만 그건 일반인들이 실거주용으로 혹은 투자용으로 접근할 수 있는 금액대의 물건들에 한정된 얘기다. 서울 주택시장이 달아올랐던 2017년의 한 낙찰 사례를 보자.

아파트 경매물건의 상세 정보				출처 : 지지옥션
소 재 지	서울 동작구 사당동 1139 사당자이 (07028)서울 동작구 사당로2가길 102			
용 도	아파트	감 정 가	530,000,000	
토 지 면 적	33.6㎡ (10.2평)	최 저 가	424,000,000 (80%)	
건 물 면 적	85㎡ (26평)	보 증 금	42,400,000 (10%)	
경 매 구 분	임의경매	소 유 자	이○○	
청 구 액	75,000,000	채 무 자	이○○	
채 권 자	김○○			

서울 동작구 사당동의 위 아파트(감정가 5억 3,000만 원)는 2017년 9월 총 33명이 경합해 감정가보다 3,200만 원 높은 금액에 낙찰됐다. 매매가보다 크게 저렴하지 않은 금액이다. 당장은 시세차익을 얻지 못했지만, 약 1년 후에 1억 원가량 가격이 상승했다.

이에 비해 10억 원이 넘는 고가 물건일수록 매매가와 낙찰가의 차이가 점점 벌어진다. 매매보다 경매로 취득하는 것이 5% 저렴하다고 가정할 때 1억 원짜리 부동산은 500만 원, 10억 원짜리 부동산은 5,000만 원 저렴하게 살 수 있다. 그러나 10억 원이 넘는 부동산은 많은 투자자가 진입하기엔 부담스럽고, 가능한 실거주자의 수도 많지 않아 5%보다 더 저렴하게 낙찰되는 경우가 많다.

2017년 7월 실거래가

| 전체 | 157.43㎡ | 201.23㎡ | 223.75㎡ | 240.39㎡ | | | | | | | |

2017.01		2017.02		2017.03		2017.04		2017.05		2017.06	
계약일	거래금액(층)	계약일	거래금액(층)	계약일	거래금액(층)	계약일	거래금액(층)	계약일	거래금액(층)	계약일	거래금액(층)
2017.07		2017.08		2017.09		2017.10		2017.11		2017.12	
계약일	거래금액(층)	계약일	거래금액(층)	계약일	거래금액(층)	계약일	거래금액(층)	계약일	거래금액(층)	계약일	거래금액(층)
7	137,000 (8)										

2017년 7월 서울의 한 8층 아파트(60평)가 13억 7,000만 원에 거래됐다. 두 달 뒤인 2017년 9월, 같은 단지의 동일 면적 아파트가 경매에 나왔는데 얼마에 낙찰이 되었을까? 권리분석상 낙찰이 되면 모든 등기사항전부증명서의 권리가 소멸하는 깨끗하고 매우 단순한 물건이었다.

아파트 경매물건의 상세 정보

소 재 지	서울 용산구 청암동 181 ,도화동 558 천년명가청암자이 13층호 (04359)서울 용산구 삼개로 60		
용 도	아파트	감 정 가	1,590,000,000
토지면적	89.3㎡ (27.0평)	최 저 가	1,272,000,000 (80%)
건물면적	201㎡ (61평)	보 증 금	127,200,000 (10%)
경 매 구 분	강제경매	소 유 자	임○○
청 구 액	300,000,000	채 무 자	임○○
채 권 자	김○○		

한 명이 응찰해 최저가 수준인 약 12억 7,000만 원에 가져간 것을 볼 수 있다. 약간의 권리분석을 통해 경매에 입찰했다는 이유만으로 감정가보다 3억 원 이상 싸게 낙찰 받은 것이다. 매매로는 결코 깎을 수 없는 금

아파트 경매물건의 상세 정보

진행과정

구분	일자	접수일~
경매개시일	2017-01-02	3일
감정평가일	2017-01-09	10일
배당종기일	2017-03-16	76일
최초경매일	2017-08-08	221일
최종매각일	2017-08-08	221일
매각허가일	2017-09-19	263일
납부기한	2017-10-27	301일
경매종결일	2017-11-14	319일

매각과정

회차	매각기일		최저가	비율	상태	접수일~
①	2017.08.08 (10:00)		1,590,000,000	100%	유찰	221일
②	2017.09.12 (10:00)	↓20%	1,272,000,000	80%	매각	256일
		매수인 매각가	김OO / 응찰 1명 1,276,890,000 (80.31%)			납부완료 (2017.10.11)
	2017.11.14				종결	319일

액이다. 그뿐만 아니라 불과 6개월 뒤 중간층 기준 해당 아파트의 가격은 16억 원 수준으로 상승했다.

2018년 3~5월 실거래가

전체	157.43㎡	201.23㎡	223.75㎡	240.39㎡

2018.01		2018.02		2018.03		2018.04		2018.05		2018.06	
계약일	거래금액(층)	계약일	거래금액(층)	계약일	거래금액(층)	계약일	거래금액(층)	계약일	거래금액(층)	계약일	거래금액(층)
				19	160,000 (6)	11	150,000 (4)	4	150,000(11)		

2018.07		2018.08		2018.09		2018.10		2018.11		2018.12	
계약일	거래금액(층)	계약일	거래금액(층)	계약일	거래금액(층)	계약일	거래금액(층)	계약일	거래금액(층)	계약일	거래금액(층)
2	148,000 (6)	16	136,000 (1)								
23	137,000 (2)										
25	150,000 (1)										

　자본금이 많아지면 많아질수록, 이렇게 권리분석상 문제가 없는 경매 물건에 입찰한 것만으로도 단숨에 1억 원 이상의 수익을 낼 수 있다.

　이 정도면 부동산 경매를 공부해야 하는 이유를 충분히 이해했으리라 믿는다. 그럼 어느 정도 이론 공부가 되었다면 바로 현장에 뛰어들어 투자하면 될까? 그렇지 않다.

불완전연소된 토지 보상의 꿈

조성 예정 탄소 국가산업단지 내 농지에 24명 몰려
토지 보상 노리고 고가낙찰 받았지만 기각결정 내려져

잘 알려져 있지는 않지만 '탄소(정확히는 탄소섬유 등 탄소소재)'에 사활을 건 사람들과 지자체가 있다. 전라북도가 바로 그곳이다. '탄소 수도'라는 흔치 않은 비전을 설정하고, 이를 달성하기 위해 많은 노력을 기울여온 전라북도에 2019년 9월 초, 희소식이 전해졌다. 탄소 수도의 핵심으로 전주에 조성하려는 탄소산업단지가 국토교통부로부터 국가산업단지로 최종 승인을 받은 것.

• 졸지에 '찐'이 되어버린 농지

국가산업단지 승인 소식은 이 단지의 예정 부지 안에 있는 한 농지의 경매입찰 풍경까지 완전히 바꿔놓았다. 감정가가 3억 6,675만 원인 이 농지는 9월 23일 첫 입찰에서 유찰됐으나, 10월 28일 2회 차 입찰에는 무려 24명이나 몰리면서 감정가를 살짝 넘어선 3억 6,686만 원에 낙찰됐다. 차순위 매수신고자의 응찰가도 3억 4,150만 원으로 적지 않은 금액이었다.

갑자기 이렇게 많은 사람이 몰린 이유는 볼 것도 없이 토지 보상금 때문이다. 전라북도가 사활을 걸고 추진 중인 사업의 주 무대가 국가산업단지가 됐으니 적지 않은 토지 보상금이 풀릴 것이라는 기대가 흔하디흔한 논에 24명이나 입찰서를 쓰게 만들었다.

• 허가 다음 날 내려진 기각결정

2019년 11월까지 전, 답 등 농지의 평균 응찰자 수는 채 3명을 넘지 않았다. 대부분은 2대 1의 경쟁률에 그친다는 얘기다. 이 농지의 경우 많은 이들이 높은 낙찰가 탓에 토지 보상금을 받아도 수익이 있을까라는 의구심을 품었지만, 낙찰자는 농지취득자격증명까지 제출하며 일주일 후 법원으로부터 매각허가까지 받았다. 그러나 어찌된 일인지 허가가 떨어진 바로 다음 날, 법원에서 기각결정이 내려졌다. 자세한 내막은 알려지지 않았으나 소유자와 관련된 사람이 낙찰을 받은 것으로 추측된다. 결국 두둑한 토지 보상금을 노렸던 낙찰자의 꿈은 불완전연소로 끝났다.

▼

사전조사 없는 현장조사는
맨땅에 헤딩일 뿐

부동산을 보는 중요한 눈 두 가지
현장에 가기 전 관심물건 조사하는 방법
시간을 아끼는 효율적인 현장조사 Tip

현장답사는
경매핵심 -
가장정확하고
다양한현장은
지지옥션
사이트다

부동산을 보는 중요한 눈 두 가지

▼

부동산 경매를 공부할 때 흥미를 느끼는 사람들은 이런 생각을 한다.

'가장 임차인을 밝혀내면, 유치권을 해결하면, 대지권미등기를 해결하면, 법정지상권을 해결하면, 지분을 받아서 공유물분할을 통한 형식적 경매로 전체를 넘기면 금방 돈을 벌 수 있겠는데? 싸게 받아서 해결하고 바로 팔면 되는 거잖아!'

과연 그렇게 쉬울까? 특수물건으로 수익을 보고 싶다면 우선 문제를 풀 수 있는 확실한 근거와 법조문, 판례 등에 대한 지식이 뒷받침되어야 한다. 낙찰 받은 후에는 말만으로 해결할 수 없으므로 가압류나 가처분 등 보전처분의 내용과 어떤 소장을 작성할지를 머릿속으로 그리고 있어야 한다. 그리고 소송 기간과 변호사 선임비, 1·2심에서 패소할 경우 유지되어야 하는 경락잔금대출 관련 비용 및 양도소득세 등도 미리 계산하고 들어가야 한다. 그러나 대부분은 10억짜리 특수물건을 반 토막에 낙찰 받았다는 선정적인 문구에 혹해, 물건을 추천하는 사람의 말만 믿고 공동투자에 뛰어들곤 한다.

이쯤에서 생각해보자. 우리가 부동산 경매를 배우는 가장 큰 이유가 무엇일까?

특수물건의 해결사란 칭호를 듣고 싶어서?

부동산 경매 박사학위를 취득하기 위해서?

법무법인의 잘나가는 사무장이 되고 싶어서?

경매 초심자들에게 존경을 받고 싶어서?

모두 틀렸다. '돈을 벌기 위해서' 하는 것이다. 특수물건을 통해 바로 수익을 내고 싶다면 공동투자가 아니라 혼자서도 투자할 수 있는 자금 여력이 있을 때 도전해야 한다. 자금이 부족하다면 적어도 보전처분과 소장을 작성해 직접 소송을 진행할 수 있을 만한 법률 지식을 갖추었을 때 달려들어야 한다. 물론 셀프 소송이 가능하다고 해서 무조건 승소해 큰 수익을 낼 수 있는 것은 아니다. 더 중요한 것은 따로 있다. 바로 가격이 올라갈 만한 부동산을 스스로 고를 줄 알아야 한다는 것이다. 경기는 '둔화-하강-회복-상승'의 사이클이 있으며, 지표가 오르내리듯이 부동산도 오르는 기간이 있고 내리는 기간이 있다.

만약 시세가 10억 원인 부동산을 가장 임차인 등의 특수조건으로 인해 3억 원 저렴하게 낙찰 받았다고 생각해보자. 낙찰 받자마자 바로 해결하여 빠른 기간 내에 10억 원 가까운 가격에 판다면 시세차익을 크게 볼 수 있다. 그런데 유치권자나 가장 임차인 등 상대방이 내 주장을 꺾을 만한 충분한 증거 자료를 가지고 있고 재판 과정에서 이를 적극 소명한다면 합의가 쉽지 않다. 3심까지 다툰 결과 다행히 낙찰자의 승리로 끝났다 해도 승소의 기쁨은 잠시뿐이다. 법정 공방 탓에 낙찰일로부터 2년 지난 시점에 매도하려고 보니 낙찰 당시 10억 원이던 시세가 7억 원으로 떨어졌다. 매도 시점에 소송비용 등을 따져보니 오히려 마이너스다. 2년이라는 시간과 소중한 종잣돈을 투자했는데 아무 수익도 없는 것이다. 이와 같은 일을 겪으면 대부분은 이런 생각에 빠진다.

'부동산 투자로 돈 번다는 말은 다 거짓이구나.'

'괜히 어렵게 경매 배웠잖아. 전세 끼고 아파트나 몇 개 사둘걸.'

부동산 경매라는 수단을 이용하든, 일반매매로 취득을 하든 간에 부동산을 통해 수익을 내기 위해서는 두 가지 눈이 필요하다. 저렴하게 받아서 바로 비싸게 팔겠다는 생각은 버리기 바란다.

가까운 지인 이야기를 예로 들어보겠다. 고등학교 시절부터 패션에 관심이 많던 A는 패션 관련학과에 진학한 뒤 관련 대기업에서 MD로 일을 하고 있다. 밖에서 A를 만날 때마다 느낀 것인데, 직업이 직업이니만큼 옷과 신발을 참 많이도 갖고 있는 것 같았다. 매번 다른 옷을 입고, 처음 보는 운동화에 계절마다 그해에 유행하는 아이템을 착용하고 나오니 그렇게 생각하는 것이 당연했다.

'아마 최소한 방 한 칸은 옷으로 꽉 차 있을 거야. 생활비 빼고 남은 돈은 옷 사는 데 다 쓰겠지? 쯧쯧…… 저축해서 경매나 배울 일이지!'

그러나 이런 생각은 A의 집에 놀러 갔을 때 산산조각이 나버렸다. 적어도 옷이 100벌은 있을 줄 알았는데, 작은방 한편에 걸린 옷은 어림잡아 20벌 정도밖에 안 돼 보였다.

"너 나 온다고 옷 숨겨둔 거지? 아니면 옷 보관하는 집이 따로 있는 거야?"

"아니, 이게 전부야. 두어 달 정도만 입고 중고로 바로 처분하거든. 그런데 내가 산 가격보다 더 비싸게 파니까 일거양득이지."

개인적으로 적잖은 충격을 받았다. 자신이 입던 옷과 신발을 인터넷으로 팔 수 있다는 것도 이해가 안 가는데, 심지어 산 가격보다 더 비싼 값에 판다고? 필자는 50여 벌 넘는 옷이 있지만 외출할 때마다 입을 옷이 마땅치 않아 고심하곤 한다. 나름 고르고 골라서 산 옷들도 유행과는 거리가 먼 개성 없는 옷들이 전부다. 그에 비해 A가 사는 옷들은 전부 최신 유행상품인 데다, 국내에서는 쉽게 구매할 수 없는 것들이 많았다. 이를테면 해외 유명 연예인이 착용해서 수요가 급증했다든가, 패션업체와 유명 연예인의 컬래버로 소량만 생산한 후 더 이상 나오지 않는 것들이다. 그렇기 때문에 입던 옷과 신던 신발임에도 비싼 가격에 팔 수 있었다. 실

지인의 패션 아이템 재테크 사례

구매24만원 → 판매40만원

구매25만원 → 판매45만원

제로 A는 24만 원에 산 운동화를 40만 원에, 25만 원에 구매한 점퍼를 45만 원에 되팔았다.

불과 3개월 만에 이러한 매도차익을 얻었으니, 연 수익률로 따지면 굉장한 수준이다. 필자도 한번 흉내를 내보려고 갓 출시된 운동화를 23만 원에 구매했으나 불과 6개월 만에 16만 원으로 떨어졌다. 역시 아무나 수익을 낼 수 있는 게 아니었다. A는 패션 아이템을 볼 때 두 가지 눈으로 선별한 후 구매했기에 큰 수익을 얻을 수 있었다.

첫째, 진품인지 가품인지 가려낼 수 있는 눈이다. 설령 어떤 물건이 가격이 오를지 가려낼 수 있다 해도, 진품 가격으로 가품을 산다면 수익은 고사하고 손해를 볼 수밖에 없다. 이를 부동산 투자에 빗대어 설명하자면 민법적 권리 분석(대항력 있는 임차인, 말소기준권리 분석 등), 공법적 인수 분석(이행강제금, 허가권의 승계, 도로점용허가 승계 등), 물리적 하자 분석(건물 내외부 손실 등)에 해당할 것이다. 이를 가려낼 수 있는 눈이 없다면 가격 대비 저렴한 물건인지, 혹은 엄청나게 비싼 금액을 주고 산 물건인지 알 도리가 없다.

둘째, 미래에 가격이 오를 가능성이 있는지를 보는 눈이다. 비슷한 물건으로 대체 가능한 상품인지, 이와 비슷한 상품이 시장에 많이 공급될 것인지, 혹은 이 물건을 꼭 필요로 하는 사람이 많은지를 파악해야 한다.

첫 번째 눈은 안전하게 매입할 수 있는 기준이 될 것이고, 두 번째 눈은 수익을 발생시킬 수 있는 기준이 될 것이다. 이러한 눈을 부동산과 접목해 물건을 고르면 된다. 마구잡이식으로 물건 개수를 늘리는 것 자체가 목적이 되어선 안 된다. 몇십 개, 몇백 개를 사 모았다고 자랑하는 사람을 부러워할 필요도 없다. 다만 생업을 통해 어렵게 모은 종잣돈을 한 곳이 아니라 여러 군데 분산투자하는 형태는 권장할 만하다.

옷 개수가 많은 필자는 입을 만한 것이 없어서 고민이었는데, 옷 개수가 적은 A는 유행에 뒤지지 않으면서 수익까지 얻었다. 여러 개를 사 모으는 것보다 수익이 나는 물건을 갖는 것이 훨씬 더 중요하다는 점을 알 수 있다. 그러므로 앞에서 말한 두 가지 눈을 통해 수익이 발생하는 부동산 보유를 목표로 노력해야 한다.

현장에 가기 전 관심물건 조사하는 방법

▼

경매물건을 검색하다 마음에 드는 물건을 찾았다. 경매정보들 꼼꼼히 살펴보며 말소기준권리가 무엇인지 찾아보고, 등기부상 인수되는 권리가 있는지도 살펴본다. 그런 다음 임차인의 대항력 여부를 확인하고 나서 바로 현장으로 달려가면 될까? 초심자라면 "부동산은 무조건 현장이 답이에요. 책상 앞에 앉아서는 아무것도 알 수 없어요!"라는 경매 선배들의 말을 곧이곧대로 믿어야 할까?

책상에서 컴퓨터로 10분이면 간단히 알아볼 수 있는 것들을 현장에서 확인하려면 훨씬 더 긴 시간이 필요하다. 어떤 물건에 관심을 갖게 된 데에는 수익률이 마음에 들었거나, 가격이 오를 것 같거나, 호재가 있거나 등 여러 이유가 있을 것이다. 이런 상태에서 충분한 사전조사 없이 현장에 가면 현란한 말솜씨를 자랑하는 공인중개사, 분양상담사의 장점만 부각한 설명에 현혹되어 해당 지역(혹은 물건)과 맹목적인 사랑에 빠지게 된다.

사랑에 빠져 결혼해본 사람들은 이게 무슨 뜻인지 안다. 다른 것은 하나도 눈에 들어오지 않고 그저 빨리 결혼하고만 싶어진다. 평생을 함께할 단 한 사람과 사랑에 빠지면 좋은 결과로 귀결되지만, 사고팔기를 반복하며 수익을 내야 하는 부동산 투자에서 물건에 대한 맹목적, 주관적 사랑은 절대 해서는 안 되는 위험한 행동이다.

현장조사는 사전조사를 통해 해당 물건에 대한 확신이 서고 투자할 만하다고 느꼈을 때 하는 것이다. 각종 악재나 위험 요소를 미리 파악한 뒤, 이를 재확인하거나 사전조사에서 캐치하지 못한 10%의 빈 곳을 알아내는 작업이 현장조사라고 생각해야 한다. 그래야만 빠르고 효율적으로 임장을 마칠 수 있으며, 해당 물건을 더욱 객관적으로 볼 수 있다.

그렇다면 관심 가는 경매물건의 사전조사는 어떤 방식으로 하는 것이 좋을까? 먼저 정부·공공기관이 운영하는 사이트의 주요 특징과 활용법을 알아보자.

유료정보와 대법원 경매정보의 비교분석

경매 투자자들은 대부분 편리하다는 이유로 유료 경매정보를 이용한다. 지역별로는 말할 것도 없고 용도별, 특수권리별 검색이 가능하고 공매 검색과 지도 검색도 가능하다. 과거에 낙찰된 사건을 열람해 분석할 수 있다는 것도 큰 장점이다.

물론 경매정보업체마다 서비스의 차이는 있다. 지지옥션(www.ggi.co.kr)의 경우, 하나의 경매사건에 여러 필지의 부동산이 있더라도 등기사항전부증명서를 모두 올려주니 많은 시간을 단축할 수 있다. 대부분의

출처 : 지지옥션

유료 경매정보 사이트에는 1필지의 등기부만 등재되어 있어 나머지는 모두 인터넷등기소를 통해 유료로 열람해야 한다.

유료, 무료와 관계없이 경매정보업체에서 제공한 내용만 보고 입찰했다가 손해를 보더라도 해당 업체에 책임을 물을 수는 없다. 그렇다고 대

일괄물건 내 모든 필지에 대한 등기부 열람 출처 : 지지옥션

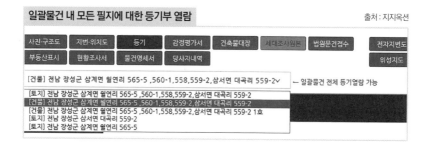

법원 경매정보 홈페이지 위주로 보자니 불편한 점이 한둘이 아니다. 검색에 시간도 오래 걸리고, 등기사항전부증명서를 보려면 무조건 등기소를 통해 유료로 열람해야 한다. 게다가 종결된 사건은 30일만 지나도 자세한 내용 열람이 불가능하다.

겸업 투자를 하는 처지에서 효율적으로 정보를 취합하여 빠른 판단을 하고 싶다면 두 홈페이지를 모두 활용하면 된다. 우선 유료정보를 통해 현장조사를 가보고 싶을 만큼 마음에 드는 물건을 찾은 후 권리분석까지 어느 정도 마쳤다면 경매정보업체와 대법원의 정보에 서로 다른 점이 있는지 확인해보자.

지지옥션의 경매정보에서 우측의 '대법원'란을 클릭하면 해당 물건의 대법원 매각공고를 사건번호 입력 없이 빠르게 확인할 수 있다. 혹은 대법원 경매정보 홈페이지(www.courtauction.go.kr)로 들어가서 '경매물건 ➡ 경매사건 검색'에서 해당 법원을 선택 후 사건번호를 입력해도 된다. 매각물건명세서, 현황조사서, 감정평가서를 확인해보는 것이 좋다. 정보업체와 대법원의 매각물건명세서, 현황조사서, 감정평가서 등이 일치한다면 조사를 지속하면 되고, 다르다면 대법원 경매정보 홈페이지의 정보를 우선하면 된다.

인근 지역의 다른 경매물건 검색

초반에는 한 개의 물건만 임장하는 데에도 많은 시간이 필요할 것이다. 임장에 어느 정도 익숙해지면 마음에 드는 물건 인근에서 경매나 공매가 진행되는 물건을 추가로 검색해 경매정보를 출력해두자. 현장조사를 자주 나가기는 어려우니 1회 임장으로 2~3개의 물건을 같이 살피다 보면 진흙 속 진주를 발견할 수도 있다.

경매정보 출력

종이를 들고 다니기 귀찮다고 경매정보를 출력하지 않는 경우가 종종 있다. 그러나 주민등록 전입세대 열람을 해야 할 때에는 경매정보나 공매정보가 꼭 필요하므로 적어도 1부는 출력하기 바란다.

지도 또는 지적도 출력

처음 가보는 지역이리면 일반지도와 위성지도, 지적도 중 하나를 출력해

필자가 실제 임장 시 메모한 도면

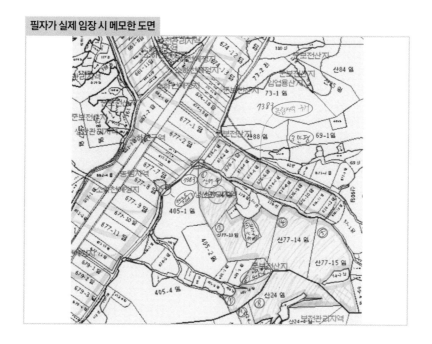

가는 것이 좋다. 임장 다닐 지점을 지도에 수기로 표기해 경로를 짠 뒤, 이동 시 중점적으로 봐야 할 것을 미리 표시해놓자. 특히 여러 필지의 토지라면 직접 색깔 펜으로 그려가며 도로 연결성 및 용도 지역, 인접 필지의 소유권 등을 메모해둬야 실수를 줄일 수 있다.

권리분석과 예상배당표 작성

권리분석을 하다 보면 말소기준권리 이전에 설정된 여러 권리가 인수되는 때도 있고, 대항력 있는 임차인이 맞는 경우도 있다. 이런 물건들은 굳이 임장하며 힘을 뺄 필요가 없으므로(물론 해결할 수 있다면 조사를 지속해도 좋다) 권리분석상 하자가 없거나 해결이 가능한 물건을 미리 선별해야 한다. 또한 선순위임차인이나 채무자 겸 소유자가 해당 부동산에 거주하고 있을 경우에는 배당표를 미리 작성하면 인수해야 하는 금액 여부와 명도 난이도를 파악하는 데 도움이 된다.

수익률 분석표 작성

부동산 경매의 커다란 장점 중 하나가 수익률 계산을 미리 해보고 들어갈 수 있다는 것이다. 수익률 분석표를 활용하면 해당 물건 낙찰 시 얼마의 투자금(본인 자금, 세금, 명도비, 법무비, 경락잔금 대출이자 등)이 들어가고, 얼마의 돈(월세, 보증금)이 들어오는지 예상할 수 있다.

필자가 작성한 수익률 분석표 사례

구 분			금 액(원)	비 율	비 고
투자금 분석	경락대금	예상낙찰가	463,890,000		
		평당단가	15,047,684		30.83평
		취득록세	6,030,570	1.30%	
		법무비용	1,391,670	0.30%	
		관리비	-		
		예상집행비(명도)	1,000,000		
		유치권비용	-		
		합 계	472,312,240		
	대출금	입찰물건	324,723,000	70.00%	낙찰가기준 대출
	실투자금(초기)		147,589,240		
	실투자금(최종)		47,589,240		
수익률 분석	예상임대료	보증금	100,000,000		
		임대료(年)	18,000,000		
		월 임대료	1,500,000		
	대출이자		11,365,305	3.50%	
	월 대출이자		947,109		
	세전 수익		6,634,695		
	세전수익률		13.94%		실투자금대비

등기사항전부증명서 및 건축물대장 확인

등기사항전부증명서(구 등기부)는 해당 부동산에 설정된 권리의 기준이 된다. 주인이 여러 차례 바뀌고, 근저당권이나 가압류가 설정되었다가 말소되는 등 해당 부동산 위에 설정된 권리의 역사가 기재되어 있다. 이러한 역사를 누구나 볼 수 있도록 한 것이 등기사항전부증명서다.

경매정보에 등재된 등기부는 최신판이 아니므로, 임장을 가볼 만큼 심층조사가 필요한 물건이라면 최신 등기사항전부증명서를 열람해보고 새로 추가된 권리가 없는지 확인해야 한다. 인터넷등기소(www.iros.go.kr)에서 확인할 수 있다. 등기는 열람한 뒤 아래와 같이 PDF 파일로 컴퓨터에 저장해두면 나중에 재확인할 수 있어 편하다. 지지옥션은 입찰일 이틀 전까지 등기부 변경 여부를 확인하여 최신 정보로 등기를 업데이트하므로 매번 발급 받는 수고를 덜 수 있다.

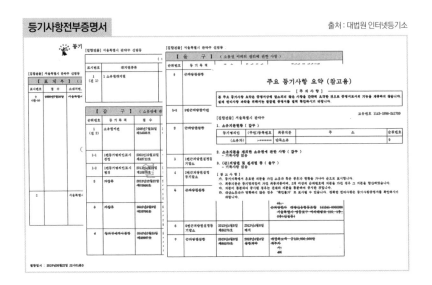

등기사항전부증명서   출처 : 대법원 인터넷등기소

건축물대장은 건축물의 용도와 면적의 기준이 되는 것으로 '정부 24(www.gov.kr)' 홈페이지에서 무료로 열람할 수 있다. 간혹 건축물대장과 등기사항전부증명서가 일치하지 않는 경우가 있는데, 부동산의 물리적 현황(면적, 지번, 건축물의 용도 등)은 건축물대장이 기준이고 소유권자, 권리의 변동, 권리자에 대한 사항은 등기사항전부증명서가 기준이다.

출처 : 정부24

■ 건축물대장의 기재 및 관리 등에 관한 규칙 [별지 제3호서식] <개정 2017. 1.20.> [시행일:2017.1.20.] 내진능력란에 관한 개정규정

집합건축물대장(표제부, 갑)

(2쪽 중 제1쪽)

고유번호	2817710500-3-14270025	민원24접수번호	20190716 - 88598308	명칭		호수/가구수/세대수	
				다이아몰		3호/0가구/12세대	
대지위치	인천광역시 미추홀구 주안동	지번		도로명주소	인천광역시 미추홀구		
※대지면적	321.6 ㎡	연면적	845.735 ㎡	※지역	준주거지역	※구역	상대정화구역
건축면적	191.865 ㎡	용적률 산정용 연면적	845.735 ㎡	주구조	철근콘크리트구조	층수	지하 층/지상 6층
※건폐율	59.66 %	※용적률	262.98 %	높이	17.8 m	부속건축물	동 ㎡
※조경면적 ㎡		※공개 공지/공간 면적 ㎡		※건축선 후퇴면적 ㎡		※건축선 후퇴거리	m

		건축물 현황					건축물 현황		
구분	층별	구조	용도	면적(㎡)	구분	층별	구조	용도	면적(㎡)
주1	1층	철근콘크리트구조	계단실	14.79	주1	옥탑1층	철근콘크리트구조	계단실,ELEV.(연면적제외)	17.43
주1	2층	철근콘크리트구조	사무소(3호)	183.485	주1	옥탑2층	철근콘크리트구조	ELEV.기계실(연면적제외)	6.63
주1	3층	철근콘크리트구조	다세대주택(3세대)	161.865			- 이하여백 -		
주1	4층	철근콘크리트구조	다세대주택(3세대)	161.865					
주1	5층	철근콘크리트구조	다세대주택(3세대)	161.865					
주1	6층	철근콘크리트구조	다세대주택(3세대)	161.865					

이 등(초)본은 건축물대장의 원본 내용과 틀림없음을 증명합니다.

발급일: 2019년 07월 16일

담당자 : 주택과리과

관리비·공과금 미납 여부 파악

집합건물이라면 대부분 관리사무소나 관리단이 있다. 집합건물은 호수
별로 등기를 따로 할 수 있어서 101호, 201호, 302호의 소유자가 각기
다른 부동산을 말하며 아파트, 다세대주택, 연립주택, 지식산업센터, 상
가건물, 주상복합아파트, 오피스텔 등이 이에 해당한다. 집합건물 경매가
진행될 때에는 특히 채무자 겸 소유자가 관리비를 내지 않는 경우가 상
당히 많다. 전 사용자가 내지 않은 관리비 중 공용 부분에 대해서는 낙찰
자가 승계해야 하므로, 부담해야 하는 금액을 사전조사해 실투자금에 반
영한 뒤 입찰해야 한다. 체납 관리비의 전유 부분은 승계하지 않는다. 전
기·수도요금이 따로 부과되는 경우에도 사용자 부담 원칙이기 때문에 낙
찰자에게 승계되지 않는다.

지역 공인중개사 전화조사

임장을 가려는 부동산의 현황에 대해 가장 잘 알고 있는 사람은 해당 지역 공인중개사일 것이다. 전화를 걸어 해당 물건의 전세가, 월세가, 매매 가능한 거래 금액, 다른 매물 수, 지역 분위기 등을 미리 파악해두자.

인터넷을 활용한 정보 검색

마지막으로 각종 인터넷 사이트를 활용해 사전조사를 해두면 좋다. 아래에 주요 사이트를 소개할 테니 즐겨찾기 설정을 해두고 자주 들어가보기 바란다.

• 지방자치단체 홈페이지

해당 물건이 위치한 지자체 홈페이지의 공지사항이나 보도자료를 통해서는 호재를, 시민게시판 등에서는 악재를 파악할 수 있다. 지자체가 진행하는 개발사업과 지구단위 계획을 파악할 수 있고, 건축허가나 신고 등에 관한 문의도 가능하다.

• 국토교통부 실거래가 공개시스템(rt.molit.go.kr)

아파트, 연립·다세대주택, 근린생활시설, 토지 등 실거래가 신고된 부동산의 가격이 공개되어 있어 관심물건 인근의 실거래가를 파악할 수 있다. 단, 소유자가 팔고 싶은 금액(호가)을 기준으로 입찰가를 산정하면 홀로 고가에 낙찰 받는 실수를 저지를 수 있으니 최근 실거래가를 참고하자.

국토교통부 실거래가 공개시스템

• **부동산 정보 씨:리얼**(seereal.lh.or.kr)

예전 '온나라 부동산'을 개편한 홈페이지다. 좌측의 '부동산종합정보'를 클릭해 주소로 조회하면 간략한 정보를 빠르게 확인할 수 있다. 무료로 개인 소유나 법인 소유 여부를 알 수 있고, 토지이용계획과 건축물대장의 내용도 간편하게 확인할 수 있다. 또한 메뉴의 '부동산민원 ➡ 부동산 중개업조회'를 통해 해당 중개업소가 정상영업 중인지, 업무 정지나 휴업 중은 아닌지 등을 파악할 수 있다.

씨:리얼(SEE:REAL)

• **국토교통부**(www.molit.go.kr)

국토와 교통, 부동산 관련 정책을 결정하는 국내 최고기관으로, 국토교통부의 보도자료를 인용한 언론 기사가 많이 나온다. '국토교통소식 ➡ 보도자료'를 보면 부동산 관련 정책 변화 등을 빠르게 알 수 있다.

• **국토교통 통계누리**(stat.molit.go.kr)

국토교통부가 우리나라의 국토 및 교통 관련 주요 통계를 한눈에 보기 쉽게 제공하는 서비스다. '주택 ➡ 승인통계 ➡ 주택건설실적통계(인허가)'를 통해 주택공급 예정 현황을 알 수 있다.

• **국가통계포털**(kosis.kr)

국내는 물론이고 국제·북한을 포함하여 약 1,000여 종에 달하는 국가승인 통계를 찾아볼 수 있다. 통계청에서 서비스한다. 상단의 '국내통계 ➡ 주제별통계'로 들어가면 여러 주제로 분류된 통계를 손쉽게 찾아보고, 도표도 그려볼 수 있다.

국가통계포털

국내통계	국제·북한통계	쉽게보는통계	온라인간행물
주제별통계 기관별통계 e-지방지표(통계표) e-지방지표(시각화) 과거·중지통계	국제통계 북한통계	대상별접근 이슈별접근 통계시각화콘텐츠	주제별 명칭별 기획간행물

• **일사편리**(kras.go.kr:444)

부동산종합증명서를 열람하거나 발급 받을 수 있는 곳으로 열람은 무료이다. 상단의 '종합증명서 열람/발급 ➡ 주소 입력 ➡ 조회 ➡ 보안문자 입력' 후 하단의 '열람' 혹은 '발급' 버튼을 누르면 된다. 토지와 건축물에 대한 정보, 소유자 현황과 등기의 권리에 대한 사항, 개별공시지가, 확인 도면과 지적도, 경계점 좌표등록사항 등을 볼 수 있다.

• **새올전자민원창구**(eminwon.지자체 영문명.go.kr)

상가를 낙찰 받고자 할 경우, 현재 영업 중인 임차인을 내보내되 동종의 영업은 계속하고 싶을 때가 있다. 이때 현재 영업 중인 사람이 행정처분을 받았다면 낙찰 후 영업권 승계 시 행정처분도 같이 승계될 수 있으므로 확인을 해야 한다. 이 사이트는 지자체마다 별도로 운영되므로 포털 사이트에서 '원하는 지역명+새올전자민원창구'라는 키워드로 검색해 방문해야 한다. 첫 방문 후 다른 지역을 보고 싶다면 오른쪽 하단의 '타 시군구 바로가기'를 눌러 알아보고자 하는 지역의 사이트로 이동, 행정처분 여부를 확인할 수 있다.

- **한국감정원 부동산통계정보시스템**(www.r-one.co.kr)

한국감정원에서 만든 부동산 관련 통계 시스템이다. 홈페이지 상단의 'R-ONE 부동산통계뷰어'를 클릭하면 별도의 창이 뜨는데, 좌측의 '상업용부동산 임대동향조사 ➡ 임대정보'를 통해 임대가격지수, 공실률, 임대료, 층별효용비율, 상가권리금 등의 동향을 알 수 있어 상가나 오피스 투자에 유용하다.

• 건강보험심사평가원(www.hira.or.kr)

해당 지역에서 영업 중인 병원을 규모별, 특정진료별, 분야별로 알 수 있다. 또한 상단의 '병원·약국 ➡ 병원평가정보'를 통해 외래 처방약의 품목 수에 대한 평가를 볼 수 있다.

건강보험심사평가원

NO	선택	병원명	평가항목	평가등급	소재지
1	☐	내과의원	약품목수	⑤등급	경기도 군포시 군포역 ·(당동)
2	☐	고 의원	약품목수	⑤등급	경기도 군포시 군포로 (당동, 대창빌딩)
3	☐	피부과의원	약품목수	❶등급	경기도 군포시 산본로 304호 (산본동, 광림프라자)
4	☐	척의원	약품목수	④등급	경기도 군포시 산본천로 층 .(산본동)
5	☐	모병원	약품목수	③등급	경기도 군포시 용호 층,2층 (당동, 미성데코플라자)
6	☐	군포시보건소	약품목수	④등급	경기도 군포시 (부곡동)
7	☐	군포시산본보건지소	약품목수	❶등급	경기도 군포시 (산본동, 군포시산본보건지소)

• 클린업시스템(cleanup.seoul.go.kr)

서울시에서 진행 중인 재개발, 재건축, 도시환경 정비사업의 진행 단계를 알 수 있는 곳이다. '정보공개현황 ➡ 사업장검색'을 클릭한 후 지도에서 원하는 자치구를 선택하면 된다.

클린업시스템

번호	자치구	사업구분	사업장명	대표지번	진행단계	공개자료수 (최근자료)	공개적시성 (전체자료)	자료충실도	이동
29	성동구	재개발	금호제15구역 주택재개발정비사업조합	금호동1가 280	착공	1056건	0.0%	100.0%	보기 ▸
28	성동구	재개발	금호제13구역 주택재개발정비사업조합	금호동2가 200	조합해산	728건	-	-	보기 ▸ 일시중단

• 국토정보플랫폼(map.ngii.go.kr)

국토지리정보원에서 운영하는 지도 서비스로, 지도를 내려받거나 연도별 위성사진을 찾아볼 수 있다. '공간정보 받기 ➡ 국토정보맵'으로 이동해 원하는 지명을 검색한 뒤 지도상의 마크를 클릭하면 과거 위성사진을 연도별(1960년대 후반~현재)로 한눈에 볼 수 있다. 국가기준점과 지적기준점도 확인 가능하다.

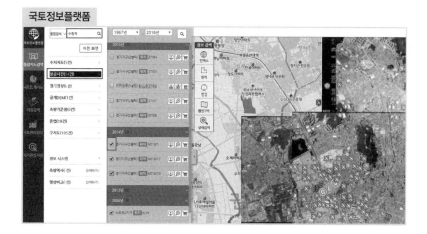

다음은 사전조사 시 참고할 만한 일반 기업이 운영하는 사이트들이다.

• KB부동산 리브온(onland.kbstar.com)

상단의 매물/시세에서 원하는 아파트나 오피스텔을 검색하면 새로운 창이 열린다. 새 창에서 '시세/실거래가'를 클릭해 '과거시세조회' 버튼을 찾아 누르면 다음과 같이 매매 및 전세 변동 그래프를 한눈에 볼 수 있다.

또한 지역 분석에 도움이 되는 시계열 자료뿐만 아니라 KB국민은행이 자체적으로 조사해 발표하는 주택시장동향 조사결과도 주기적으로 볼 수 있다. 이 중 가장 최근 날짜의 통계표와 시계열 자료를 내려받으면 주택시장의 지역별 변화를 꼼꼼하게 살펴볼 수 있다.

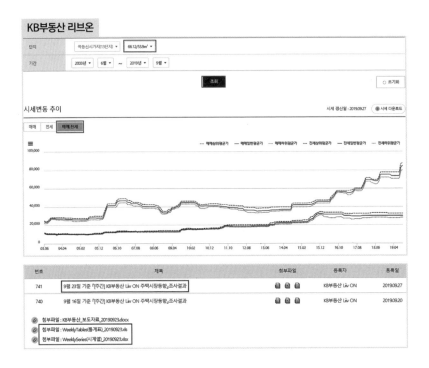

• 호갱노노(hogangnono.com)

호갱노노는 지도를 통한 아파트 분석에 특화되어 있다. 지도 좌측의 매매, 평형, 가격, 신고가, 인구, 공급 등 여러 필터를 통해 원하는 지역의 아파트를 단시간 내에 분석할 수 있게 한 것이 특징이다.

• 밸류맵(www.valueupmap.com)

국토교통부 실거래가 사이트의 단점은 물건별, 시기별로 나눠서 검색해야 하므로 적지 않은 시간이 소요되고 번거롭다는 것이다. 밸류맵은 원하는 지역으로 지도를 이동하면 해당 지역에서 거래가 이뤄졌던 토지, 단독

주택, 상가, 공장, 아파트 등 모든 물건의 실거래 내역과 법원에서 진행된 경매 낙찰가까지 한 번에 볼 수 있어 시간이 크게 절약된다.

특히 경매 낙찰사례의 경우, 밸류맵에서 바로 지지옥션이 제공하는 낙찰정보 및 간단한 물건정보를 열람할 수 있어 간편하다.

밸류맵에서의 경매 데이터

상가
서울 서초구 양재동 12-10 ,-11 양재한신휴플러스   호

낙찰 : 201,221,000원
감정 : 224,000,000원

유찰횟수   낙찰가율   입찰자수   경매조건
2회   89.83%   5   재매각 외 1건

- 낙찰시점   - 전용면적당 낙찰단가   ₵단위

2017년 11월 22일   19,441,643원/3.3㎡
                              전용면적 : 10.35(3.3㎡)

자세히 보기

본 부동산에 최근 유사 경매사례가 1 건 있습니다.

일자	유형	상태	매각가	감정가	확인
17.09.20	상가	종결	181,111,100원	224,000,000원	열기

정보제공: 지지옥션 Since1983

이외에도 좋은 정보를 얻을 수 있는 사이트들이 많은데, 나머지는 후술할 부동산 종류별 분석 방법에서 자세히 소개할 예정이다. 위에 소개한 다양한 사이트를 보면 임장을 나가기 전에 미리 준비해야 할 것들이 예상외로 많다는 사실을 알 수 있다. 점점 많은 부동산 정보들이 인터넷상에서 누구나 열람할 수 있도록 바뀌어가고 있다. 남들은 다 아는 정보를 나만 모른다면 잘못된 판단을 할 가능성이 커진다. 사전조사가 탄탄할수록 현장조사에서 좀 더 넓은 안목과 객관적인 시선으로 해당 물건을 판단할 수 있다. 그러므로 사전조사에 충분한 공을 들여야 한다. 10분의 사전조사로 알아낼 수 있는 사실을 현장에서 몸으로 부딪혀가며 파악하려면 몇 배의 시간이 걸릴 수밖에 없다는 점을 잊지 말자.

시간을 아끼는 효율적인 현장조사 Tip

▼

사전조사를 충분히 했다면 이제는 임장을 통해서 이미 알아낸 것들을 확인하고, 현장에서만 알 수 있는 것들을 조사해야 한다. 우선 중개업소를 방문할 때에는 수첩과 경매정보 출력물을 가방에 넣어 가는 것이 좋다. 관심 부동산이 건물이라면 전용면적과 방·화장실 개수를, 토지라면 용도지역과 면적을 머릿속에 넣어두고 상담을 받아야 한다.

수첩을 들고 중개사무소를 방문해 "경매 나온 물건 때문에 왔습니다"라고 말하는 순간, 매번 그런 것은 아니지만 1~2분 만에 쫓겨나듯 나와야 할 수도 있다. 한 개의 경매물건 때문에 여러 팀이 임장을 오면 공인중개사는 피로감을 느끼게 되고, 임장 팀은 수수료를 지급할 손님이라고 생각하지 않기 때문이다. 그래서 묻는 말에만 단답형으로 대답하는 경우가 많으니, 이왕이면 매수인 혹은 전세를 구하는 사람을 가장하여 되도록 많은 정보를 얻어내는 것이 좋다. 더 얻을 정보가 없다고 판단되면 낙찰 후

거래하고 싶은 중개사무소를 골라 경매 입찰할 예정이라고 솔직하게 말한 뒤, 마지막으로 조사한 내용을 재확인하자.

처음에는 출력한 경매정보에 조사할 항목을 빼곡히 적어두고 긴장하며 임장활동을 한다. 그런데 여러 번 현장조사를 나가고, 한꺼번에 2~3건의 경매물건을 조사하다 보면 초심을 잃고 대충대충 시간에 맞춰 임장을 하게 된다. 그러다 보면 실수가 발생하고, 다시 방문해야 하는 경우도 생긴다. 따라서 임장을 갈 때에는 나만의 '체크리스트'를 종류별로 만들어 들고 다니며 빈칸에 계속 메모를 하는 것이 좋다. 그래야 혼자만의 생각에 빠지거나 남의 생각을 내 생각으로 착각하는 우를 범하지 않고 모

필자의 오피스텔 임장 체크리스트 1

임장시 체크리스트 (오피스텔)			
임장일시 :		사건번호 :	
오피스텔명 :			
주소 :			
Kb 오피스텔 실거래가 :			
전입세대 열람			
정보지와 다른 사람이 살고 있는지 확인			
세대합가인지 확인			
부동산 중개업소			
전세가율이 50% 이상인가? 매매:		전세:	월세
공실률은 10% 미만인가?			
층별 또는 위치별 임대가가 동일한가?			
(만일 다르다면 원인 파악)			
임대수요는 어느지역에서 발생하는가?			
인근 호재:			
인근 악재:			
인근 오피스텔, 원룸, 도시형생활주택 추가공급계획			
관리사무소			
평당관리비, 매달 관리비는 얼마인가?			
해당 물건의 미납 관리비는 얼마인가?			
사무실용도가 많은지, 주거 용도가 많은지?			
주로 거주민은 어느지역으로 출퇴근 하는지?			

필자의 오피스텔 임장 체크리스트 2

건물 내/외부
우편물 수량 및 성명 확인
주차대수는 몇 대인가?(주차가능대수/가구수 > 0.8)
소음 여부
내부 청결도 (창고, 계단, 옥상, 엘리베이터 등)
외부 청결도 (건물 외벽, 갈라진 틈이 있는지, 보수공사를 한 흔적이 있는지 등)
조망권
일조권

물건내부
방의 개수
주방 청결도
화장실 청결도
보일러
인테리어 및 도배/장판
수도 및 가스 고장 여부

점유자
매각 물건명세서와 일치하는가
세내구싱
이사가능성 여부
명도난이도

동 건물의 주민
거주시의 불만사항 인터뷰
점유자를 만날수 없을 시 실제 점유하는지의 여부
점유자가 누구인지의 여부

위치 및 주변 시설
역세권이면서 주변에 사무실, 백화점, 관공서, 상업시설이 많은가?
지하철역의 유무와 거리
버스정류장의 유무와 거리
4차선도로의 유무와 거리
편의점/가게 등 편의시설 존재 유무와 거리
큰 시장 혹은 대형 할인마트 존재 유무와 거리

본건 특이사항

든 물건을 동등하게 조사할 수 있다. 조사할 필요가 있는 항목을 뽑아 자신만의 임장 체크리스트를 만들어보기 바란다.

임장을 가면 반드시 점유자를 만나 대화를 나눠봐야 한다. 만약 집에 아무도 없다면 연락처를 붙여두고 오는 것이 좋다. 이때 명함은 직장이나 사회생활에서 사용하는 것이 아닌 별도의 명함을 준비하자. 다세대주택이나 연립주택은 대부분 영세한 업체에서 공사를 진행하므로, 신축이 아니라면 물리적인 하자가 있는 경우가 생각보다 많다.

경매물건이 연립·다세대주택의 201호라고 가정해보자. 우선 201호에 가서 초인종을 누른다. 안으로 들어가서 점유자와 커피 한잔 하며 집 내부를 구석구석 둘러보면 좋겠지만, 처음 보는 점유자를 사르르 녹일 만한 언변의 소유자가 아니라면 대부분은 문전박대 당하기 일쑤다. 그래도 귀한 시간을 쪼개 임장을 간 마당이니 그냥 물러나면 안 된다. 이렇게라도 해보자. 현관문이 살짝 열리고 "누구세요?"라고 묻는 순간, 후각을 최대한 동원하여 집에서 풍겨 나오는 냄새를 맡아보는 것이다. 고질적인 누수로 인해 집 안에 곰팡이가 피었는지를 확인하기 위해서다.

위층 배관에서 물이 흘러 내려오는 경우 윗집 소유자에게 책임을 물을 수 있다. 하지만 옥상이나 벽에서 물이 흘러들어 건물 전체가 습하다면 사시사철 집 내부에 곰팡이가 피어 있게 마련이다. 이를 모른 채 낙찰 받으면 그 처리 비용을 감당해야 하는데, 이는 건물 구조적인 문제이므로 1~2회 수리한다고 고쳐지지 않는다. 울며 겨자 먹기로 매년 수리비를 지출해야 한다.

점유자를 만날 수 없다면 위층 301호, 옆집 202호, 아래층 101호 주민을 만나 해당 건물에 하자(결로, 누수, 하수도 역류 등)가 있는지 알아봐야 한다. 일부 연립·다세대주택은 세대별로 수도요금 등을 걷어 납부하는 총무 역할을 하는 사람이 있다. 이들이 예상외로 협조를 잘해주는 경우가 많으므로 총무가 몇 호에 거주하는지도 함께 물어보자. 준공된 지 15

년가량 지난 연립·다세대주택에 있는 경매물건을 밖에서 봤을 때 섀시가 다른 집들과 달리 새것이라면 집 전체가 수리됐을 가능성이 크다.

옥상을 올라가보면 방수 공사가 되어 있는지 아닌지를 맨눈으로 확인할 수 있다. 거친 콘크리트 대신 초록색 혹은 회색으로 칠해져 있다면 방수 공사가 되어 있는 것이다. 아파트라면 관리사무소에 문의를 해보면 된다.

현장에 가서 보니 농지에 농작물이 있는 경우도 있다. 불법으로 농작물을 경작하고 있더라도 그 소유권은 낙찰자가 가져오는 것이 아니라 경작자에게 있으니 주의해야 한다. 현장조사를 다녀온 후에는 피곤하더라도 조사한 내용을 취합하여 잘 보관하는 것이 좋다. 현장조사를 마친 후부터 망각이 시작되므로, 날짜와 함께 조사한 내용을 모두 기록해두면 나만의 훌륭한 빅데이터가 된다.

팔 때 가격이 오르는
아파트 찾는 방법

흔히 초보 운전자들이 사고를 많이 낼 거라고 생각하지만, 신나게 도로를 종횡무진 누비며 실력을 뽐내는 경력 2~3년 차 운전자들의 사고율이 더 높다. 부동산 경매도 마찬가지여서 2~3건 낙찰을 받고 수익을 맛본, 즉 이제 막 초보 티를 벗어난 사람들이 실수할 확률이 높다. 본인이 직접 사용할 목적이 아니라면 처음 경매를 배우자마자 토지나 상가를 매입하는 경우는 드물다. 대부분은 주거용 집합건물(아파트, 연립 · 다세대주택, 오피스텔)로 경매 투자를 시작하게 마련이다. 동종 물건들의 실거래 조회가 용이하여 거래 가능한 가격을 쉽게 알아낼 수 있고, 명도 대상도 한 세대여서 처리가 까다롭지 않기 때문이다. 등기사항전부증명서가 한 개로 권리분석이 어렵지 않다는 점도 한몫한다. 이런 물건들을 낙찰 받아서 명도하고 수익을 내면 자신감이 생긴다. 자신감이 생기면 투자 대상을 상가, 토지로 업그레이드하게 되는데, 문제는 집합건물을 판단할 때 사용했던 기준들을 그대로 대입해 분석한다는 점이다. 이는 심각한 오판으로 이어진다.

상가를 보는 눈으로 토지를 보고, 아파트를 보는 눈으로 상가를 봐선 안 된다. 각각의 부동산은 비슷한 방식으로 건축되지만, 준공 후에는 용도별로 존재 목적이 달라진다. 우리가 경매물건을 고를 때에도 각각 다른 기준을 갖고 봐야 손해 보지 않는 투자를 할 수 있다. 주택은 사람이 살기 좋은 곳이, 상가와 공장은 영업이 잘되는 곳이, 토지는 토지 위에 더 많은 용도의 건물을 세울 수 있을 때 가치가 상승한다는 점을 잊지 말자.

오르는 아파트를 찾는 가장 객관적인 방법

▼

아파트 투자의 기본은 가격이 오르기 전에 사서, 가격 상승 후 다시 내려 가기 전에 파는 것이다. 말은 쉬워도 그 타이밍을 잡는 것은 생각만큼 쉽지 않다. 그래서 상승장인지 하락장인지, 보유한 아파트를 언제 매도하고 내 집 장만은 언제 해야 하는지를 스스로 판단하지 못한 채 막연한 예감과 주변의 이야기만 듣고 투자하는 사람들이 많다.

아파트의 경우 매입하기는 쉽다. 누구나 접근 가능한 동별, 층별 실거 래가를 확인한 뒤 중개업소를 통해 최근 실거래가보다 좀 더 저렴한 물건을 사면 된다. 위험할 것도 별로 없다. 하지만 이런 식으로는 돈을 벌기 어렵다. 만약 그동안 정확한 기준 없이 투자를 했다면, 지금부터 소개하는 가격이 상승하는 아파트를 찾기 위한 객관적 분석 자료를 활용해보기 바란다. 이전까지는 통 보이지 않던 타이밍을 잡는 데 큰 도움이 될 것이다.

지역 선정은 어떻게 할까?

▼

투자 또는 실거주 목적으로 가격이 상승하는 아파트를 찾기 위해 가장 먼저 해야 하는 일은 지역 선정이다. 어떤 지역이 앞으로 1~2년간 상승 또는 하락할지 예측하고, 거주하기에 좋으면서 투자가치도 있는 지역을 골라야 한다. 처음 지역을 선정할 때에는 막막한 기분이 들 것이다. 자신이 살고 있고 잘 아는 지역은 굳이 분석하지 않아도 어디가 좋은 아파트이고, 좋은 학군인지를 어렵지 않게 판단할 수 있다. 하지만 처음 접하는 지역들은 아무리 지도를 살펴보고 아파트를 찾아봐도 막연할 뿐이다. 그래서 대부분 다른 사람이 분석한 자료를 찾고 들여다보느라 시간을 허비하기 일쑤다.

지역을 선정하기 위해서는 전국을 대상으로 여러 지표를 살펴야 한다. 전국 시도별 아파트 매매가격 변동률과 전세가격 변동률, 거래량, 공급물량, 입주물량, 지역별 매수자·매도자 동향 등 다양한 지표를 확인한다. 물론 수치만 보고 그 지역을 정확히 파악할 순 없지만, 많은 지역 중 현재 어느 지역에 먼저 관심을 가져야 하는지 우선순위를 정하는 데 위 지표가 큰 도움이 된다. 시장을 보는 다양한 자료는 이미 인터넷에 많이 퍼져 있다. 다만 어디에 무엇이 있고, 어떻게 해석해야 하는지를 모를 뿐이다. 다음에 소개하는 내용을 다양하게 활용하여 지역을 파악하고 시장을 이해하는 안목을 키워보자.

매매가와 전세가 상승률을 파악하자

침체된 시장의 매매가 회복 시기 등을 파악하기 위해 사전에 중요하게 살펴봐야 할 지수가 바로 전세가다. 전세가는 실거주자의 사용가치로, 해당 주택에 살기 위해 얼마의 돈을 낼 의향이 있는가를 보여주는 지표다. 전세가격지수는 KB부동산 리브온이 제공하는 시계열 자료에서 볼 수 있는데, '월간 KB주택동향'과 '주간 KB주택동향'에서 확인이 가능하다. 월간동향 차트는 길고 큰 흐름을 보는 데 도움이 되고, 현재 시장 상황을 발빠르게 확인하기 위해서는 주간동향 차트를 이용하는 것이 좋다. 매주 시장을 관찰한다면 매매 타이밍을 잡는 데 도움이 될 것이다.

관심 있는 지역이 현재 상승-하강-보합 중 어디에 해당하는지 그 흐름을 알아야 투자 시점을 잡는 데 도움이 된다. KB부동산에서 매주 제공하

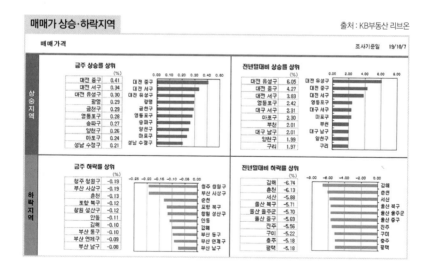

출처 : KB부동산 리브온

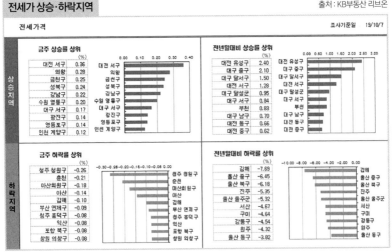

전세가격   조사기준일 19/10/7

금주 상승률 상위

	(%)
대전 서구	0.36
의왕	0.28
금천구	0.25
성북구	0.24
강남구	0.22
수원 영통구	0.20
대구 서구	0.17
광진구	0.14
영등포구	0.14
인천 계양구	0.12

전년말대비 상승률 상위

	(%)
대전 유성구	2.40
대구 중구	2.10
대구 달서구	1.50
대전 서구	1.28
대구 달성군	0.95
대구 서구	0.84
부천	0.83
대구 남구	0.70
대전 동구	0.66
대전 중구	0.62

금주 하락률 상위

	(%)
청주 청원구	-0.26
춘천	-0.21
마산회원구	-0.18
아산	-0.14
김해	-0.10
부산 연제구	-0.09
청주 흥덕구	-0.08
익산	-0.08
포항 북구	-0.08
창원 의창구	-0.08

전년말대비 하락률 상위

	(%)
김해	-7.69
울산 중구	-6.45
울산 북구	-6.18
전주	-5.35
울산 울주군	-5.32
서산	-4.67
구미	-4.64
강동구	-4.54
원주	-4.32
울산 동구	-3.82

상승지역 / 하락지역

출처 : KB부동산 리브온

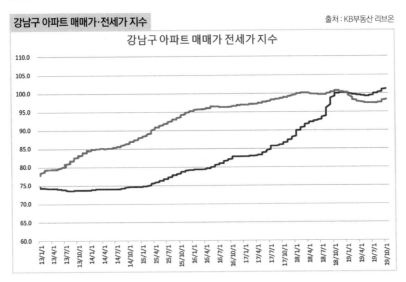

강남구 아파트 매매가 전세가 지수

는 매매·전세가격 증감률 표를 활용해보자. 홈페이지 상단의 '뉴스/자료실 ➡ 통계/리포트 ➡ 주간 KB주택시장동향'을 클릭한 후 가장 최근 게시물을 선택해 첨부파일 중 '시계열' 파일을 내려받으면 된다.

서울시 구별 아파트 매매가 증감률

아파트 매매가격증감률 Changing Rate of Apartment Purchase Price (전주대비:%)

구분 Classification	전국 Total	서울 Seoul	강북 Northern seoul	강북구 Gangbuk-gu	광진구 Gwangjin-gu	노원구 Nowon-gu	도봉구 Dobong-gu	동대문구 Dongdae mun-gu	마포구 Mapo-gu	서대문구 Seodaem un-gu	성동구 Seongdon g-gu	성북구 Seongbuk-gu	용산구 Yongsan-gu
7/1	-0.01	0.09	0.09	0.00	0.08	0.09	0.17	0.19	0.16	0.06	0.04	0.16	0.00
7/8	-0.03	0.11	0.08	0.09	0.16	0.11	0.12	0.07	0.21	0.01	0.03	0.06	0.08
7/15	-0.01	0.11	0.09	0.04	0.13	0.08	0.00	0.03	0.25	0.09	0.07	0.21	0.02
7/22	-0.02	0.11	0.09	0.08	0.10	0.10	0.01	0.08	0.16	0.21	0.15	0.03	0.06
7/29	-0.01	0.10	0.08	0.03	0.07	0.12	0.07	0.12	0.19	0.04	0.01	0.10	0.06
8/5	0.00	0.11	0.11	0.01	0.17	0.09	0.13	0.18	0.28	0.06	0.07	0.16	0.04
8/12	0.02	0.09	0.08	0.04	0.17	0.09	0.02	0.07	0.08	0.20	0.07	0.09	0.05
8/19	0.01	0.10	0.11	0.03	0.12	0.10	0.11	0.19	0.18	0.09	0.08	0.10	0.01
8/26	0.00	0.11	0.11	0.08	0.11	0.10	0.13	0.02	0.12	0.08	0.15	0.07	0.10
9/2	0.01	0.13	0.11	0.03	0.17	0.04	0.03	0.25	0.24	0.28	0.14	0.12	0.06
9/16	0.00	0.10	0.08	0.07	0.17	0.02	0.00	0.09	0.13	0.12	0.08	0.05	0.04
9/23	0.02	0.15	0.08	0.03	0.36	0.03	0.00	0.01	0.08	0.03	0.13	0.14	0.15
9/30	0.03	0.15	0.10	0.02	0.08	0.04	0.02	0.13	0.22	0.23	0.17	0.09	0.07
10/7	0.04	0.13	0.09	0.05	0.18	0.02	0.01	0.17	0.24	0.03	0.03	0.18	0.09
10/14	0.03	0.15	0.08	0.01	0.24	0.04	0.03	0.06	0.09	0.08	0.08	0.15	0.18
10/21	0.03	0.15	0.12	0.03	0.29	0.07	0.08	0.09	0.11	0.31	0.10	0.19	0.10
10/28	0.03	0.15	0.10	0.02	0.29	0.05	0.02	0.03	0.04	0.09	0.06	0.12	0.20
11/4	0.04	0.14	0.09	0.01	0.21	0.04	0.04	0.13	0.02	0.11	0.11	0.14	0.13
11/11	0.05	0.13	0.00	0.07	0.00	0.05	0.03	0.03	0.09	0.08	0.10	0.12	0.20
11/18	0.07	0.20	0.09	0.02	0.15	0.09	0.05	0.07	0.06	0.03	0.09	0.13	0.18
11/25	0.07	0.18	0.13	0.07	0.36	0.09	0.06	0.06	0.21	0.06	0.11	0.17	0.06

서울시 구별 아파트 전세가 증감률

아파트 전세가격증감률 Changing Rate of Apartment Jeonse Price (* Jeonse : Key Money Deposit Lease) (전주

구분 Classification	전국 Total	서울 Seoul	강북 Northern seoul	강북구 Gangbuk-gu	광진구 Gwangjin-gu	노원구 Nowon-gu	도봉구 Dobong-gu	동대문구 Dongdae mun-gu	마포구 Mapo-gu	서대문구 Seodaem un-gu	성동구 Seongdon g-gu	성북구 Seongbuk-gu	용산구 Yongsan-gu
7/1	0.08	0.13	0.12	0.06	0.18	0.12	0.03	0.10	0.07	0.48	0.27	0.07	0.08
7/8	0.09	0.15	0.17	0.21	0.23	0.07	0.30	0.23	0.22	0.38	0.07	0.12	0.25
7/15	0.10	0.20	0.19	0.16	0.11	0.09	0.38	0.52	0.19	0.11	0.07	0.33	0.24
7/22	0.15	0.25	0.24	0.22	0.30	0.27	0.14	0.11	0.12	0.15	0.41	0.39	0.08
7/29	0.15	0.23	0.19	0.27	0.09	0.16	0.35	0.00	0.19	0.04	0.47	0.20	0.01
8/5	0.14	0.20	0.19	0.24	0.15	0.21	0.15	0.03	0.13	0.28	0.28	0.28	0.07
8/12	0.20	0.29	0.32	0.42	0.04	0.44	0.04	0.09	0.44	0.78	0.29	0.53	0.17
8/19	0.21	0.30	0.27	0.40	0.33	0.39	0.17	0.04	0.25	0.13	0.21	0.50	0.09
8/26	0.24	0.36	0.34	0.59	0.35	0.41	0.30	0.08	0.39	0.16	0.26	0.53	0.06
9/2	0.28	0.40	0.42	0.82	0.56	0.45	0.73	0.19	0.18	0.14	0.80	0.45	0.07
9/9	0.28	0.35	0.34	0.30	0.26	0.30	0.55	0.25	0.52	0.06	0.18	0.56	0.22
9/23	0.29	0.40	0.51	0.54	0.47	0.86	0.77	0.04	0.65	0.19	0.56	0.36	0.26
9/30	0.29	0.35	0.38	0.86	0.49	0.26	0.63	0.14	0.63	0.00	0.44	0.23	0.21
10/7	0.28	0.40	0.36	0.40	0.20	0.29	0.41	0.08	0.67	0.18	0.82	0.33	0.29
10/14	0.24	0.34	0.32	0.57	0.36	0.34	0.33	0.03	0.37	0.30	0.22	0.62	0.11
10/21	0.24	0.34	0.27	0.32	0.09	0.17	0.58	0.00	0.21	0.14	0.37	0.50	0.34
10/28	0.19	0.25	0.24	0.23	0.02	0.25	0.10	0.50	0.23	0.16	0.21	0.21	0.20
11/4	0.22	0.24	0.24	0.02	0.20	0.17	0.20	0.30	0.32	0.36	0.35	0.17	0.19
11/11	0.17	0.18	0.12	0.03	0.26	0.12	0.00	0.04	0.12	0.24	0.20	0.05	0.13
11/18	0.16	0.19	0.19	0.10	0.28	0.07	0.10	0.24	0.33	0.45	0.37	0.14	0.28
11/25	0.17	0.20	0.17	0.14	0.20	0.17	0.01	0.15	0.52	0.21	0.20	0.15	0.08

매매가 증감률과 전세가 증감률은 말 그대로 매매지수, 전세지수의 증감을 비율로 보여준다. 각 지역의 전주(前週) 대비 증감률로 매매가와 전세가의 추이를 살펴볼 수 있다.

매매가와 전세가 증감률은 시별, 구별로도 확인할 수 있어 각 지역별 흐름을 확인하는 데 도움이 된다. 현재 어느 지역이 언제부터 올랐는지 쉽게 알 수 있는 주간 아파트 매매가/전세가 증감률을 매주 살펴본다면 시장 움직임을 파악하는 데 매우 유익할 것이다.

현재 수도권은 실수요자들의 사용가치인 전세가로 인해 매매가가 움직이는 시장은 아니다. 투자자들의 부동자금이 대량 유입되어 유동성이 매우 풍부하다는 점이 수도권의 특징적 양상이다. 이런 상황에서는 한 지역의 매매가가 상승하면 다른 지역으로 쉽게 옮겨 붙는 경향이 있으므로 주간 데이터의 변화를 꾸준히 지켜보는 것이 좋다.

매수자와 매도자의 심리를 파악하자

매매가와 전세가의 변화를 살펴보았다면 그다음으로 중요한 것은 매도자와 매수자의 심리다. 이는 KB부동산 시계열 자료 중 '매수매도'에서 확인이 가능하다.

부동산에 관심이 있다면 '매수우위 시장', '매도우위 시장'이라는 말을 자주 들어봤을 것이다. 매도우위란 집을 팔려는 사람보다 사려는 사람이 더 많은 '매도자가 유리'한 상황으로, 가격이 상승할 가능성이 큰 시장을

광역시별 매수우위 지수

	인천 Incheon			광주 Gwangju			대전 Daejeon			울산 Ulsan			수도권 Seoul Metropolitan Area		
	매도자 많음 Seller's No.> Buyer's	매수자 많음 Seller's No.< Buyer's	매수우위 지수 Buyer Superiority Index	매도자 많음 Seller's No.> Buyer's	매수자 많음 Seller's No.< Buyer's	매수우위 지수 Buyer Superiority Index	매도자 많음 Seller's No.> Buyer's	매수자 많음 Seller's No.< Buyer's	매수우위 지수 Buyer Superiority Index	매도자 많음 Seller's No.> Buyer's	매수자 많음 Seller's No.< Buyer's	매수우위 지수 Buyer Superiority Index	매도자 많음 Seller's No.> Buyer's	매수자 많음 Seller's No.< Buyer's	매수우위 지수 Buyer Superiority Index
6/17	76.3	1.5	25.2	84.6	0.7	16.1	56.5	6.8	50.3	88.7	2.2	13.5	68.5	3.4	34.9
6/24	77.2	1.5	24.3	82.0	1.8	19.8	58.4	10.7	52.3	88.6	0.0	11.4	66.5	5.1	38.6
7/1	75.2	2.5	27.3	82.1	1.0	18.8	50.9	10.8	59.9	83.6	0.0	16.4	64.7	5.5	40.8
7/8	73.2	3.1	29.9	83.6	1.0	17.4	50.1	15.0	64.9	74.0	0.0	26.0	63.0	6.3	43.9
7/15	72.8	3.0	30.3	79.4	1.0	21.6	44.7	16.4	71.7	82.4	5.2	22.8	60.5	6.2	45.7
7/22	74.6	3.1	28.5	83.4	2.1	18.7	43.9	21.0	77.1	81.6	3.9	22.2	59.8	6.3	46.5
7/29	74.0	1.6	27.7	78.1	3.1	24.9	41.2	15.8	74.7	65.4	0.0	34.6	58.1	7.3	49.2
8/5	77.9	2.2	24.4	78.4	2.1	23.7	41.7	14.1	72.4	55.3	4.9	49.5	58.0	5.9	47.9
8/12	77.4	1.3	23.9	74.8	3.0	28.3	42.6	20.4	77.8	75.4	5.9	30.4	57.9	6.4	48.6
8/19	71.9	1.8	29.9	77.5	2.9	25.3	39.8	15.4	75.6	69.6	1.7	32.1	56.2	6.4	50.3
8/26	70.7	1.4	30.7	78.6	2.9	24.3	44.0	17.2	73.2	75.2	3.0	27.8	57.3	5.3	48.0
9/2	63.5	3.7	40.2	73.9	0.9	27.0	39.3	22.4	83.1	83.2	0.8	17.7	53.4	6.7	53.3
9/16	60.4	2.5	42.1	79.3	3.3	24.0	44.5	15.2	70.7	77.9	0.0	22.1	53.1	6.1	53.0
9/23	62.1	4.3	42.2	78.3	3.1	24.8	36.8	18.9	82.1	72.4	1.8	29.4	52.5	9.3	56.8
9/30	60.3	5.7	45.4	80.1	2.2	22.1	34.1	23.2	89.2	80.7	3.2	22.5	51.4	9.9	58.5
10/7	59.8	6.3	46.5	80.1	3.0	23.0	41.3	21.3	80.0	71.1	6.7	35.6	51.0	11.1	60.1
10/14	62.0	6.1	44.1	87.5	2.9	15.3	37.3	18.3	81.0	67.4	5.9	38.5	49.6	12.7	63.1
10/21	63.7	5.6	41.9	86.1	1.7	15.7	33.3	23.0	89.7	60.0	10.9	50.9	48.5	14.7	66.2
10/28	62.4	4.9	42.5	77.8	1.9	24.1	38.6	22.4	83.8	65.9	4.6	38.8	46.5	14.9	69.3
11/4	59.8	9.1	49.3	72.3	3.1	30.8	40.6	17.5	77.0	64.6	4.8	40.2	46.0	15.8	69.8
11/11	63.3	9.5	46.2	75.7	3.9	28.2	40.1	18.5	78.4	71.8	4.7	32.9	42.9	18.0	75.1
11/18	57.0	11.3	54.3	69.8	3.6	33.7	42.2	12.8	70.7	57.0	10.1	53.1	40.6	19.2	78.7
11/25	60.7	9.0	48.3	62.9	4.1	41.2	43.4	19.8	76.4	47.5	9.9	62.4	40.5	20.2	79.8
12/2	53.3	9.4	56.1	58.3	5.7	37.4	30.0	21.0	83.5	43.2	13.4	71.2	39.1	21.3	81.2
12/9	54.1	11.7	57.6	69.2	5.8	36.6	32.9	21.8	88.9	45.2	21.0	75.0	36.7	22.9	86.2

말한다. 매수우위는 반대로 팔려는 사람이 더 많아 '매수자가 유리'해 물건들을 비교하고 가격을 낮춰 살 수 있으니, 가격이 하락할 가능성이 크다는 걸 알 수 있다.

부동산을 사려는 사람이 많아지면 이들로 인해 중개업소 문턱이 닳고, 매물로 나온 집마다 매수 희망자들로 문전성시를 이루게 된다. 집을 내놓은 이들은 살 사람이 많다는 사실을 금방 깨닫고 시장 분위기를 감지해 매물을 거둬들이기 시작한다. 이렇게 매물의 양이 줄어들면 어떻게 될까? 사려는 사람은 많은데 매물이 없으니 매매 계약은 더욱 잘 이뤄지고 가격 상승도 빨라진다. 매도자, 매수자의 심리가 변하는 의미를 잘 파악하면 앞으로 어떤 시장이 다가올지 유추할 수 있다.

아래는 대전광역시의 매도/매수 지수다. 2009년부터 2011년까지는 팔려는 사람보다 사려는 사람이 많은 것으로 보이며, 두 그래프가 가까이 붙어 있는 모습을 볼 수 있다. 이런 그래프를 통해 곧 가격이 상승하리라는 것을 예측할 수 있다. 이후 세종시에 공급물량이 많아지며 매도/매수 지수가 멀리 떨어져 있다가 2019년 하반기에 다시 가까워지는 걸 볼 수 있다. 최근 심리가 살아나고 있는 대전의 부동산 가격이 가파르게 오르는 이유이기도 하다.

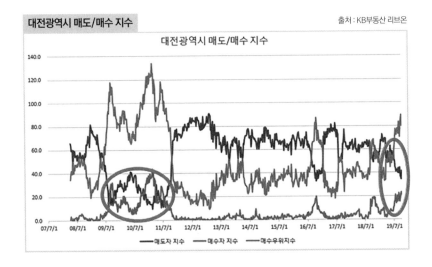

대전광역시 매도/매수 지수 출처 : KB부동산 리브온

요즘은 부동산 데이터와 관련하여 좋은 사이트들이 많다. 과거에는 위와 같은 그래프를 보기 위해 엑셀 프로그램에 원래의 데이터(KB부동산 시계열)를 입력한 후 수작업으로 일일이 그려야 했지만, 지금은 클릭 몇 번만으로도 해당 그래프를 확인할 수 있다.

아래 그림은 '부동산지인(www.aptgin.com)'이라는 사이트에서 가져온 것이다. 지역분석 탭에 들어가서 대전을 고른 후 아래에 나타나는 '대전 멀티차트 현황' 중 보조지표의 '매도/매수 동향'을 클릭한다. 그러면 로 데이터(Raw Data)를 가지고 직접 그린 아래와 같은 그래프가 나타난다. 지역별 매도/매수 동향을 신속하게 알아보고자 할 때 활용하면 좋을 것 이다.

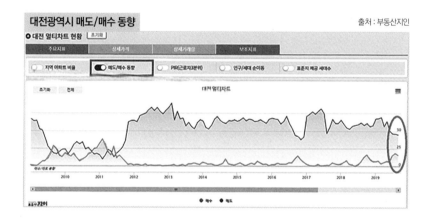

공급물량 파악은 아파트 투자에서 필수다

▼

날씨가 추워지기 시작하면 많은 가정에서 김장을 준비한다. 4인 가족 한 가구당 대략 25포기 정도 김장을 하면 1년간은 충분히 먹을 수 있다고 가정해보자. 4인 가족이 10가구가 있고, 시장에 배추가 딱 250포기만 있 다면 배추 가격은 안정적으로 유지될 것이다. 그런데 배추 농사가 매우 잘돼서 생산량이 크게 늘어나 시장에 500포기가 나왔다면 어떨까? 배추를 사고자 하는 수요량에 비해 공급량이 많아졌으니 수요자는 선택의 폭이 넓어진다. 같은 가격이라도 좀 더 잎이 많고 꽉 찬 배추를 선택할 것이고, 크기가 작고 가볍거나 시들기 시작한 배추는 사는 사람이 없어 가격이 내려갈 것이다. 상품성이 좋은 1등급 배추가 먼저 팔려나가고, 1등급에 끼지 못하거나 시들기 시작한 배추의 가격은 전체적으로 하락하게 된다.

반대로 불볕더위나 태풍 등으로 배추 생산량이 급감했다면 어떨까? 속이 꽉 차지 않았거나 약간 시든 배추라도 잘 팔릴 수밖에 없다. 찾는 사람은 많은데 팔 물건이 없으니 가격은 자연스럽게 상승하게 된다. 이럴 때는 등급에 상관없이 물건이 잘 팔린다.

시장에 있는 모든 재화의 가격은 위에 예로 든 김장 배추처럼 공급량과 수요량에 의해 가격이 결정된다. 아파트, 상가, 오피스텔, 가전제품, 식재료, 가구 등 금전으로 거래가 가능한 모든 물건은 공급량과 수요량에 따른 가격 결정을 피할 길이 없다. 다행인 것은 많은 사람이 실거주용이나 투자용으로 선택하는 아파트는 충분히 공급량을 예상할 수 있는 상품이라는 점이다.

아파트를 구매하려 하거나 아파트에 살고자 하는 사람(수요자)은 인구수나 세대수로 가늠해볼 수 있는데, 이는 급격하게 변하지 않는다. 이에 반해 공급량은 변동 폭이 크다. 건설 경기가 좋고 분양이 잘되면 공급량이 급격히 늘어났다가 미분양이 증가하면 급격히 줄어든다.

공급량의 증감이 부동산 가격에 어떤 영향을 미치는지 알아보기 위해 먼저 주택법의 적용을 받는 아파트가 공급되는 순서부터 살펴보자.

❶ 인허가

시·도지사나 국토교통부 장관에게 주택건설사업자가 사업계획에 대하여 승인을 받는 것으로, 주택경기의 선행지표로 사용된다. 재건축, 재개발 등 정비사업은 사업계획 인가를 인허가로 본다.

❷ 착공

공사에 착수하는 것을 말하며 사업계획 승인 이후 원칙적으로 5년 이내에 착공해야 한다. 이를 어기면 사업계획 승인권자는 승인을 취소할 수 있다. 보통 착공 2~3년 후 준공한다.

❸ 분양(미분양)

사업계획 승인권자로부터 인허가 받은 물량 중 입주자 모집공고가 승인된 주택을 말한다. 국내에서는 선분양제가 대부분이며, 아직 건물의 실체가 없는 상태에서 '분양권'으로 존재한다. 건물이 건축되기 전까지 분양물량이 100% 계약되지 않은 경우를 '미분양'이라고 한다.

❹ 준공

착공 및 분양 후 공사를 통해 건축물이 완성되고 준공 승인이 이루어진 시점을 말한다.

❺ 입주(준공 후 미분양)

준공 승인 이후 이주자가 실제로 거주하기 위해 건축물에 들어가 점유하는 것 혹은 당장 들어가서 의식주를 정상적으로 해결할 수 있는 상태가 되는 것을 입주라고 한다. 건물이 완성되었음에도 빈집으로 남아 있는 준공 후 미분양 지수가 높은 경우, 해당 지역의 주택경기가 매우 좋지 않다는 의미이다.

이 중 인허가실적, 착공실적, 준공실적은 공공 데이터를 이용해 어렵지 않게 지역별로 확인해볼 수 있다. 3가지 모두 찾는 방법은 대동소이하므로 인허가실적을 위주로 설명하겠다. 국토교통부 통계누리와 국가통계 포털에서 같은 자료를 조회해볼 수 있는데, 국가통계포털은 그래프를 그려주는 기능을 제공하므로 더 편리하게 사용할 수 있다.

국가통계포털의 메인 화면에서 '국내통계 ➡ 주제별 통계'를 선택해보자. 이후 '건설·주택·토지 ➡ 주택 ➡ 주택건설실적통계 ➡ 주택건설인허가실적 ➡ 주택유형별 건설실적_다가구 구분(월별_누계)' 순으로 선택하면 된다.

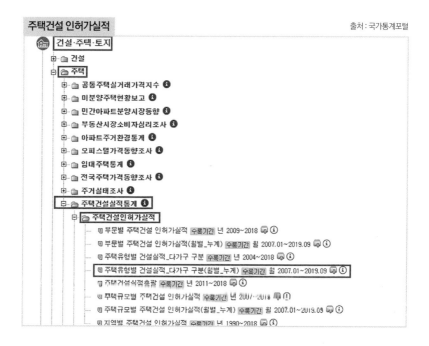

주택건설 인허가실적

출처 : 국가통계포털

다음 화면에서 '시도명'을 선택한 후 원하는 유형의 인허가물량을 알아보고 싶은 지역을 선택한다. 여기서는 '수도권'을 선택해보겠다. 아파트의 공급물량을 볼 것이므로 '대분류'에서 '아파트'를 선택한다.

주택유형별 건설실적

출처 : 국가통계포털

다음은 시점을 선택해야 하는데, 매월 집계된 인허가물량을 더하는 형식이기 때문에 매년 12월의 데이터를 보면 해당 연도 전체의 통계표를 볼 수 있다. 연 단위로 간편하게 보기 위해서는 이전 화면에서 '주택유형별 건설실적_다가구 구분', 즉 '월별_누계'라고 적히지 않은 데이터를 선택해도 되지만, 이 경우 조회하는 당해년도의 인허가물량이 나타나지 않는다. 예컨대 조회 시점이 2019년이라면 2018년도까지의 자료만 조회할 수 있다. '주택유형별 건설실적_다가구 구분(월별_누계)' 항목을 선택해야 가장 최근에 집계된 인허가물량까지 확인할 수 있으므로 번거롭더라도 이를 선택하는 것이 더 정확하다.

'시점'을 선택한 후 월별누계 통계가 시작된 '2007.01'로 시작 시점을 바꿔준다. 여기서 매년 12월, 그러니까 '2007.12, 2008.12, 2009.12~2018.12'를 선택한 후 올해의 가장 최근 월 시점을 선택하고 오른쪽 위의 '통계표 조회'를 선택한다.

주택유형별 건설실적

출처 : 국가통계포털

⚙ 자료갱신일 : 2019-11-07 / 수록기간 : 월 2007.01 ~ 2019.09 / 자료문의처 : 044-201-3328

| 일괄설정 ▾ | 항목[1/1] | 시도명[1/22] | 대분류[1/6] | 중분류[7/7] | 소분류[8/8] | 시점[13/153] … | | 🔍통계표조회 |

(단위 : 호)

새창보기 ▸ | 주석 | URL ▸ | ⚙ 🔳 hy | ★ ⬇ ▤ ❓

시도명(1)	대분류(1)	중분류(1)	소분류(1)	2019. 09	2016. 12	2017. 12
🔲🔲🔲	🔲🔲🔲	🔲🔲🔲	🔲🔲🔲	🔲🔲	🔲🔲	🔲🔲
수도권	아파트	아파트	아파트	131,539	198,139	217,680

이런 식으로 매년 12월까지 누적된 인허가물량을 숫자로 볼 수 있고, 아래의 막대를 움직이면 숫자 자료를 2007년 12월부터 볼 수 있다. 보기 편하게 우측 상단 쪽에 굵은 박스로 표시한 그래프 버튼을 눌러보자. 이렇게 매년 아파트의 인허가실적을 확인해볼 수 있다. 착공 및 준공 자료도 이와 같은 방식으로 확인이 가능하다.

수도권 아파트 인허가실적 그래프

출처 : 국가통계포털

단독, 다가구, 다세대, 연립, 아파트를 포함한 모든 주택의 전국(수도권/지방) 인허가·착공·준공 실적을 신속히 확인하고 싶다면 다음과 같은 방법을 사용할 수 있다. 이번에는 '씨:리얼' 홈페이지에 접속해 '부동산통계 ➡ 주요통계 ➡ 주택 ➡ 주택공급'을 차례대로 선택해보자. 전국 주택 인허가·착공·준공 월 누적실적을 그래프와 함께 손쉽게 확인할 수 있다.

지역별 주택시장의 거시적 선행지표인 인허가·착공·준공 물량을 체크했다면 다음은 실제로 입주 가능한 아파트가 어느 지역에 들어오는지, 몇 세대이고 평형 구성은 어떻게 되는지 알아보자. 가장 정확하고 실력 향상에 도움이 되는 방법은 네이버 부동산, 아파트 투유, LH, 부영건설 홈페이지 등을 통해 실제 입주하는 민간·공공 아파트를 일일이 찾아서 기재하는 것이다. 그런데 전국을 이런 식으로 조사하려면 적지 않은 시간이 소요되므로, 간단하게 조회할 수 있는 방법이 필요하다.

'부동산지인' 사이트에 접속해 '수요/입주' 메뉴로 들어간 뒤 원하는 지역을 선택해 검색을 누르면 막대그래프와 실선이 나타난다. 실선은 해당 지역의 적정 수요량이고, 막대그래프는 입주물량이다. 막대그래프에 마우스를 갖다 대면 입주량과 수요량이 더 자세히 표시된다. 경기도 용인시의 경우 2018년 기준 적정 수요량은 5,320세대이고 입주량은 1만 8,500세대로 3배 이상 많은 물량이 시장에 풀렸음을 확인할 수 있다. 분명히 전세가격 하락에 영향을 미쳤을 것이다.

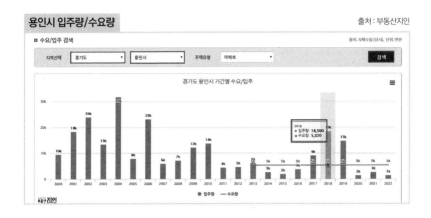

용인시 입주량/수요량   출처 : 부동산지인

해당 화면을 아래로 내려보면 용인시의 면적별 입주량과 면적별 분양 가격에 대한 정보를 확인할 수 있다 가장 아래에는 입주 아파트 목록이 상세하게 나타난다. 이 중 단지명을 하나 클릭해보면 '분양 상세정보'를 통해 해당 단지의 평형 구성까지도 손쉽게 검색할 수 있다. 이런 방식으로 관심 지역의 인허가·착공·준공 물량과 입주물량을 파악해 투자 혹은 실거주 여부를 판단하면 위험을 줄일 수 있을 것이다.

용인시 아파트 분양정보   출처 : 부동산지인

□ 지역별 아파트 상세 검색   출처 자체수집 (상세, 단위 연원)

| 지역선택 | 경기도 ▼ | 용인시 ▼ | 주택유형 | 아파트 ▼ | 기준년월 | 201911 📅 ~ 202011 📅 |
| 세대수 | 전체 ▼ | ～ | 분양가격 | 전체 ▼ | ～ | 검색 |

총 단지수 4 / 총 세대수 2,281 (아파트 단지수 4 / 아파트 세대수 2,281)

주택유형	단지명	소재지	입주시기	총세대수	매매시세(3.3㎡)	분양가(3.3㎡)	시공사	입주지도
아파트	기흥효스유타워	경기도 용인시 기흥구 영덕동 21-1	2019-11	230	0	1,099	롯데건설(주)	📍
아파트	수지구교산아이파크	경기도 용인시 수지구 동덕천동 24-3	2019-12	537	0	0	현대산업개발(주)	📍
아파트	동천더샵이스트포레	경기도 용인시 수지구 동천동 151-2	2020-03	980	0	1,648	(주)포스코건설	📍

인구이동차트로 영향을 주고받는 지역을 파악하자

▼

관심 있는 지역의 공급물량과 입주물량을 파악했다면 이번에는 주변 지역의 입주물량을 파악해보자. 비슷한 생활권을 가지고 있으며 서로 이동이 잦은 지역에 신축 입주가 많아질 경우, 관심 있는 지역에서 주변 지역 신축으로의 이탈은 불가피하다. 동탄2신도시에 입주물량이 많다면 수원시, 용인시, 오산시에 살던 사람이 이사 올 수 있다. 용인에 사는 사람이 평생 용인에만 사는 것은 아니다. '오산에 입주물량이 2년간 거의 없다시피 하니 투자를 해볼까?'라고 생각했다면 동탄2신도시의 입주물량이 어느 정도 소화된 다음에 들어가는 것이 좋다.

따라서 관심 지역의 물건을 매입하려고 마음먹었다면, 최소한 인구 이동이 잦은 주변 지역 3~4곳의 입주물량도 확인이 필요하다. 인구이동차트로 관심 지역의 인구수 증가·감소 등 수요 측면 외에도 인구 이동이 잦은 주변 지역이 어디까지인지 파악할 수 있다. 인구 이동 통계자료는 통계청에서 확인할 수 있다.

국내인구이동통계 — 출처 : 국가통계포털

국가통계포털의 '온라인간행물' 탭을 클릭하고 '주제별 ➡ 인구·가구'를 클릭한 후 국내인구이동통계에서 '2. 이동자수'를 클릭한다. 우리는 인구이동을 파악해야 하므로 '2_1. 전출입자수'를 클릭한다. 아래처럼 연도별 엑셀 파일을 내려받아 데이터 확인이 가능하다.

이렇게 확인된 엑셀 자료로 관심 지역을 전출지로 고정하면 주로 어느 지역에서 전입을 오는지 등 인구 이동이 많은 주변 지역을 확인할 수 있다.

연령별 전출입자수

출처 : 국가통계포털

1	전출지	전입지	계	0~4세	5~9세	10~14세	15~19세	20~24세	25~29세	30~34세
20997	경기 수원시	전국	173 747	10 566	7 272	5 248	8 497	15 285	22 236	22 396
20998	경기 수원시	경기	135 486	8 935	6 095	4 345	6 755	10 307	15 563	17 481
20999	경기 수원시	경기 내 이동	81 027	4 954	3 620	2 808	4 370	6 337	8 885	9 711
21000	경기 수원시	경기 화성시	21 855	1 991	1 174	590	867	1 387	2 599	3 219
21001	경기 수원시	서울	13 904	518	331	290	617	2 015	2 961	2 085
21002	경기 수원시	경기 용인시	10 256	746	485	332	603	742	996	1 166
21003	경기 수원시	충남	3 749	173	126	75	186	403	546	418
21004	경기 수원시	인천	3 280	158	114	83	136	358	570	472
21005	경기 수원시	경기 오산시	3 216	260	144	90	118	235	397	486
21006	경기 수원시	경기 성남시	2 748	156	136	113	99	213	396	414
21007	경기 수원시	경기 평택시	2 287	139	70	49	75	209	320	322
21008	경기 수원시	강원	2 245	80	74	48	107	289	310	205
21009	경기 수원시	충북	2 185	83	67	70	104	250	317	226
21010	경기 수원시	경기 안산시	1 840	75	58	50	73	160	251	262
21011	경기 수원시	전북	1 770	82	53	43	101	206	206	192
21012	경기 수원시	경북	1 751	76	60	45	101	229	238	206
21013	경기 수원시	경기 안양시	1 670	69	66	60	73	102	248	276
21014	경기 수원시	대전	1 465	65	45	36	57	228	281	196
21015	경기 수원시	전남	1 386	60	46	28	72	173	187	128
21016	경기 수원시	경남	1 341	66	46	29	44	163	239	153
21017	경기 수원시	부산	1 339	60	49	28	58	178	229	159

'부동산지인'을 이용해 좀 더 간편하게 내용을 볼 수도 있다. 통계청 자료를 이용해 본인이 직접 지역별로 정렬하고 그래프도 그려보면 오래 기억할 수 있어 더 좋지만, 요즘은 편리한 사이트가 많으니 시간 단축을 위해 이용해보는 것도 좋다. 데이터가 정확한 데다 단 몇 번의 클릭만으로 원하는 지역의 인구 이동 그래프를 보여주므로, 다음과 같이 활용해보자.

부동산지인 홈페이지에서 '지인 빅데이터' 탭을 클릭하고 전출입을 클릭한 후 원하는 지역과 원하는 기간을 선택해서 검색한다. 그러면 아래 그림과 같이 해당 지역의 전출·전입 인구 Top 10이 나타나는데 그중 교류가 많은 3~4곳을 선정하면 된다.

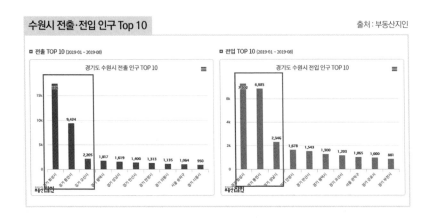

수원과 상호 인구이동이 잦은 지역은 화성시, 용인시, 오산시, 성남시 등으로 보면 되겠다. 지도로 살펴보면 알 수 있듯이 사람들이 아주 먼 거리로의 이동은 잘 하지 않는다. 대부분 생활권이 비슷하고 익숙한 인근 지역으로 움직이는 걸 확인할 수 있다. 지역 선정이 끝나면 그 3~4곳의 입주물량을 점검하고 입주시기를 점검해서 내가 관심 있는 지역의 아파트 가격에 영향을 미칠지 판단해봐야 한다. 입주물량 체크는 바로 앞의 '공급물량 파악은 아파트 투자에서 필수다' 편을 참고하기 바란다.

직장·주거 근접과 일자리가 가격 상승을 이끈다

▼

출퇴근 시간이 길면 길수록 생활의 질은 떨어진다. 한 시간 거리라면 가는 데 한 시간 오는 데 한 시간, 하루 두 시간이 걸린다. 일주일에 닷새를 하루 두 시간씩 지옥철과 콩나물시루 버스로 출퇴근을 해본 경험이 있다면 무슨 말인지 알 것이다. 수도권의 일자리는 매연을 내뿜는 제조업이 많은 공장지대가 아니다. 기업 본사가 모여 있는 사무실 혹은 기업활동을 도와주는 금융, 보험, 회계 등 서비스 업종이 대다수다. 일자리 밀집지역이지만 매연이 나오기보다 오히려 편의시설과 교통 요충지가 많아 생활 편의성이 좋다. 그만큼 선호도가 높다.

산업단지나 공장이 밀집한 지방의 경우 일자리와 너무 가까운 곳은 편의시설, 학군, 공원 등의 시설이 부족해 가족 단위 주거지로는 선호도가 떨어진다. 자동차로 10~20분가량 떨어진 쾌적하고 학군 좋고 상가가 많은 곳이 인기다. 수도권이나 지방이나 거리의 차이만 있을 뿐 일자리가 많은 곳은 중심지 역할을 한다.

그렇다면 어디에 직장이 많이 몰려 있는지, 특히 대기업은 어디에 있는지 등을 파악해보자. 원하는 지역의 사업체 수 분포 현황을 보고 싶다면 '통계지리정보서비스'에서 확인이 가능하다. 통계청이나 노동청에서 데이터 원본 엑셀 파일을 찾아볼 수도 있지만, 더 간편하고 쉽게 보려면 이곳을 추천한다.

통계지리정보서비스(sgis.kostat.go.kr)에 접속해 '통계주제도 ➡ 노동과 경제 ➡ 사업체 수 분포 현황'을 순서대로 클릭하면 원하는 지역의 사업

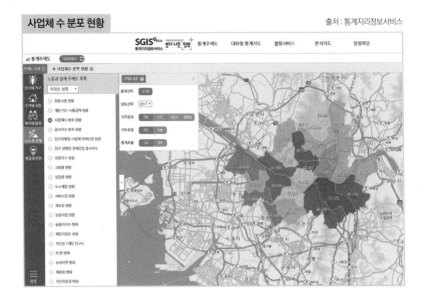

출처 : 통계지리정보서비스

체 수를 확인해볼 수 있다. 종사자 수 분포 현황도 같이 볼 수 있다.

서울시의 사업체 수 분포를 보면 강남구, 서초구, 송파구, 중구, 종로구, 마포구, 영등포구, 강서구, 구로구, 금천구에 많은 것을 확인할 수 있다. 전통적인 서울의 3대 업무지구가 여기에 해당한다. 강남구·서초구로 형성된 강남 업무지구, 중구·종로구로 이어진 도심 업무지구, 여의도 업무지구 등이다. 그중에서도 단연 강남 업무지구의 사업체 및 종사자 수가 월등히 많다. 이는 강남 인근에 거주하고자 하는 사람이 왜 많은지, 그리고 강남 부동산 가격이 왜 오르는지를 설명해준다.

이들 지역은 강력한 직장·주거 근접 수요가 떠받치는 곳이다. 따라서 전세가가 매매가를 밀어 올리는 시기에는 직장 근접 거주를 원하는 실거주 수요에 의해서, 아니면 전세가와 매매가의 차이가 크더라도 유동자금이 몰려 매매가를 밀어 올리는 유동성이 풍부한 시기에도 좋은 입지를 찾는 사람들로 가격이 올라간다. 부동산 투자를 할 때 반드시 눈여겨봐야 하는 지역들이다.

공정거래위원회에서 발표한 2019년 대기업 순위 50개의 위치를 확인해보니 역시 3대 업무지구에 대부분이 몰려 있다. 다시 말해서 고액 연봉 직장인들이 살고 싶어 하는 곳이라는 얘기다. 특히 여의도, 종로구, 중구는 연봉이 높은 대기업, 금융기관이 강남보다 더 많은 것을 확인할 수 있다. 이곳은 고액 연봉자들이 선호하는 주택이 많지 않다 보니 가끔 분양하는 신축 아파트에 수요가 몰려 가격이 급격하게 상승하는 현상이 나타나곤 한다.

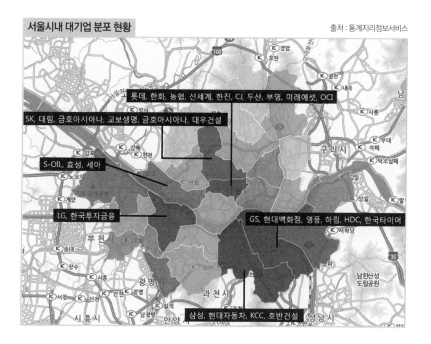

서울시내 대기업 분포 현황　　　　출처 : 통계지리정보서비스

최근 도심권, 여의도권, 강남권의 일자리 공급이 포화상태에 이르면서 그 일자리가 부도심 격인 마곡, 상암, 문정, 가산, 구로 등으로 확대되고 있다. 반면 동북부 지역은 일자리가 많이 부족해 강북, 도봉, 중랑, 노원 등은 전형적인 베드타운의 모습을 보여준다. 일자리가 많은 지역은 주택 수요가 증가하면서 집값이 상승하게 된다. 그 예로 서울의 마곡지구를 살펴보자.

서울 강서구에 있는 마곡지구의 마곡엠밸리 단지 아파트는 $105m^2$(32평) 기준으로 분양가가 4억 원이었지만 현재는 11억 원 선이다. 불과 4~5년 만에 가격이 두 배 넘게 오른 것이다. 2019년 기준으로 해당 단지 한 아파트의 매매가는 11억 원인 데 비해 전세가는 4.5억 원으로 전세가율(매매가 대비 전세가의 비율)이 약 40% 수준이다. 실거주 수요가 아닌 유동자금으로 인한 상승임을 알 수 있다. 마곡의 가치가 상승하기 시작한 데에는 일자리의 영향이 가장 크다. 2019년 1월 기준으로 대기업 49곳, 중소기업 101곳이 입주 계약을 마치고 입주를 진행 중이다. 많은 대기업이 들어오면서 많은 일자리가 생겼고, 연봉이 높은 직장인들이 많이 몰리는 지역이 된 것이다.

마곡은 일자리가 주변 주택시장에 영향을 준 대표적인 지역이라고 할 수 있다. 현재도 가격이 많이 올랐지만 이 지역의 성장세는 계속될 전망이다. 무려 16만 명이 넘는 이들이 이곳에서 업무를 보게 될 것이다. 마곡의 미래가치는 여전히 높다.

지하철 승하차 인원을 확인해보자

▼

지하철 노선이 많지 않은 지방은 지하철로 인한 주택가격의 영향이 그리 크지 않다. 이런 지역은 주로 자가용이나 버스를 이용해 이동한다. 수도 권은 자가용으로 출퇴근하거나 이동하려면 교통정체로 인해 도로에 갇혀 있는 시간이 적지 않다. 이런 이유로 집 근처에 도보로 이동할 수 있는 지하철역이 있는지가 중요하며, 이 역이 속한 노선이 일자리가 많은 지역과 연결되는지, 그리고 승하차 인원이 많은지가 중요하다. 서울에는 300여 개, 수도권에는 590여 개의 지하철역이 존재한다. 이 중 승하차 인원을 통해 해당 역의 활성화 정도를 파악하고 유동인구를 유추해볼 수 있다. '서울열린데이터광장(data.seoul.go.kr)'에 접속해 화면 중앙의 '교통'을 선택하면 300여 개가 넘는 교통 관련 데이터가 나타난다. 이 중 '서울시 지하철호선별 역별 승하차 인원 정보'를 선택한 뒤 다음 화면에서 세 번째 'file'을 선택 후 맨 아래로 스크롤해 최신 파일을 내려받고 엑셀 프로그램으로 열어보자.

필자가 내려받은 파일은 2019년 9월의 지하철 호선별 역별 승하차 인원 정보인데, 엑셀 파일에는 2019년 9월 1일부터 9월 30일까지 한 달간의 데이터가 모두 들어 있어 해석하거나 그래프를 그리기 어려운 상태이다. 평일인 9월 10일 하루를 지정하여 승하차 인원 정보를 파악해보자.

엑셀 오른쪽 위의 '정렬 및 필터'를 선택 후 '필터'를 클릭해보자. 1행에 아래쪽 화살표(↓)가 생긴 것을 볼 수 있다. 이후 '20190910' 날짜를 선택하고 '확인' 버튼을 누른다. 이렇게 하면 2019년 9월 10일 하루의 통계만을 선택하여 볼 수 있다. 다음으로 '승차 총승객수'의 아래쪽 화살표를 누른 후 '숫자 내림차순 정렬'을 선택하면 9월 10일 하루 동안 승차 인원이 많은 지하철역을 위에서부터 순서대로 볼 수 있다.

역별 승하차 총 승객 수 데이터 출처 : 서울열린데이터광장

A 사용일자	B 노선명	C 역ID	D 역명	E 승차총승객수	F 하차총승객수	G 등록일자
20190910	2호선	222	강남	108947	110152	20190913
20190910	2호선	216	잠실(송파구	84343	83382	20190913
20190910	2호선	230	신림	75908	72641	20190913
20190910	2호선	232	구로디지털단	72335	72254	20190913
20190910	2호선	239	홍대입구	69971	72922	20190913
20190910	2호선	220	선릉	66860	59431	20190913
20190910	2호선	219	삼성(무역센	65600	67216	20190913
20190910	2호선	234	신도림	64023	63039	20190913
20190910	2호선	221	역삼	61349	67088	20190913
20190910	2호선	228	서울대입구(	59885	56806	20190913
20190910	2호선	202	을지로입구	57778	57199	20190913
20190910	1호선	150	서울역	55994	60144	20190913

승차 총승객수가 많은 11위까지는 2호선의 역들이 차지하고 있음을 알 수 있다. 승차 승객과 하차 승객을 더한 후 그래프를 그려서 비교를 해보는 것도 좋다.

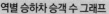
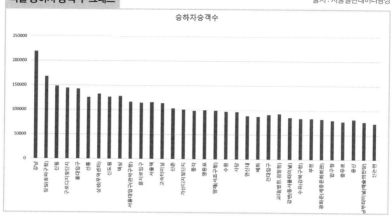

이렇게 승하차 인원 분석을 통해 해당 부동산이 이용 인구가 많은 지하철역 인근인지, 아니면 적은 역의 인근인지를 미리 파악해두면 투자에 큰 도움이 된다. 2호선 중 가장 많은 승하차 인원을 자랑하는 강남역은 21만 명, 같은 날 2호선의 도림천역은 3,150명으로 이용객 수가 60배 이상 차이 난다. 같은 노선에 지하철역에서 비슷한 거리라고 해도 주택가격에 큰 차이가 있을 수밖에 없다.

학군이 좋은 곳은 가격 방어가 훌륭하다

▼

부동산 투자에서 매우 중요한 요소 중 하나가 '교육환경'이다. 우리나라처럼 자녀교육에 심혈을 기울이는 나라가 또 있을까 싶을 정도로 한국은 교육열이 뜨겁다. 실제로 자녀가 있는 실거주자들이 집을 선택할 때 가장 중요하게 생각하는 것 중 하나가 학군이다. 명문학군과 학원가를 갖춘 곳은 주변에 유흥주점, 단란주점 등 비교육적인 시설이 적어 주거환경이 양호하고, 수요도 꾸준해 대체로 집값이 높다. 불황에도 매매가는 가장 늦게, 가장 적게 하락하며 늘 수요가 많아 환금성 측면에서도 좋다.

그렇다면 어떤 곳이 명문학군일까? 서울에서 전통적인 명문학군으로 꼽히는 곳은 강남구 대치동, 양천구 목동, 노원구 중계동이다. 그중에서도 교육 1번지는 단연 강남구 대치동이다. 특히 대치동은 단대부고, 중대부고, 숙명여고, 휘문고 등의 명문학교가 밀집해 있고 은마아파트 사거리를 중심으로 거대 학원가가 형성되어 있어 전국에서 학부모들이 찾아오는 곳이다.

지방의 대표적 학군으로는 대구 수성구 범어4동, 대전 서구 둔산1동, 울산 남구 옥동과 신정2동, 광주 남구 봉선2동 등을 꼽을 수 있다. 이 중에서 대치동 버금가는 교육열을 가지고 있는 곳이 바로 대구 수성구 범어동이다. 이런 이유로 대구 수성구의 집값은 10억이 훌쩍 넘고, 진학 시즌에는 집 구하기도 쉽지 않다.

학군도 아이의 나이에 따라 원하는 곳이 다르다. 초등학교 저학년 자녀를 둔 엄마들은 통학 안전이 가장 중요해 초품아(초등학교를 품은 아파트), 즉 초등학교가 아파트와 인접한 단지를 선호한다. 초등학교 고학년으로 올라가면 진학 성적이 좋은 중학교를 배정받기 위해 학원과 인접성이 좋은 동네를 선택한다. 학군 중에서도 중학교 학군이 가장 중요하기 때문이다. 특목고 진학률이 높은 학교에 가야 좋은 대학에 갈 확률이 높아진다. 이 때문에 학세권(걸어서 학교 통학이 가능한 지역)의 부동산 가격은 항상 수요가 많아 오를 수밖에 없는 구조를 가지고 있다.

현재 초등학교 5학년 학생이 고등학교에 입학하는 2025년부터 외국어고와 국제고, 자사고가 일반고등학교로 일제히 전환될 예정이다. 1974년 고교 평준화 이후 45년 만에 다시 평준화가 되는 것이다. 그렇다면 학군은 이제 중요하지 않을까? 결론부터 말하자면 그렇지 않다. 오히려 자사고, 외국어고 폐지 소식에 서울 강남구 대치동의 집값은 무섭게 상승했다. 자사고, 외국어고가 없어지고 정시 비중이 확대되면 사교육의 중요성이 더욱 커질 수밖에 없다. 더 좋은 교육환경을 찾아 학군 우수지역의 고등학교로 진학시키려는 수요가 증가하고, 주요 학원가로 모이게 될 것이다. 학원가 위치는 쉽게 바뀌지 않으므로 학세권은 계속해서 강세를 띨 것으로 보인다.

그렇다면 우리가 다 아는 학군 말고 잘 모르는 지역의 우수 학군은 어떻게, 어떤 기준으로 찾아야 할까? 앞서 얘기한 대로 가장 중요한 학군은 중학교 학군이다. 어느 중학교가 특목고 진학률이 높고 국가학업성취도가 우수한지는 '학교알리미(schoolinfo.go.kr)' 사이트를 통해 알아볼 수 있다. 국가학업성취도는 국어, 영어, 수학 세 과목을 얼마만큼의 학생들이 이해하느냐를 평가하는 항목으로, 성취도가 높을수록 좋은 학교라고 볼 수 있다. 특목고 진학률은 각 중학교별 상세정보의 졸업생 진로 현황에서 특목고에 몇 명이 진학했는지를 통해 확인해볼 수 있다. 2016년까지는 모든 학생을 대상으로 정확히 파악했으므로 2016년 자료를 참고해서 비교해보는 수밖에 없다. 학교별 특목고 진학률과 국가학업성취도는 다음과 같은 순서로 확인할 수 있다.

학교알리미 사이트에서 공시정보 탭을 클릭하고, 공시자료 검색을 통해 원하는 지역과 구를 입력하여 검색한다. 관심 있는 지역의 초등학교, 중학교, 고등학교, 특수학교 등이 나타날 것이다. 우리는 그중 중학교 학군을 봐야 하므로 중학교 중 한 곳을 클릭한다.

대전시 서구 소재 학교   출처 : 학교알리미

클릭한 학교의 학교 정보가 나타난다. 우선 우리가 볼 것은 특목고 진학률이므로 '상세정보' 클릭 후 '졸업생의 진로 현황'을 클릭한다. 이 학교의 진학자 수는 남자 6명, 여자 2명으로 총 8명이 특목고에 간 것을 확인할 수 있다. 국가학업성취도 평가 역시 같은 방법으로 알아볼 수 있다.

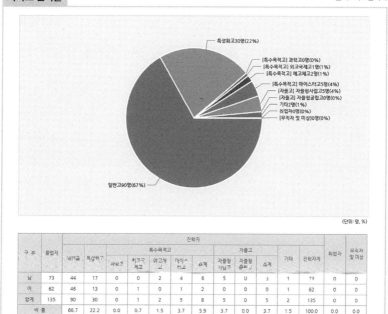

(단위 : 명, %)

구 분	졸업자	진학자													취업자	무직자 및 미상
				특수목적고					자율고							
		일반고	특성화고	과학고	외국어고	예고체고	마이스터고	소계	자율형사립고	자율형공립고	소계	기타	진학자계			
남	73	44	17	0	0	2	4	6	5	0	3	1	72		0	0
여	62	46	13	0	1	0	1	2	0	0	0	1	62		0	0
합계	135	90	30	0	1	2	5	8	5	0	5	2	135		0	0
비율		66.7	22.2	0.0	0.7	1.5	3.7	5.9	3.7	0.0	3.7	1.5	100.0		0.0	0.0

이렇게 관심 있는 지역의 중학교를 하나하나 점검해보고 엑셀로 데이터를 백업해서 어느 학교가 국가학업성취도나 특목고 진학률이 높은지를 확인할 수 있다. 일일이 클릭해 확인하는 것이 번거롭다면 '아파트실거래가(asil.kr/asil/index.jsp)'라는 사이트를 이용하면 된다. 다음과 같이 아파트실거래가 홈페이지 첫 화면의 상단에서 원하는 지역을 선택한 후 학군, 중학교 순으로 선택하면 된다. 그다음 중학교 중 한 곳을 클릭하면 왼쪽에 중학교 분석 차트와 순위가 나온다.

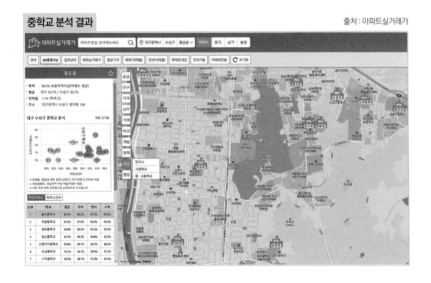

차트를 살펴보면 학업성취도와 특목고 진학률을 바탕으로 그려졌으며 오른쪽에 위치할수록, 상단에 위치할수록 우수한 학군이라고 보면 된다. 학업성취도와 특목고 진학률은 보기 쉽게 순위로도 확인 가능하다.

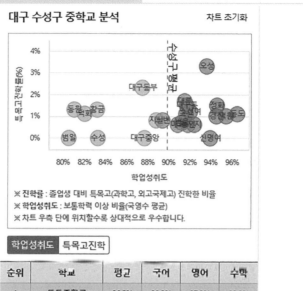

순위	학교	평균	국어	영어	수학
1	동도중학교	96.5%	98.2%	97.3%	93.9%
2	덕원중학교	95.3%	97.3%	95.3%	93.3%
3	정화중학교	94.6%	96.2%	95.3%	92.2%
4	경신중학교	94.5%	96.3%	94.6%	92.5%
5	신명여자중학교	93.8%	98.7%	96.3%	86.5%
6	오성중학교	93.5%	96.1%	93.0%	91.5%
7	시지중학교	92.3%	98.1%	91.9%	87.0%

요즘은 원 데이터를 가지고 정보를 보기 쉽게 만들어놓은 사이트들이 많아 짧은 시간에 정보를 찾고 분석하는 데 큰 도움이 된다. 물론 원 데이터를 통해 하나하나 확인해보는 편이 자신의 실력을 키우는 데 더 도움이 되긴 하겠지만, 요즘처럼 부동산시장이 급변할 때에는 빠른 분석이 요구되므로 이런 사이트들을 이용해보는 것도 좋다.

학원도 보내야지!

▼

중학교 학군만큼 눈여겨봐야 하는 것이 바로 학원가다. 학원가는 주로 아파트 밀집도가 높고 중대형 평형 아파트가 많은 곳, 중학교 학군이 좋은 곳, 유해시설이 없는 곳 등의 조건을 만족하는 지역에 자연스럽게 형성된다. 학원이 밀집한 지역을 찾는 방법은 여러 가지가 있겠지만, 호갱노노 홈페이지를 이용하면 보다 편리하게 알아볼 수 있다.

홈페이지 왼쪽의 '학원' 버튼을 클릭하면 학원가의 규모와 시간당 평균 비용을 확인할 수 있다. 학원가의 규모를 기준으로 판단하는 것을 추천한다. 이런 방식으로 서울시내 학원 밀집지역을 찾아보면 1등은 단연 대치동 학원가다. 대치동 학원가는 분당선 대치역을 끼고 길게 형성되어 있는 곳에 더해 선릉역, 한티역 쪽으로도 새로운 학원이 많이 생기면서 상권이

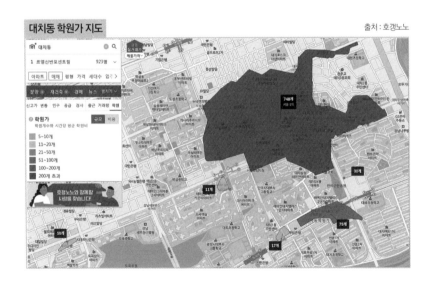

대치동 학원가 지도   출처 : 호갱노노

112

점점 커지고 있다. 대한민국 학원가 중 가장 많은 학원이 있는 곳이다.

대치동은 강남 명문고(단대부고, 중대부고, 숙명여고, 휘문고, 경기여고 등)와 중대형 평형 아파트가 밀집해 있고 주민 생활수준이 높아 교육에 관심이 많은 곳이다. 이런 입지의 아파트들은 늘 수요가 많아 공급량이 많거나 부동산시장이 불황일 때에도 가격 방어가 잘되는 편에 속한다.

양천구 목동은 두 번째로 학원 수가 많은 곳으로, 서부 수도권 학원가의 중심이다. 아래 동그라미로 표시된 두 곳이 학원 밀집지역이다. 이곳 역시 아파트들로 둘러싸여 있고 학교가 밀집되어 있어 학원가를 형성하기에 좋은 입지다. 주변 아파트 단지 주민들의 소득수준도 높고 목원중, 월촌중, 신목중 등 명문학교가 많아 학부모들의 선호도가 높은 지역이다. 목동은 학군과 학원가를 잘 갖추고 있을 뿐만 아니라 최근 재건축 이슈까지 있어

목동 학원가 지도   출처 : 호갱노노

해당 지역 부동산의 가치는 점점 더 높아질 것으로 보인다.

경기권에서 학원가가 잘 형성되어 있는 대표적인 곳으로는 분당 수내동, 평촌, 일산 후곡마을을 꼽을 수 있다. 그중 한 곳인 평촌 학원가를 살펴보자. 아래 지도에서 보듯이 학원들이 한 구역에 집중되어 밀도가 높게 구성되어 있다. 범계중, 귀인중 등 명문학교가 인근에 있고 학원가가 잘 발달한 평촌은 대부분의 아파트가 입주한 지 20년가량 되었음에도 수요가 풍부하다. 가장 대표적으로 귀인마을 현대홈타운은 17년 된 아파트지만 귀인중학교가 도보 5분 이내인 데다 학원가가 도보로 왕래 가능한 거리에 있어 평촌신도시 아파트의 대장 역할을 맡고 있다. 이 아파트의 매매가는 꾸준하게 우상향하고 있으며, 부동산 하락기에도 다른 아파트에 비해 하락 폭이 작고 상승기에는 크게 오른다. 대표적인 학원가 인근의 아파트들은 이와 비슷한 특징을 가지고 있다.

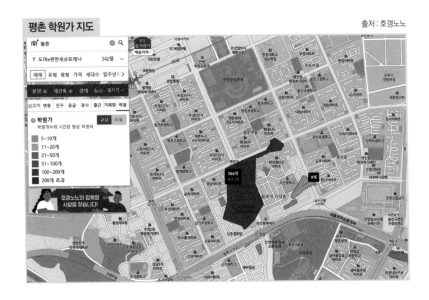

출처 : 호갱노노

늦은 밤 학원가 앞은 길게 늘어선 학원 버스와 학부모들의 차량으로 북적인다. 학원 수업이 끝나고 건물마다 쏟아져 나오는 아이들을 하나둘 태우고 가는 풍경은 대한민국에서만 볼 수 있는 현상이 아닐까 싶다. 이처럼 뜨거운 교육열이 식지 않는 한, 학군과 학원가 주변 부동산의 수요는 줄어들지 않을 것이다. 아무리 오래된 아파트라도 수요는 항시 대기 중이다. 물론 학군과 학원가는 인근의 대형 택지개발지구 등으로 인해 바뀔 수도 있으나, 이는 흔히 발생하는 일은 아니니 충분히 예측이 가능하다.

관심 단지이 투자 여부를 결정하자

▼

위 과정을 통해 시장의 큰 방향을 파악하고 관심 있는 단지가 생겼다면, 이제는 그 단지가 투자 가능한 물건인지를 알아봐야 한다. 아파트 시장의 전체 방향과 흐름을 읽어내는 것도 중요하지만, 결국은 내가 투자할 대상을 찾아내고 해당 아파트 단지가 미래에 가격이 상승할 것인지를 판단하는 것이 중요하다. 최근 매매가 올랐는지, 올랐다면 저점 기준으로 얼마나 올랐는지, 전세가는 오름세인지 내림세인지, 최고 고점의 가격은 얼마이며 현재 매매가와 얼마나 차이가 나는지, 추가 상승 여력이 있는지 등을 파악해 투자 여부를 결정할 수 있다. 아파트 단지에 대한 가격 정보는 KB부동산 리브온에서 확인할 수 있다.

KB부동산 리브온에 접속해 '매물/시세'로 들어가 원하는 단지를 검색한 후 선택하면 시세정보를 한눈에 볼 수 있는 페이지가 나온다. 여기서

'시세/실거래가'를 선택해보자. 해당 단지의 매매가 및 전세가의 하위·일반·상위 평균가를 조회해볼 수 있다. 이 기준은 대출을 받을 때에도 활용되는데, 실제 거래된 평균가격을 기반으로 하는 지표이므로 후행성을 띤다. 따라서 최근 서울지역처럼 급격하게 시세가 변동하는 시기에는 KB부동산의 지표만 보고 투자를 하면 좀 늦을 수도 있다. 현장 임장을 통해 빠르고 정확하게 현재 시세를 파악해보는 것이 좋다.

과거부터 현재까지의 매매가, 전세가 흐름을 살펴보려면 해당 상세 페이지를 약간 아래로 이동해 '과거시세 조회'를 선택해 알아볼 수 있다. 시세변동 추이에서 과거시세 조회를 클릭한 후 원하는 평형대를 선택하면 월별로 매매가, 전세가, 월세가를 보여준다. 이 데이터를 통해 매매, 전세 그래프를 그려보면 과거부터 현재까지 관심 단지의 시세 변화를 한눈에 볼 수 있다.

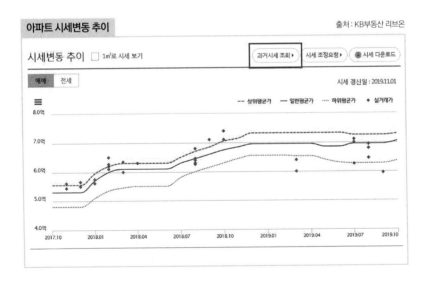

116

이 아파트의 매매가는 2017년 12월 기준 6억 3,500만 원이었는데 2018년 12월 8억 1,500만 원으로 1년 만에 가격이 무려 1억 8,000만 원이나 급상승한 것을 볼 수 있다. 또한 현재 시세는 전 고점인 2006년 12월의 9억 5,000만 원에는 아직 미치지 못한 가격이므로 최소 1억 3,000만 원 이상은 더 상승 여지가 있다고 볼 수 있다. 전세가는 꾸준히 상승하는 것으로 보인다.

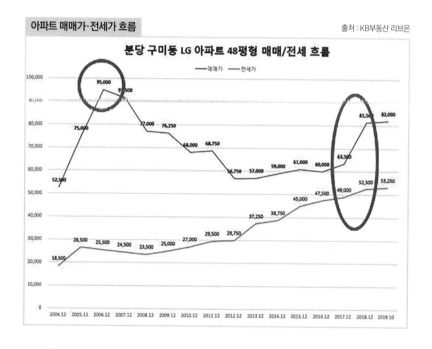

아파트 매매가·전세가 흐름

출처 : KB부동산 리브온

분당 구미동 LG 아파트 48평형 매매/전세 흐름

해당 단지의 20평대, 30평대도 위와 같이 그래프로 그려보면 40평대보다 더 많이 상승했음을 알 수 있다. 평당가로 비교 시 현재 40평대가 저평가되었는지 등도 확인할 수 있다.

▼

돈 되는 빌라 고르는 방법

어렵기만 하던 경매 용어들에 익숙해지고 나면 말소기준권리, 대항력, 등기부등본이나 건축물대장 보는 방법 등을 배운다. 경매를 배운다는 소문이 나자 친구나 동료들이 이것저것 물어본다. 확실치는 않지만 대답을 해주니 고맙다고 한다. 이런 걸 어떻게 아느냐며 대단하다고 추켜세운다. 이후 왠지 모를 자신감에 휩싸인다. 우선 시세조사도 쉽고, 권리분석이 깔끔한 아파트에 몇 번 입찰을 해보고 낙찰을 받아본다. 권리분석은 어려울 것이 없다. 배운 대로 딱 말소기준권리, 대항력만 집중적으로 신경 쓰고, 이상한 권리가 기재되어 있거나 해결이 어려운 것은 입찰하지 않으면 그만이다. 몇 번 집합건물을 받아보고 지인들에게 칭찬을 들으니 경매가 별것 아닌 것만 같다. 아파트만 받기는 심심하니 빌라, 토지, 상가, 지식산업센터 등 다른 물건에도 도전해본다.

그러다 빌라를 낙찰 받았다. 그런데 지금껏 받아왔던 아파트와는 사뭇 다르다. 임대도 잘 안 나가고, 수리는 알아서 해야 하고, 팔려고 해도 아무도 사지 않는다. 2등과의 차이도 너무 많이 났다. 투자금은 이미 회수할 수 없는 지경에 이르렀고, 대출이자를 내지 못해 연쇄적으로 내 물건들이 경매에 넘어간다. 자신만만하던 초심자는 성공적으로 투자한 아파트 몇 건을 뒤로한 채 손실을 막지 못해 투자를 그만두게 된다.

극단적인 예를 들었지만, 무엇이 잘못된 것일까? 아파트와 빌라는 엄연히 다른데 똑같은 기준으로 접근하니 실패 확률이 높아지는 것이다. 다세대주택과 연립주택은 건축법상 '공동주택'의 하나이다. 공동주택의 분류 기준은 다음과 같다.

- **아파트** 주택으로 쓰는 층수가 5개 층 이상인 주택
- **연립주택** 주택으로 쓰는 1개 동의 바닥면적 합계가 $660\,m^2$를 초과하고, 층수가 4개 층 이하인 주택
- **다세대주택** 주택으로 쓰는 1개 동의 바닥면적 합계가 $660\,m^2$ 이하이고, 층수가 4개 층 이하인 주택
- **기숙사** 학교 또는 공장 등의 학생 또는 종업원 등을 위한 것으로 1개 동의 공동취사시설 이용 세대수가 전체의 50% 이상인 것

연립주택과 다세대주택은 면적 차이만 있을 뿐 허용 층수가 동일하기 때문에 외관상 비슷해 보인다. 또한 아파트, 연립주택, 다세대주택, 오피스텔, 아파트형 공장 등은 모두 집합건물에 속하지만, 구조상 독립되어 있어 호수별로 각각 소유권을 취득할 수 있다. 그래서 다세대주택이 경매

진행되는 경우 주소는 호수까지 표시되며, '집합건물등기사항전부증명서' 1부에 건물의 전용 부분과 대지권 면적이 표시된다. 다세대주택과 연립주택(통칭 빌라)의 특징과 투자 접근방법에 대해 알아보자.

입찰가 산정은 어떻게 할까?

▼

아파트는 같은 단지 내에 같은 물건이 많이 있고, 같은 단지가 아니더라도 비슷한 시기에 건축되었다면 내부 구조는 물론 가격도 비슷하게 움직인다. 그래서 국토교통부의 실거래가 사이트나 네이버 부동산의 매물을 보면 참고할 만한 물건이 많아 가격을 파악하기 쉽다.

이에 비해 빌라는 개별성이 강하다. 건물마다 건설사가 다르고 마감재와 구조, 거실 방향, 층 높이, 하자 여부가 천차만별이라 어느 한 건물만을 기준으로 입찰가를 산정하기가 어렵다. 빌라의 가격 산정을 위해서는 최소 5개 이상 유사한 물건의 실거래가, 호가, 임대가를 비교해봐야 한다. 전화를 통한 사전조사보다는 현장에서 직접 물건을 봐야 하는데, 적어도 해당 경매물건의 전용면적, 방 개수, 건축년도 정도는 머리에 넣어두고 매물로 나온 물건들과 비교하는 것이 좋다.

보수적인 가격으로 접근하자

▼

아파트의 경우 주택건설면허가 있는 일정 규모 이상의 기업만 건축할 수 있다. 하자가 아무리 많다고 해도 규모가 작은 건축업자가 지은 빌라보다는 심각한 하자가 적다. 빌라는 건축 후 어느 정도 기간이 지나면 A/S를 기대할 수 없어 스스로 수리를 해야 하는데, 그 비용이 만만치 않게 들어갈 수 있다. 또 아파트보다 부동산 상승기에도 오름폭이 작기 때문에 입찰가를 보수적으로 산정해야 한다.

신축 vs. 구축, 접근법을 차별화하자

▼

아파트보다 저렴하다고 해도 신축 빌라라면 얘기가 달라진다. 안 그래도 비싸게 산 물건을 더 비싸게 팔기는 어렵다. 그러니 신축은 실거주용으로 매입하는 것이 좋다. 임대를 줄 경우에는 '대출+월세 보증금'으로 투자금을 최소화한 뒤, 이자를 내고 남은 월세를 취하는 임대수익형으로 접근해야 한다.

구축은 저렴하게 취득해서 비싸게 처분할 수 있는지, 즉 매도차익이 가능한지 판단하고 접근하자. 재개발·재건축 지역의 경매 진행되는 다세대주택 역시 매도차익을 실현할 수 있는 물건이다. 대지지분이 넓은 오래된 다세대주택이나 연립주택은 건축업자들에게 인기가 많으므로 좋은 가격에 팔 가능성이 높다. 다음 연립주택은 실제 건축업자에게 높은 가격에

연립주택 경매물건의 상세 정보			
소 재 지	서울 광진구 화양동 (05007)서울 광진구 광나루로		
용 도	연립	감 정 가	321,000,000
토지면적	52.2㎡ (15.8평)	최 저 가	256,800,000 (80%)
건물면적	72㎡ (22평)	보 증 금	51,360,000 (20%)
경매구분	임의경매	소 유 자	이○○
청 구 액	45,000,000	채 무 자	이○○
채 권 자	현○○○○○○○○		

팔린 40년 가까이 된 물건이다. 대지지분이 15.8평으로 최근 지어지는 빌라의 대지지분 5~7평에 비해 매우 넓다는 것을 알 수 있다.

빌라도 용도지역을 확인해야 하는 이유

▼

오래된 다세대나 연립주택도 대지지분이 넓고 건물 가치보다 땅의 가치가 높다면 시행사가 매입한 뒤 건물을 허물고 새 건물을 올릴 수 있다. 자금력이 된다면 직접 매입해 구축을 허물고 신축을 올려 수익을 얻을 수도 있다. 이를 '개발이익형'이라고 한다. 시행사나 건축업자 입장에서는 기존 건물보다 층수가 높고 방이나 사무실이 많이 나오는 건물을 지어 분양 후 수익이 난다면 매력적인 빌라가 되는 것이다. 이럴 때 꼭 살펴봐야 하는 것이 토지의 '용도지역'이다. 용도지역은 쉽게 말해서 토지의 계급장 정도로 생각하면 쉽다. 도시지역에서는 보통 '녹지지역 〈 주거지역 〈 공업지역 〈 상업지역' 순으로 토지가격이 더 비싸진다. 더 높은 건물,

용도지역

출처 : 토지이용규제정보서비스

지목	대		면적	313.5 ㎡
개별공시지가(㎡당)	4,296,000원 (2019/01)	Q 연도별 보기		
지역지구등 지정여부	「국토의 계획 및 이용에 관한 법률」에 따른 지역·지구등	도시지역 준주거지역		
	다른 법령 등에 따른 지역·지구등	가축사육제한구역<가축분뇨의 관리 및 이용에 관한 법률>, 가로구역별 최고높이 제한지역(2015-08-27)(가로구역별 건축물 높이 지정(세부사항은 건축과에 문의))<건축법>, 대공방어협조구역(위탁고도:77-257m)<군사기지 및 군사시설 보호법>, 과밀억제권역<수도권정비계획법>, (한강)폐기물매립시설 설치제한지역<한강수계 상수원수질개선 및 주민지원 등에 관한 법률>		
「토지이용규제 기본법 시행령」 제9조제4항 각 호에 해당되는 사항				

디 부피기 큰 건물을 지을 수 있기 때문이다. 주거지역 중에서도 일반주거지역보다 준주거지역이 더 많은 건물, 더 큰 건물을 올릴 수 있다.

개발이익형으로 빌라 경매에 접근한다면 반드시 토지의 용도지역을 살펴보고, 현재보다 더 큰 규모의 건물을 지을 수 있는지 꼭 확인해야 한다.

등기부와 건축물대장이 다른 경우도 있다

▼

아파트와 달리 빌라는 건축물대장과 건물 현황 간에 차이가 있는 경우가 더러 있다. 건축물대장과 등기사항전부증명서의 내용이 다른 경우도 있으므로, 응찰하기 전에 일치 여부를 점검해야 한다. 이 두 가지가 불일치할 경우의 기준은 다음과 같다.

◆ 부동산의 물리적 현황(면적, 지번 등)은 건축물대장

◆ 소유권자, 권리의 변동, 권리자에 대한 사항은 등기사항전부증명서

    임차인이라면 전입신고 시 신고 내용이 건축물대장의 주소와 일치해야 한다. 집합건물이면 동뿐만 아니라 호수까지도 일치해야 한다.

인근 유사물건의 공급량을 조사하자

인근에 위치한 빌라에 빈집이 많거나 유사한 물건이 많이 공급된다면 내가 입찰하고자 하는 물건의 전세가와 월세가가 하락할 것이다. 그렇다면 빌라의 공급량은 어떻게 알아볼 수 있을까? '세움터' 홈페이지(www.eais.go.kr)를 통해서 간단히 알아볼 수 있다. 회원가입 및 로그인 후 오른쪽

허가신고현황조회
출처 : 세움터

번호	허가번호	허가/신고일	대지위치	대지면적(㎡)	건축면적(㎡)	연
57	2017-건축과-가설건축물축조신고-10	2017-05-11	서울특별시 동작구 흑석동 1-3	7,009	342.42	
56	2017-건축과-가설건축물축조신고-15	2017-07-13	서울특별시 동작구 흑석동 1-3	7,009	108	
55	2017-건축과-신축허가-66	2017-03-06	서울특별시 동작구 흑석동 1-3	5,928	3,066.22	
54	2017-주택과-행위허가(비내력벽철거)-11	2017-05-01	서울특별시 동작구 흑석동 10	0	0	
53	2017-주택과-행위허가(발코니확장)-13	2017-02-28	서울특별시 동작구 흑석동 10	0	712.26	
52	2017-주택과-행위허가(발코니확장)-14	2017-02-28	서울특별시 동작구 흑석동 10	0	0	

허가년도 2017
대지위치 서울특별시 동작구 흑석동 선택
특수지명

조회하기 초기화

총 57건의 민원이 있습니다. 엑셀다운로드

의 '허가신고현황조회'를 클릭해보자. 새 창이 뜨면 우선 허가년도를 지정해야 한다. 통상 현재부터 과거 1~2년 치를 조회해보면 된다. 연습 삼아 2017년도로 지정을 한 뒤, 원하는 대지 위치를 입력하고 '조회하기' 버튼을 클릭해보자. 아래에 자료가 뜨면 더 자세히 보기 위해 '엑셀다운로드'를 눌러 파일을 다운 받으면 된다. 내려받은 엑셀 파일을 열어보면 2017년에 허가된 해당 지역의 여러 건축물을 볼 수 있다.

허가신고현황 엑셀표

허가년도	허가기관	허가구분	허가일련번호	허가신고일	대지위치	대지면적(㎡)	건축면적(㎡)	연면적(㎡)	주용도	기타용도	허가구분	착공예정일	실착공일	사용승인구분	사용승인일
2017	건축과	신축허가	288	20170830		202.17	121.24	510.78	제2종근린생활/단독주택	일반음식점/휴게음식점/단독주택	착공	20171217			
2017	건축과	신축허가	208	20170628		215	120.96	506.64	단독주택	다세주택 및 근린생활시설	착공	20170814	20170814	전체사용승인	20180404
2017	건축과	용도변경허가	34	20171017		129	66.15	66.15	제2종근린생활시설	일반음식점	미착공				
2017	건축과	신축신고	5	20170920		50.55	28.77	99.54	단독주택	단독주택	착공	20170929		전체사용승인	20180827
2017	기타과	기타허가	181	20170909		711	117.8	559.66	공동주택	다세대,2종근린생활시설(비주택)	착공	20170617	20170617	전체사용승인	20171214
2017	건축과	신축허가	343	20171040		306.06	201.66	1551.44	제2종근린생활시설	공동주택(다세대주택)	착공	20171204	20171204	철거사용승인	20180731
2017	건축과	신축허가	184	20170608		284	161.79	544.99	공동주택	제2종근린생활시설 및 다세대주택	착공	20170626	20170626	전체사용승인	20171128
2017	건축과	신축허가	8	20170109		354.2	141.52	813.78	공동주택	공동주택	착공	20170502	20170502	전체사용승인	20171208
2017	건축과	신축허가	65	20170803		326.8	130.53	626.67	공동주택	공동주택	착공	20170317	20170317	전체사용승인	20171107
2017	건축과	신축허가	219	20170713		211	126.1	520.58	단독주택	다세대주택(일부 1종 근린생활시설)	착공	20171013	20171013	전체사용승인	20180816
2017	건축과	신축허가	63	20170102		143.45	85.28	298.7	단독주택	단독주택	착공	20170331	20170331	전체사용승인	20170905
2017	건축과	신축허가	203	20170623		157.05	81.41	309.5	단독주택	다가구주택 및 근린생활시설	착공	20170712	20170712	전체사용승인	20180105
2017	건축과	신축허가	112	20170410		171.51	66.38	305.57	단독주택	다가구주택	착공	20170417	20170417	전체사용승인	20171127
2017	건축과	신축허가	26	20170126		181.3	104.22	329.92	단독주택	다가구주택	착공	20170207	20170207	전체사용승인	20170608
2017	건축과	신축허가	287	20170830		155	91.9	298.57	단독주택	단독주택	착공	20170915	20170915	전체사용승인	20171226
2017	건축과	신축허가	45	20170214		512	153.51	1272.75	제2종근린생활시설	다세대주택 및 근린생활시설	착공	20170405	20170405	전체사용승인	20171221
2017	건축과	신축허가	91	20170829		222.16	88.53	290.62	공동주택	공동주택(다세대주택)	착공	20170407	20170407	전체사용승인	20180509
2017	건축과	신축허가	358	20171116		186	49.5	296.82	단독주택	다세대주택 및 근린생활시설	착공	20180409			
2017	건축과	용도변경허가	2	20170111		3061	555.72	7959.39	제3종근린생활시설	일반목욕장	착공	20170116	20170116	전체사용승인	20170223
2017	주택과	행위허가(내비력변철기)	5	20170308		0	0	0							
2017	주택과	행위허가(내비력변철기)	6	20170324		0	291.8	4543.18		아파트		20170327			
2017	주택과	행위허가(내비력변철기)	7	20170328		0	8068.6025	117053.96					20170329		20170512

굵은 박스로 표시한 '기타용도'를 보면 건축물의 용도가 다세대주택, 연립주택, 근린생활시설 등인지 알 수 있고 '사용승인일'을 통해 입주일을 예상해볼 수 있다. 한 가지 주의할 점은 관심 있는 빌라가 위치한 지역에 신규 아파트가 공급된다면 빌라의 실거주 수요가 감소할 수 있다는 것이다. 따라서 반드시 아파트 입주물량도 함께 점검해야 한다.

건물 자체의 하자를 파악하자

▼

아파트는 대부분 주택건설면허를 가진 대형 건설업체에서 건축한다. 그런데도 하자가 많아서 입주민들이 피해를 보는 경우가 종종 있다. 더욱이 빌라는 영세한 업체가 건축하는 경우가 많아 여러 가지 문제를 안고 있는 건물을 심심치 않게 볼 수 있다. 상하수도에 문제가 있거나 비가 오면 누수가 발생하는 등의 하자는 낙찰 후 혼자 처리하기가 매우 어렵다. 빌라에는 같은 건물의 입주민들에게 관리비나 수도요금을 걷어 대납하는 총무가 한 세대씩은 있게 마련이다. 총무에게 협조를 구해 건물 내 하자가 있는지 파악해두자. 아울러 입찰하려는 물건의 위, 아래, 옆집 주인을 만나 옥상에 방수공사가 잘되어 있는지 등 건물 하자를 적극적으로 알아볼 필요가 있다.

주민 갈등의 온상이 된 마을회관

영덕군 병곡리서 마을 소유 토지 매각 후 소송 발생
승소 후 소유자가 마을회관 경매 넘겨 매각대금 회수

대부분의 농어촌에는 마을 어귀나 동네가 가장 잘 보이는 곳에 마을회관이 자리 잡고 있다. 마을회관은 단순히 주민들이 모여서 쉬는 곳에 그치지 않고, 집회와 의사결정이 이루어지는 일종의 자치행정기구 역할도 겸하고 있다. 마을의 공동재산이므로 경매에 나오는 경우는 거의 없지만, 2019년 경상북도 영덕에서는 마을회관이 경매에 나오자마자 낙찰된 후 배당까지 일사천리로 진행되는 보기 드문 사건이 발생했다.

• 법정지상권 때문에…

사연인즉 이렇다. 영덕군 병덕면 병덕리에는 일본인 소유의 땅이 있었는데 1994년 부동산특별조치법에 의거, 마을의 공동 소유로 바뀌었다. 그 후 시간이 흘러 마을 주민들은 이 땅을 매각하기로 했고, 어촌계장을 지낸 주민에게 매각했다. 알려지지 않은 땅의 매각대금은 주민들이 골고루 나눠 가졌다고 한다.

문제는 이 땅 위에 오래전부터 거주하던 사람이 법정지상권을 주장하면서 불거졌다. 땅을 산 사람은 재산권 행사가 불가능해지자 이장 등을 상대로 매매대금 반환소송을 제기해 3심에서 승소했다. 그러나 이미 주민들이 매각대금을 다 써버린 탓에 받을 길이 없자, 마을 유일의 재산인 마을회관에 압류를 건 뒤 경매로 넘긴 것이다.

• 공동재산이라는 함정

병곡2리 이전에는 거제시 하청면 하청리의 마을회관이 경매에 나온 적이 있다. 이 물건은 다행히 법원의 기각결정으로 주민들의 품으로 되돌아갔다. 이처럼 마을회관은 주민들의 공동재산인 까닭에 종종 갈등의 온상이 되기도 한다. 대부분은 마을회관을 매각한 후 그 대금을 둘러싼 갈등이다. 2016년에는 제주도의 '신사수마을회관'이 모 유명 CEO이자 방송인에게 매각되면서 적지 않은 파장을 불러일으켰다. 이 사건 역시 매각 후 대금 분배문제가 불거지며 제주도 공공재산의 사유화 논란으로까지 비화됐다. 지난해에는 장성군 장산리에 소재한 마을회관이 매각된 데 반발하는 주민들이 시위를 벌이면서 이웃마을 주민들끼리 싸움이 벌어지기도 했다.

CHAPTER

05

▼

단독·다가구주택으로
시세차익 남기기

다세대주택이나 연립주택과 겉보기에는 매우 비슷한 주택이 있다. 다가
구주택이 그것으로 공동주택과는 상반되는 개념인 '단독주택'의 하나다.
단독주택은 아래와 같이 3가지로 나뉜다.

- **단독주택** 면적 제한이 없으며 보통 한 세대가 살 수 있는 주거공간이라
  고 생각하면 된다. 농촌의 기와집도 단독주택이고, 성북구나 서초구의
  대형 고급주택도 단독주택의 범주에 포함된다. 자연을 좋아하고 아이
  들이 이웃 눈치 보는 일 없이 집 안에서 마음껏 뛰어놀게 하고 싶은 사
  람들이 선호하는 형태다. 집 안에서 다소 소란을 피워도 공동주택처럼
  옆집에 피해를 주지 않고, 담배 연기로 인한 고통도 없는 것이 장점이
  다. 하지만 서울시내 단독주택은 토지가격 때문에 가격이 비싸 진입이
  쉽지 않다. 경기도 외곽의 경우 가격은 저렴하지만 교통 불편을 감수해

야 하고 가격 상승효과를 보기도 어렵다.

• **다중주택** 다중주택이란 단독주택의 한 종류로 연면적이 $330\,m^2$(100평) 이하이며 전체 층이 3층 이하여야 한다. 합법적인 원룸 건물 중 대다수 가 다중주택에 해당하는데 과거의 하숙 형태라고 생각하면 된다. 다만 방마다 욕실을 설치할 수 있지만 싱크대는 허용이 안 되므로 공용 주 방이 있는 경우도 있다. 건축물대장상 건축물의 용도가 '다중주택'으로 표기되어 있음에도 방마다 버젓이 싱크대나 취사시설이 있다면 위반 건축물이라고 보아도 무방하다.

• **다가구주택** 19세대 이하가 거주할 수 있고 주택으로 사용하는 층수가 3개 층 이하여야 하며 바닥면적 합계가 $660\,m^2$(200평) 이하인 주택이 다. 방마다 화장실이나 싱크대를 설치할 수 있다. 일반인이 월급을 모 아서 노후에 살 수 있는 건물의 상한선이 바로 다가구주택이 아닐까 싶 다. 다중주택보다는 더 큰 규모로 지을 수 있고, 각 호실 내부에 독립 된 생활공간을 만들 수 있어 가정생활에 문제가 전혀 없다. 사람이 살 수 있는 주거용으로 3개 층을 만들고 1층은 필로티 형태로 올린 뒤 일 부에 상가를 넣을 수도 있다. 단독주택은 전체 건물과 토지의 소유자가 한 명으로 세대별(호수별)로 소유자를 나눌 수 없는 것이 특징이다. 집합 건물은 건물의 전유 부분과 대지권이 한 개로 합쳐져 있는 집합건물 등 기사항전부증명서를 통해 권리관계 및 물건을 파악할 수 있는 데 반해, 단독주택은 건물 등기부와 토지 등기부가 나뉘어 있으므로 모두 확인

해야 한다. 이러한 단독·다가구주택에 투자할 때 주의할 점에 대해 알아보자.

다가구주택

 **여기서 잠깐!** 건물 & 토지 등기사항전부증명서 표제부 해석방법

• **건물 등기사항전부증명서**

① 표시번호 : 등기한 순서를 숫자로 나타낸다.

② 접수 : 등기신청서를 접수한 날짜

③ 소재지번 및 건물번호 : 건물 소재지와 건물번호

④ 건물내역 : 건물의 구조, 층수, 용도, 층별 면적

⑤ 등기원인 및 기타사항 : 표제부에 관한 등기원인으로 지번 변경, 행정구역명칭 등

등기사항전부증명서(말소사항 포함) - 건물

[건물] 경기도 성남시 분당구

고유번호 1356-

【 표　　제　　부 】	(건물의 표시)			
표시번호	접　수	소재지번 및 건물번호	건 물 내 역	등기원인 및 기타사항
1 ①	2012년4월23일 ②	경기도 성남시 분당구 [도로명주소] 경기도 성남시 분당구 ③	철근콘크리트구조 (철근)콘크리트지붕 2층 단독주택 지1층　81.69㎡ 지1층　74.42㎡ 1층　119.46㎡ 2층　114.57㎡ ④	도면 제2012-88호 ⑤

• 토지 등기사항전부증명서

① 표시번호 : 등기한 순서를 숫자로 나타낸다.

② 접수 : 등기신청서를 접수한 날짜

③ 소재지번 : 토지가 위치하고 있는 소재지

④ 지목 : 토지의 사용목적

⑤ 면적 : 토지의 전체면적

⑥ 등기원인 및 기타사항 : 표제부에 관한 등기원인으로 지번 변경, 행정구역변경 등

등기사항전부증명서(말소사항 포함) - 토지

[토지] 대구광역시

고유번호 1701-1

【 표　　제　　부 】	(토지의 표시)				
표시번호	접　수	소 재 지 번	지 목	면 적	등기원인 및 기타사항
1 (전 2) ①	1988년8월13일 ②	대구광역시 ③	전 ④	1177㎡ ⑤	⑥ 부동산등기법 제177조의 6 제1항의 규정에 의하여　1999년 07월 19일 전산이기

방 개수만큼 대출을 안 해준다고?

▼

경매 투자자 A씨는 대법원 홈페이지를 검색하다 마음에 드는 물건을 찾
았다. 꼬박꼬박 월세도 나오고 실거주도 해결할 수 있어 노후 대비용으로
안성맞춤인 최저가 10억 원의 다가구주택이었다. 아파트와 오피스텔, 다

세대주택을 낙찰 받아 처리한 경험 덕분에 사전조사는 일사천리로 진행됐다. 과거 낙찰 받은 집합건물들은 낙찰가액의 80% 정도까지 경락잔금 대출이 나왔던 데다, 해당 물건은 조정대상지역 등 규제지역에 있는 물건도 아니었기 때문에 마찬가지로 80%가량의 대출이 나올 것으로 예상했다. 대출금액을 제외한 잔금 2억과 취득세, 법무·명도·인테리어 비용을 합친 금액만큼 현금을 준비해두었다. 입찰 당일 2등과 근소한 차이로 최고가 매수신고인이 되자 A씨는 뛸 듯이 기뻐했다. 매각허가결정이 확정된 후 기분 좋게 인테리어 구상을 하다가 잔금을 내기 열흘 전쯤부터 대출을 알아보기 시작했다. 그런데 은행 대부계에서 내놓은 대답은 그를 아연실색하게 만들었다.

"10억 원에 낙찰 받은 그 다가구 물건 대출은 최대 5억까지 나올 것 같습니다."

"네? 대출이 왜 이것밖에 안 나오나요? 지난번 다세대는 낙찰가 80%까지 해줬는데요?"

대출 담당자에게서 돌아온 대답은 간결하고 명확했다.

"그 집은 방이 많아서 방 공제를 해야 하니까 그렇죠. 다른 은행도 똑같을 거예요."

이제 A씨는 잔금납부기일까지 3억을 어떻게든 구해야 한다. 그러지 못하면 보증금을 몰수당할 것이다. 다가구주택의 경우 전체 건물이 한 명의 소유지만, 해당 건물에는 많은 임차인이 살고 있다.

다가구주택 경매물건의 임차인현황

임차인현황 ※ 건물 등기의 권리관계로만 분석함. (토지등기부 확인필)

임차인/대항력		점유현황	전입/확정/배당	보증금/월세	인수
최	有	[주거] 전부 점유2014.11.08-	전입 2014-10-14 확정 2014-10-24 배당 2017-08-18	보 120,000,000	소멸
한	有	[주거] 303호 점유2014.10.28-	전입 2014-10-28 확정 2014-10-28 배당 2017-09-13	보 110,000,000	소멸
안	有	[주거] 304호 점유2014.08.28-	전입 2014-11-25 확정 2014-08-28 배당 2017-09-04	보 100,000,000	소멸
이	有	[주거] 일부 점유2014.12.15-2016.12.15	전입 2014-11-25 확정 2014-11-25 배당 2017-08-01	보 110,000,000	소멸
구	有	[주거] 402호(방4) 점유2014.11.25-2017.09.18	전입 2014-10-31 확정 2014-11-26 배당 2017-09-18	보 170,000,000	소멸
이	有	[주거] 202호 점유2014.12.29-2016.12.29	전입 2014-12-15 확정 2014-12-15 배당 2017-09-18	보 150,000,000	일부 인수
김	有	[주거] 401호 현황조사전입:2015.12.31 점유2014.12.23-	전입 2014-12-01 확정 2014-12-23 배당 2017-09-15	보 170,000,000	인수
김	無	[주거] 전부 점유2014.12.30-2016.12.30	전입 2015-04-08 확정 2014-12-23 배당 2017-08-03	보 120,000,000	소멸
이	無	[주거] 204호 점유2017.01.19-2019.01.19	전입 2017-02-07 확정 2017-01-20 배당 2017-09-15	보 100,000,000	소멸
하	無	[주거] 302호 점유2017.03.26-2019.03.26	전입 2017-03-27 확정 2017-03-23 배당 2017-09-18	보 160,000,000	소멸
이	無	[주거] 미상 점유기간미상	전입 2015-10-08		소멸

일반적인 다가구 경매물건 하나에는 이렇게 많은 임차인이 전입, 점유 또는 확정일자를 갖추고 살고 있다. 은행은 등기부가 깨끗한 상태에서 건물주에게 대출을 해주고 근저당권을 설정했다. 그런데 위 물건처럼 미래에 들어올 수많은 임차인 중에 소액임차인이 있고, 이후 경매가 진행된다면 어떻게 될까? 은행은 소액임차인이 소액보증금 중 일정액(최우선변제금)을 먼저 받아 가는 만큼 채권금액을 손해 볼 수밖에 없다. 그래서 은행 측에서는 현재 임차인이 없더라도, 미래에 임차인이 들어올 수 있는 구분된 방의 개수만큼 소액보증금 중 일정액을 공제하고 대출을 해주는 것이다. 그만큼 낙찰자가 대출 받을 수 있는 한도는 줄어들게 된다.

월세를 받을 것인가, 팔아서 남길 것인가

▼

임대수익형은 월세가 주 수익이 되는 물건을 말한다. 주로 오피스텔이나 지식산업센터, 상가, 다세대주택, 도시형 생활주택 등이 여기에 속한다. 이들 부동산은 담보대출을 받았을 때 나가는 이자보다 월세가 더 많은 것이 특징이다. 매도차익형은 수도권이나 광역시의 주요 입지에 있는 아파트와 토지를 가리킨다. 매달 들어오는 월세는 얼마 안 되는 반면, 수년 정도 보유하면 가격이 상승할 가능성이 크다는 특징이 있다.

다가구·다중·단독주택은 임대수익형과 매도차익형, 두 가지 성격을 모두 가질 수 있다. 만약 임대수익 목적으로 접근한다면 해당 다가구주택 인근의 원룸, 투룸, 스리룸의 임대가가 어느 정도에 형성되어 있는지 확인하자. 또한 1~2인 가구는 다가구주택뿐만 아니라 신규 공급되는 오피스텔, 도시형 생활주택, 신축빌라 등에도 수요를 빼앗길 수 있으므로 인근 지역의 해당 물건 입주물량을 점검해야 한다.

매도차익형 목적으로 접근한다면 다가구주택의 토지 용도지역을 확인할 필요가 있다. 같은 용도지역의 물건들이 얼마에 거래되는지 확인한 뒤, 구축건물을 허물고 신축건물을 지을 경우 얼마나 더 큰 규모의 건물이 들어설 수 있는지 계산을 해봐야 한다. 매도차익형은 되도록 건축업자가 선호할 만한 물건이 좋다.

깔고 앉은 땅의 활용도가 가격을 결정한다

팔았을 때 수익을 남기는 매도차익 목적으로 접근할 때에는 토지의 용도지역을 점검해야 한다. 용도지역은 쉽게 말해서 땅의 계급장이다.

용도지역		세분
도시지역	주거지역	전용주거지역
		일반주거지역
		준주거지역
	상업지역	중심상업지역
		일반상업지역
		근린상업지역
		유통상업지역
	공업지역	전용공업지역
		일반공업지역
		준공업지역
	녹지지역	보전녹지지역
		생산녹지지역
		자연녹지지역
관리지역		보전관리지역
		생산관리지역
		계획관리지역
농림지역		
자연환경보전지역		

가장 계급이 낮은 것은 나무가 있거나 개발할 수 없는 자연환경보전지역의 임야 등이고, 그 위는 농사를 지을 수 있는 농림지역이다. 그 위로는 사람이 집을 짓고 살 수 있는 주거지역, 공장이 들어갈 수 있는 공업지역, 빌딩 등이 들어갈 수 있는 상업지역이 순서대로 자리 잡고 있다. 공업지

역과 주거지역, 상업지역과 주거지역 사이에는 완충작용을 하는 준주거지역이나 준공업지역이 존재한다. 토지이용규제정보서비스 홈페이지에서 주소를 입력하면 경매물건의 용도지역을 확인할 수 있다.

용도지역				출처 : 토지이용규제정보서비스
소재지	경기도 수원시			
지목	대 ❓		면적	194.4 ㎡
개별공시지가(㎡ 당)	1,792,000원 (2019/01) 🔍 연도별 보기			
지역지구등 지정여부	「국토의 계획 및 이용에 관한 법률」에 따른 지역·지구등	도시지역 , 제2종일반주거지역 , 지구단위계획구역 , 중로3류(접합)		
	다른 법령 등에 따른 지역·지구등	가축사육제한구역<가축분뇨의 관리 및 이용에 관한 법률> , 상대보호구역 (산남초등학교(수원교육청지원청문의))<교육환경 보호에 관한 법률> , 상대보호구역(어린이유치원(수원교육지원청문의))<교육환경 보호에 관한 법률> , 과밀억제권역<수도권정비계획법>		

이 땅은 제2종 일반주거지역이므로 사람이 거주하는 주택을 지을 수 있는 곳이다. 위 토지이용계획확인원의 「국토의 계획 및 이용에 관한 법률」에 따른 지역·지구 등' 오른쪽 난을 보면 '제2종 일반주거지역'이라는 용도지역이 기재되어 있는 것을 볼 수 있다. 용도지역을 상단의 지목 '대'와 헷갈리는 사람들이 있는데. 지목은 그저 국가에서 세금을 매기기 위한 것으로 생각하면 된다. 실제 땅의 가격을 결정하는 데에는 지목보다 용도지역이 훨씬 큰 영향을 미친다.

전용주거지역 및 일반주거지역의 경우 일조 등을 확보하기 위한 높이 제한이 있다. 특히 높이가 $9m$를 초과하는 부분은 인접 대지 경계선으로부터 2분의 1 이상 이격해서 지어야 한다. 이런 탓에 4층부터 대각선으로 깎인 형태를 띠는 건축물들이 많다. 그만큼 건물면적이 줄어드는 것이다. 준주거지역은 일조 높이 제한을 받지 않기 때문에 전용 및 일반 주거지역보다 더 높고 더 넓게 지을 수 있다는 커다란 장점이 있다. 입찰가 산정을 위해 실거래가와 유사물건의 가격을 분석할 때에도 용도지역이 같은 물건을 산출하여 비교해야 한다. 용도지역과 지목은 9장의 토지 투자방법에서 보다 심층적으로 다룰 것이다.

수도권은 건축 가능한 대지가 부족하다

서울 외곽지역은 1970년대에 지정한 개발제한구역으로 둘러싸여 있다. 그렇게 제한구역이 에워싼 곳 안에 전체 인구의 5분의 1이나 되는 1,000만 명에 육박하는 사람들이 북적이며 살고 있다. 집이 부족한 것은 당연하다. 서울에서 개발제한구역이나 국립공원으로 지정된 산지는 개발하기가 어려우므로 새로운 주택을 건축할 땅이 부족한 상태다.

기업이 밀집해 많은 일자리가 있고 직장과 가까운 곳에 살고자 하는 사람들로 인해 주택가격은 상승한다. 땅이 부족하니 오래된 집을 허문 뒤 깨끗하고 높은 새 건물을 지어 더 많은 사람을 수용해야 한다. 하지만 서울시내에는 낡은 집을 허물고 새로 아파트를 지을 만한 땅이 부족하다. 정부에서는 궁여지책으로 남양주나 인천, 경기 외곽 등지의 땅에 아파트를 새로 짓지만, 출퇴근에 최소 3시간 이상 허비해야 하는 곳에 살 사람은 많지 않다. 이런 이유로 서울에서 아파트 대신 신축 다세대주택 등을 찾는 수요가 많은 편이다.

이렇게 양질의 주택공급이 부족한 지역은 오래된 건물을 허물고 빌라 등을 새로 건축해 분양하거나 임대로 주면 인기가 좋다. 그래서 다른 지역의 같은 물건보다 단독주택도 가치가 높다고 할 수 있다.

인근 고급 아파트 분양 및 리모델링
▼

인근에 고급 주거단지가 들어오면 1층에 상가가 들어갈 수 있는 다가구 주택의 경우 활용도가 높아진다. 아래는 2006년 서울시 성동구의 위성 사진이다. 서울시내에 몇 개 없는 공업지역 때문에 입지에 비해서 저평가된 지역이었다. 그러다가 Ⓐ 아래 흰색 사각형 부분에 2011년도에 '갤러리아포레'라는 고급 주상복합아파트가 들어서게 된다.

1개 호수당 30억~50억 원 가까이 되는 아파트가 들어서면서 입주민

입주 전 위성사진   출처 : 국토정보플랫폼

출처 : 국토정보플랫폼

들의 문화활동이나 여가활동을 위한 카페나 갤러리 등이 필요해졌고, 이를 짓기 위한 다가구 리모델링이 활발해지자 다가구주택의 가치가 급등했다.

구축은 함부로 철거하면 안 된다

▼

'개발이익형'이란 오래된 건물을 허물고 높고 큰 건물을 직접 신축하거나 신축하려는 건축업자에게 매도하는 투자 방법을 말한다. 건축한 지 오래된 주택에 이런 방식으로 접근할 때에는 특히 주의를 요한다. 건축 당시에는 건축법에 맞게 건축허가나 신고를 했을 것이다. 그러나 현재 법령이 더 강화되어 신축할 수 없는 경우도 있기 때문이다. 건물을 허물기 전에 반드시 인근 건축사와 구청 건축과에 문의해 신축할 수 있는지 살펴야 한다.

주택인 줄 알고 낙찰 받았는데 사무소라고?

여러 임차인이 거주하는 다가구주택과 다세대주택, 도시형 생활주택, 다중주택과 같은 소규모 건물은 일반인이 겉만 보고 구분하기가 쉽지 않다. 건축법 시행령에 따른 용도별 건축물의 종류를 달달 외우고 다니더라도 외형만으로는 분간이 어렵다. 건축물의 정확한 용도는 건축물대장을 발급 받아서 확인해야 한다. 매매의 경우 공인중개사가 떼어서 확인하고 설명해주지만, 법원경매나 공매는 매수인이 직접 확인하고 책임져야 하는 방식이다. 법원경매로 낙찰된 서울의 한 건물을 살펴보자.

근린주택 경매물건의 상세 정보

출처 : 지지옥션

소 재 지	서울 　　　　　서울		
용　도	근린주택	감 정 가	2,659,062,680
토 지 면 적	251.0㎡ (75.9평)	최 저 가	2,127,250,000 (80%)
건 물 면 적	전체 935.4㎡ (283.0평) 제시외 86.5㎡ (26.2평)	보 증 금	212,725,000 (10%)
경 매 구 분	강제경매	소 유 자	최OO
청 구 액	308,975,342	채 무 자	최OO
채 권 자	김OO		

건축물의 용도에 '근린주택', 토지면적은 75.9평, 건물 전체면적은 283평, 제시 외 26.2평이 기재되어 있다. 외관 사진을 보면 평범한 원룸, 투룸 형태의 주거용 건물이라고 생각할 수 있다. 그런데 건물 4층 왼쪽을 보면, 본래 건축물과는 약간 다른 형태의 구조물을 볼 수 있다. 아마도 무단 증축한 것으로 보인다.

출처 : 지지옥션

건축물대장을 통해 해당 건축물이 어떤 용도인지, 위반건축물로 등재된 것은 아닌지 살펴보자. 건축물대장은 '정부24' 또는 '건축행정시스템 세움터'에서 쉽게 발급 받을 수 있다. 등기사항전부증명서는 건축물의 권리에 관한 사항의 기준이 되고, 건축물대장은 부동산의 물리적 현황(면적, 지번, 용도 등)에 대한 기준이 된다는 점을 잊지 말자.

건축물대장 1페이지 우측 상단을 보면 역시 '위반건축물'로 등재되어 있다(146쪽 그림 참조). 건물에 관한 물리적 현황인 대지면적, 연면적, 용적률, 건폐율 등을 알 수 있는데, 눈길을 끄는 것은 건물의 '주 용도' 항목에 다가구주택 등 주거용 건물이 아닌 '근린생활시설'로 기재되어 있다는 점이다. 왼쪽 아래의 건물 층별 용도를 보면 재미있게도 지하 1층은 '근린생활시설', 1층부터 4층까지는 '독서실'이다. 그러나 실제 현황은 근린생활시설이나 독서실이 아닌 주거용으로 사용하고 있었던 것이다.

건축물대장

출처 : 정부 24

일반건축물대장(갑) 위반건축물 장번호 : 1 - 1

고유번호 1162010200-[redacted]	민원24접수번호 [redacted] - 83623096		명칭	특이사항
대지위치 서울특별시 [redacted]		지번 [redacted]	도로명주소 서울특별시 [redacted]	
※대지면적 251 ㎡	연면적 830.45 ㎡	※지역 2종일반주거지역	※지구	※구역
건축면적 149.13 ㎡	용적률산정용연면적 646.58 ㎡	주구조 철근콘크리트조	주용도 근린생활시설	층수 지하 1층/지상 5층
※건폐율 59.41 %	※용적률 257.6 %	높이 16.1 m	지붕 평스라브	부속건축물 동 ㎡
조경면적 ㎡	공개 공지 또는 공개 공간의 면적 ㎡	건축선 후퇴면적 ㎡	건축선 후퇴거리 m	
지하수위 G.L ㎡	기초형식	설계지내력(지내력기초인경우) t/㎡	구조설계 해석법	

건 축 물 현 황

구분	층별	구조	용도	면적(㎡)
주1	지1층	철근콘크리트조	근린생활시설	119.61
주1	지1층	철근콘크리트조	주차장	64.26
주1	1층	철근콘크리트조	독서실	132.3
주1	2층	철근콘크리트조	독서실	149.13
주1	3층	철근콘크리트조	독서실	149.13
주1	4층	철근콘크리트조	독서실	119.61
주1	5층	철근콘크리트조	주택(1가구)	96.41
주1	옥탑	철근콘크리트조	계단실(연면적제외)	18.46
		- 이하여백 -		

소 유 자 현 황

성명(명칭) / 주민(법인)등록번호 (부동산등기용등록번호)	주소	소유권 지분	변동일 / 변동원인
[redacted]	[redacted]	/	2014.03.07 / 등기명의인표시변경
	- 이하여백 - ※ 이 건축물대장은 현소유자만 표시한 것입니다.		

이 등(초)본은 건축물대장의 원본 내용과 틀림없음을 증명합니다.

발급일자 : 2017년 05월 23일

담당자 : 지적과
전 화 : 02 - 879 - 6605

서울특별시 관악구청장

※ 표시 항목은 총괄표제부가 있는 경우에는 기재하지 아니합니다.
※ 이 장은 전체 2페이지 중에 1페이지 입니다.

■ 건축물대장의 기재 및 관리 등에 관한 규칙 [별지 제1호서식]

지지옥션 경매정보의 '임차인현황'을 살펴보면 해당 건물에는 무려 35명이나 되는 주택 임차인이 거주하고 있었으며, 보증금의 합계는 18억 원이 넘는다.

근린주택 경매물건의 임차인현황

출처 : 지지옥션

임차인수 : 35명 / 보증금합계 : 1,817,000,000 / 월세합계 : 150,000

지하1층 지상 5층 주택으로서 지하층 2세대(108호, 109호),1층 7세대 (101호 내지 107호) 2층 내지 4층 각 7세대(각층 01호 내지 07호), 5층 1세대 (501호) 구조임.5층 (501호)에 임차인 가족이 살고 있다고 함(5층 임차인의 처 면담).나머지 지하층과 1층 내지 4층에 2회 방문하였으나 폐문 부재여서 방문취지 및 연락처를 남겼으나 아무런 응답이 없어 본건 부동산 소유자와 전화 통화하였으나,개인신상정보라는 이유로 전입세대 명단 고지를 꺼려하므로 우선 주민등록 전입세대만 임차인으로 보고함. 전입세대 중 호실 표시가 되어 있지 아니한 정 는 103호 거주자,황 은 기히 이사를 간사람이며,408호로 주민등록 전입한 이 는 실제는 404호 거주자이나 편의상 408호로 주민등록 전입신고한 것이라고 함(소유자 전화 면담) 안 :2002.11.25.자로 부산 연제구 전출, 대항력 상실

다시 건축물대장의 2페이지를 확인해보자. 왼쪽 아래를 보면, 지하 1층부터 5층의 근생시설에 싱크대를 설치하여 주거로 사용했기 때문에

위반건축물로 등재된 것을 확인할 수 있다. 위반건축물로 등재되면 허가권자는 건축주에게 시정명령을 하고, 바로잡지 않을 경우 이행강제금을 부과한다. 근린생활시설에 싱크대 등을 설치해 주거용으로 사용하는 등 불법용도변경을 했다면 시가표준액의 50%에 해당하는 금액에 위반면적을 곱해 이행강제금이 부과된다. 무단 증축 등 불법용도변경 이외의 위반건축물이라면 시가표준액의 10% 범위에서 이행강제금이 부과된다.

건축물대장에 표기된 위반사항

출처 : 정부 24

이행강제금은 벌금처럼 일회성 납부로 끝나는 것이 아니라 시정될 때까지 계속해서 내야 한다. 그러므로 부동산을 취득하기 전에 건축물대장을 발급 받아 검토하는 것은 당연하고, 건축물대장에 위반건축물로 등재되어 있지 않더라도 아직 적발되기 전이거나 적발되었는데 등재되기 전일 수도 있으므로 관할관청에 위반건축물 여부를 반드시 확인해야 한다.

▼

상가를 보는 눈은 주택과 전혀 다르다

경매가 진행되는 상가를 발견하면 머릿속에 처음 떠오르는 생각은 무엇일까? 십중팔구 '이 상가는 월세를 얼마나 받을 수 있을까?'일 것이다. 실제로 상가 경매 진행과정에서는 법원에 신고된 보증금과 월세를 먼저 확인하게 된다. 아래에 예로 든 수원의 2층 상가는 1회 유찰돼 최저매각가가 2억 6,600만 원이다.

상가 경매물건의 상세 정보

출처 : 지지옥션

소 재 지	경기 수원시 영통구 망포동 (16692)경기 수원시 영통구		
용 도	상가	감 정 가	380,000,000
토 지 면 적	55.6㎡ (16.8평)	최 저 가	266,000,000 (70%)
건 물 면 적	169㎡ (51평)	보 증 금	26,600,000 (10%)
경 매 구 분	임의경매	소 유 자	이
청 구 액	297,522,336	채 무 자	이
채 권 자	농협		

진행과정			매각과정 [입찰 31 일전]					법원기일내역
구분	일자	접수일~	회차	매각기일	최저가	비율	상태	접수일~
경매개시일	2019-05-16	2일	①	2019.09.20 (10:30)	380,000,000	100%	유찰	129일
감정평가일	2019-05-22	8일	②	2019.10.29 (10:30) ↓30%	266,000,000	70%	진행	168일
배당종기일	2019-07-30	77일	③	2019-11-28 ↓30%	186,200,000	49%	예정	
최초경매일	2019-09-20	129일	④	2020-01-07 ↓30%	130,340,000	34%	예정	

　　법원에 신고된 임차인현황을 보면 보증금 5,000만 원에 월세 230만 원으로 나타났다. 대출을 받지 않을 경우 세금을 제외하고 단순 수익률을 계산해보면 '{(230만 원×12개월)/(매입가 2억 6,600만 원-보증금 5,000만 원)}×100=연 12.7%'라는 매우 훌륭한 수익률이 산출된다. 여기에 경락잔금대출을 낙찰가의 80%에 받아서 연 4%의 이자를 낸다고 가정하면 수익률은 연 140% 이상 발생할 것으로 예상할 수 있다.

상가 경매물건의 임차인현황　　　　　　　　　　출처 : 지지옥션

임차인현황						
임차인/대항력	점유현황	전입/확정/배당	보증금/월세	예상배당액 예상인수액	인수
(주)	[사무실/] 점유2017.01.-		보 50,000,000 월 2,300,000 환산 280,000,000		소멸

　　그러나 이렇게 단순히 계산기를 두드려서 나온 수익률만으로 상가 입찰을 결정하는 것은 위험하다. 현재의 임차인이 법원 혹은 세무서에 신고한 월세는 과거의 시세이거나 조작된 시세일 수 있다. 또한 임차인이 신고한 액수만 가지고는 인근 지역의 임대가가 내림세인지 아닌지까지 알 수는 없다. 실제로 이 물건의 임차인으로 등재된 법인은 청산 절차를 밟고 있어서 월세를 낼 여력이 없는 상황이다.

그렇다면 상가를 좀 더 객관적으로 파악하기 위해서는 어떤 기준이 필요할까? 사람이 사는 것이 목적인 주택과 재화를 팔거나 서비스를 제공하기 위한 상가는 그 특성이 다르다. 이러한 상가의 특성을 잘 이해한다면 향후 투자생활에 많은 도움이 될 것이다.

상권은 무엇이고 상권의 범위는 어떻게 될까?

▼

상권은 상업상의 힘이 미치는 범위를 가리키는 것으로, 구체적으로는 해당 지역의 상업시설에서 흡수할 수 있는 소비자가 존재하는 권역을 말한다. 독일 지리학자 발더 크리스탈러의 '중심지 이론'에서 나온 '최소 요구치'와 '재화의 도달 범위'라는 개념을 알면 상권에 대해 이해하기가 한결 쉬울 것이다.

수제 마카롱 전문점을 운영하고 싶은데 마침 1층에 적당한 점포가 있다고 해보자. 해당 점포의 월세는 250만 원, 관리비는 50만 원이다. 즉 월 최소 유지비용으로 300만 원이 들어간다. 소비자가 가게를 1회 방문 시 평균 1만 원어치를 구매하고, 동네에서 평균 4가구당 월 1회꼴로 마카롱을 사 간다고 가정하면 적어도 인근에 1,200가구가 있어야 한다. 조사를 해보니 반경 3.5㎞ 내에 1,200가구가 있다.

열고자 하는 수제 마카롱 가게의 영향력이 1,200가구가 분포해 있는 반경 3.5㎞까지 미친다면 해당 점포를 운영할 수는 있다. 다만 수익이 나지 않을 뿐이다. 여기서 점포의 기능을 유지하는 데 드는 최소한의 수요

이자 거리인 '3.5km'가 앞서 말한 최소 요구치에 해당한다. 그런데 장사를 하다 보면 보관을 잘못해서 상한 마카롱을 팔거나, 제품에서 벌레가 나온다든지 소비자들에게 불친절한 행동을 할 수도 있다. 혹은 인근에 동종업종의 가게가 새로 생긴다면 이 마카롱이 실제로 제공될 수 있는 범위인 재화의 도달 범위가 줄어든다.

반대로 항상 신선한 마카롱을 공급하고 친절하게 손님을 맞이하며 인근에 비슷한 업종의 점포가 들어오지 않는다면 좀 더 멀리 있는 손님들도 방문할 수 있다. 어떠한 이유로 유입인구가 늘어나 상권이 발달해도 점포 입장에서는 좋은 효과가 발생한다. 이 경우에는 재화의 도달 범위가 늘어난다. 재화의 도달 범위가 최소 요구치인 3.5km 이내로 줄어들면 손해를 보고, 늘어나면 수익이 발생한다.

재화의 도달 범위는 업종에 따라 달라진다. 백화점이나 대형 병원은 최소 요구치가 넓다. 넓은 면적에 많은 사람이 방문해야 손익분기점을 유지할 수 있다. 그러니 백화점끼리는 강남처럼 유동인구가 매우 많은 특별한 곳을 제외하고는 가까이 있기가 어렵다. 10~20km 이상 멀리 떨어진 곳에 살아도 소비자들은 백화점의 상품을 구매하고 대형 병원의 진료 서비스를 받기 위해 일부러 시간을 내서 찾아간다. 넓은 상권을 형성해 재화의 도달 범위가 매우 넓다고 할 수 있다. 이들 업종은 되도록 많은 사람이 방문해야 하므로 교통이 편리하고 유동인구가 많은 도심의 중심부에 위치하는 것이 특징이다.

마트나 쇼핑몰 등은 위의 업종보다는 도달 범위가 좁고, 차량을 통한 이동이 많으므로 주차장을 많이 설치할 수 있는 주거지역의 외곽이나 부도심지에 위치한다. 길거리에서 흔히 볼 수 있는 편의점이나 약국, 분식집, 음식점 등은 재화의 도달 범위가 가장 좁은 업종에 속한다.

이렇듯 여러 상가가 모여 소비자들을 흡수할 수 있는 범위가 바로 상권이다. '점포에서 돈을 소비할 수 있는 사람들의 범위'라고 생각하면 된다. 상가 투자에서 흔히 말하는 '홍대 상권', '이태원 상권' 등은 재화의 도달 범위가 가장 좁은 여러 점포가 모여 있어 1~2개 점포보다 훨씬 큰 범위까지 영향을 미치는 경우를 말한다. 일반적인 상권은 이를 가리킨다. 앞서 예로 든 수제 마카롱 가게가 홀로 있을 때에는 재화의 도달 범위가 최대 3.5km였다. 그러다 인근에 점포들이 모여 상권이 발달하니 6km 떨어진 곳에서도 근처 고깃집을 들렀다가 지나는 길에 마카롱을 사 가는 경우라고 생각하면 될 것이다.

해당 지역의 상권이 잘 발달해 많은 사람이 오간다면 영업이 잘될 것이고, 반대로 상권이 죽은 지역이라면 영업이 잘되지 않을 것이다. 그러니 가장 먼저 알아야 할 것은 해당 점포가 속한 지역 상권의 활성화 여부와 원하는 업종의 영업이 잘되는지 여부다. 온종일 해당 상권을 걸어 다녀보고, 해당 점포에 몇 명의 손님이 방문하는지 세어보는 것도 방법이 될 수 있다.

하지만 보다 객관적인 데이터를 통한 사전조사가 선행되어야 주관적인 판단을 피할 수 있다. 어떤 점포가 경매 진행되어 관심이 생겼다면 해당 물건이 속한 상권에서 영업이 잘되는지, 인근 지역의 중심 상권은 어떠한지 시뮬레이션을 해보자. 현재 영업 중인 임차인과 재계약을 하고 싶다면 해당 업종을 분석해봐야 하고, 공실이거나 현재 영업 중인 사람을 내

보내고 신규 영업을 하고 싶다면 어떤 업종을 택할지 미리 정해놔야 한다.

경매정보의 '임차인현황'란을 보면 현재 어떤 업종이 영업 중인지 알 수 있다. 실제 경기도 고양시에서 진행됐던 아래 사건의 경우, 같은 건물에서 7개의 물건에 대해 경매가 이루어졌다. 이 중 각각 토스트, 피자 가게로 운영 중인 2개의 물건을 조사한다고 가정한 후, 현재의 임차인과 재계약을 했을 때 임차인의 영업이 잘될지 예측해보자.

상가 경매물건의 임차인현황　　　　　　　　　　　출처 : 지지옥션

임차인현황

임차인/대항력		점유현황	전입/확정/배당	보증금/월세	예상배당액 예상인수액	인수
끼॥॥	無	[점포/전부] 전부 토스트 심류 2013.00..10	사업 2013-09-13 확정 2014-05-02 배당 2016-01-13	보 30,000,000 월 2,090,000 환산 239,000,000		소 멸

임차인수 : 1명 / 보증금합계 : 30,000,000 / 월세합계 : 2,090,000

임차인현황

임차인/대항력		점유현황	전입/확정/배당	보증금/월세	예상배당액 예상인수액	인수
신OO	無	[점포/전부] 전부 피자 점유 2012.12.01~	사업 2012-11-23 확정 2012-11-23 배당 2016-03-04	보 30,000,000 월 1,760,000 환산 206,000,000		소 멸

임차인수 : 1명 / 보증금합계 : 30,000,000 / 월세합계 : 1,760,000

'소상공인 상권정보시스템(sg.sbiz.or.kr)' 홈페이지에 접속해 상단의 '상권정보 ➡ 상권분석'을 클릭한다. 다음에 나오는 '[1단계] 지역선택' 화면에서 경매물건의 주소나 상호를 입력한 후 '선택완료'를 클릭한다. 이어서 '[2단계] 영역선택' 화면에서 원형, 반경 영역을 선택해도 좋지만, 그럴 경우 자신이 관심 있는 물건과 다른 용도의 건축물까지 함께 선택되는 문제가 있다. 정확성을 높이기 위해서는 해당 물건과 동일한 용도지역을 다각형으로 그려서 선택하는 것이 좋다.

상권분석　　　　　　　　　　　출처 : 소상공인 상권정보시스템

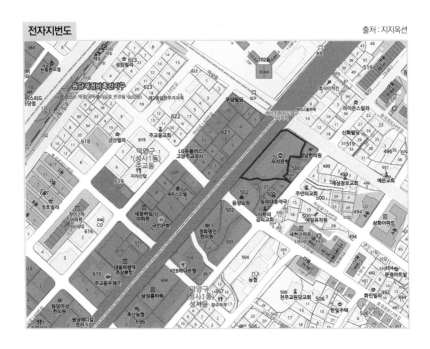

전자지번도　　　　　　　　　　출처 : 지지옥션

같은 용도지역의 범위를 알기 위해서는 지지옥션 경매정보 우측의 '전자지번도'를 클릭하면 된다. 해당 물건이 있는 곳이 굵은 테두리로 표시되고, 비슷한 용도의 건축물이 있는 곳은 굵은 테두리 안과 같은 색으로 표시된 것을 알 수 있다. 같은 색은 동일한 용도지역이므로 이 지역을 기억해두는 것이 좋다. 만약 지지옥션 경매정보에서 확인할 수 없을 경우, '네이버 지도 ➡ 주소검색 ➡ 지적편집도'를 순서대로 클릭하면 된다.

다시 상권정보분석 페이지로 돌아와 좌측의 '[2단계] 영역선택' 중 '다각'을 선택한 후 경매정보의 전자지번도에서 확인한 같은 색을 띤 건물들을 블록 지정해 그리기를 종료한다. 2단계에서 분석하고자 하는 상권영역은 총 3개까지 그릴 수 있다. 더 많은 주변 지역과 비교하려면 더 선택하면 되고, 선택한 부분만 보고 싶다면 '확인' 버튼을 누르면 된다.

다각형 그리기

출처 : 소상공인 상권정보시스템

다음은 원하는 업종을 선택해야 한다. '[3단계] 업종선택'을 클릭하면
한식, 중식, 일식 등 동일한 카테고리 내에서 최대 3개까지 선택할 수 있
다. '패스트푸드' 항목 아래 '토스트전문'과 '피자전문', 그리고 토스트와
유사 업종인 '샌드위치전문점'도 함께 선택해보자.

| 업종검색 | | | | | | | | 🔍 |

| 음식 | 생활서비스 | 소매 | 관광/여가/오락 | 스포츠 | 학문/교육 | 숙박 | 부동산 |

· 한식
- [ ] 갈비/삼겹살   [ ] 곱창/양구이전문   [ ] 기사식당   [ ] 기타고기요리
- [ ] 냉면집   [ ] 돌솥/비빔밥전문점   [ ] 두부요리전문   [ ] 버섯전문점
- [ ] 보리밥전문   [ ] 부대찌개/섞어찌개   [ ] 설렁탕집   [ ] 순두부전문

· 패스트푸드
- [ ] 도너츠전문   [ ] 도시락전문점   [✓] 샌드위치전문점   [ ] 생과자점
- [ ] 아이스크림판매   [ ] 유산균아이스크림전문   [✓] 토스트전문   [ ] 패스트푸드
- [✓] 피자전문   [ ] 핫도그

하단의 '분석하기' 버튼을 누르면 해당 지역, 업종에 대한 각종 빅데이
터를 분석한 상세 결과를 볼 수 있다. 이제 그 결과를 간단히 살펴보자.
먼저 선택한 상권의 주요 정보를 볼 수 있는데, 선택한 업종의 점포 수와
총매출 등을 파악할 수 있다.

상권 주요정보

(단위 : 개, 명)

구분	지역	면적	업소수					선택업종 총매출/건수		인구			지역		
			전체	음식	서비스	도/소매	선택업종	총액(만원)	건수	주거	직장	유동	주요시설	학교	교통
선택영역	제1선택영역	69,274㎡	347	145	42	159	1	1,346	755	1,451	2,207	9,281	55	1	6

아래 그림의 우측 그래프는 1등급에 가까울수록 활성화된 상권임을, 5등급에 가까울수록 침체된 상권임을 나타낸다. 상권 평가지수를 통해 지난달보다 상권이 1.35% 활성화된 것을 볼 수 있다.

자신이 선택한 영역이 속한 광역시도, 시군구, 행정동의 상권 평가지수와 증감률도 함께 볼 수 있어 전체적인 상권의 변화를 가늠해볼 수 있다.

월별 상권 평가지수　　　　　　　　　　　　　　　　출처 : 소상공인 상권정보시스템

구분	지역	2019년 01월	2019년 02월		2019년 03월		2019년 04월		2019년 05월		2019년 06월	
		평가지수	평가지수	증감률	평가지수	증감률	평가지수	증감률	평가지수	증감률	평가지수	증감률
선택영역	제1선택영역	57.3	57.1	-0.35%▼	55.9	-2.10%▼	59.1	5.72%▲	59.1	0.00%	59.9	1.35%▲
행정동	성사1동	67.6	67.9	0.44%▲	67.4	-0.74%▼	65.8	-2.37%▼	66.3	0.76%▲	64.6	-2.56%▼
시군구	고양시	62.7	68.0	8.45%▲	62.0	-8.82%▼	64.0	3.23%▲	61.3	-4.22%▼	64.0	4.40%▲
광역시도	경기도	66.8	61.3	-8.23%▼	64.4	5.06%▲	67.1	4.19%▲	66.5	-0.89%▼	67.4	1.35%▲

고양시-경기-전국 순으로 해당 업종의 업소 수 증감 여부를 알 수 있으며, 선택한 업종의 매출액 및 건수의 증감 여부까지도 확인 가능하다.

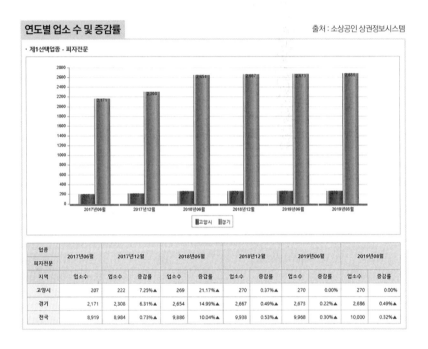

연도별 업소 수 및 증감률 출처 : 소상공인 상권정보시스템

· 제1선택업종 - 피자전문

업종 피자전문	2017년06월	2017년12월		2018년06월		2018년12월		2019년06월		2019년08월	
지역	업소수	업소수	증감률	업소수	증감률	업소수	증감률	업소수	증감률	업소수	증감률
고양시	207	222	7.25%▲	269	21.17%▲	270	0.37%▲	270	0.00%	270	0.00%
경기	2,171	2,308	6.31%▲	2,654	14.99%▲	2,667	0.49%▲	2,673	0.22%▲	2,686	0.49%▲
전국	8,919	8,984	0.73%▲	9,886	10.04%▲	9,938	0.53%▲	9,968	0.30%▲	10,000	0.32%▲

월별 매출액·건수 및 증감률 출처 : 소상공인 상권정보시스템

업종 피자전문		2019년01월	2019년02월		2019년03월		2019년04월		2019년05월		2019년06월	
지역		액/건	액/건	증감률	액/건	증감률	액/건	증감률	액/건	증감률	액/건	증감률
제1선택영역	매출액	1,999	1,641	-17.91%▼	1,539	-6.22%▼	1,476	-4.09%▼	1,235	-16.33%▼	1,346	8.99%▲
	건수	935	759	-18.82%▼	786	3.56%▲	731	-7.00%▼	607	-16.96%▼	755	24.38%▲
제1선택-유사상권	매출액	3,104	2,610	-15.91%▼	2,591	-0.73%▼	1,919	-25.94%▼	2,395	24.80%▲	2,302	-3.88%▼
	건수	1,138	981	-13.80%▼	927	-5.50%▼	802	-13.48%▼	924	15.21%▲	834	-9.74%▼
고양시(패스트푸드)	매출액	3,065	2,811	-8.29%▼	3,018	7.36%▲	2,835	-6.06%▼	3,090	8.99%▲	3,046	-1.42%▼
	건수	2,734	2,446	-10.53%▼	2,691	10.02%▲	2,621	-2.60%▼	2,850	8.74%▲	2,900	1.75%▲
경기도(패스트푸드)	매출액	3,155	2,814	-10.81%▼	3,035	7.85%▲	2,927	-3.56%▼	3,178	8.58%▲	3,122	-1.76%▼
	건수	2,447	2,154	-11.97%▼	2,434	13.00%▲	2,448	0.58%▲	2,659	8.62%▲	2,671	0.45%▲
전국(패스트푸드)	매출액	2,994	2,703	-9.72%▼	2,927	8.29%▲	2,845	-2.80%▼	3,091	8.65%▲	2,991	-3.24%▼
	건수	2,295	2,026	-11.72%▼	2,319	14.46%▲	2,319	0.00%	2,509	8.19%▲	2,483	-1.04%▼

뿐만 아니라 주중·주말·요일별·시간대별 매출 비율도 알 수 있어 해당 업종을 이해하는 데 큰 도움이 된다. 더 나아가 해당 관심물건 인근의 잘 발달한 중심 상권 분석도 가능하다. [2단계] 영역선택에서 '상권(단일선택)'을 클릭하면 주소를 통해 주요 상권에 대해 알아볼 수 있다. 이렇게 함으로써 동일한 업종에 대해 경매물건이 속한 상권과 활성화된 상권을 직접 비교할 수 있게 된다.

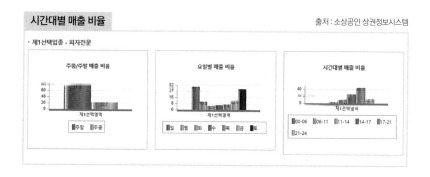

이외에도 상권정보시스템에서 다양한 정보를 제공하고 있으니 책을 보면서 직접 따라해보기 바란다.

상권의 종류와 특성을 알아보자

국내에는 여러 종류의 상권이 존재한다. 해당 상권마다 영업이 잘되는 업종이 있는가 하면 그렇지 못한 업종도 있다. 이런 특성을 잘 이해한다면 경매가 진행되는 비어 있는 상가에서 영업이 잘될 만한 업종을 미리 파악할 수 있을 것이다. 낙찰 받기 전, 해당 프랜차이즈 업종에 미리 가맹점 의뢰를 해볼 수도 있다. 여러 곳에서 긍정적인 답변이 온다면 공실이라는 이유만으로 여러 번 유찰된 물건을 저렴한 가격에 낙찰 받아 높은 수익을 달성할 수 있을 것이다.

아파트 단지 내 상가

지지옥션 홈페이지의 종합검색에서 '용도 ➡ 아파트상가'를 체크하면 경매 진행 중인 아파트 단지 내 상가를 볼 수 있다. 서울 노원구에서 경매 진행 중인 아래 상가를 관심물건으로 상정하고 상권을 살펴보자.

경매정보 오른쪽의 전자지번도를 클릭하면 토지 용도지역별로 색 분류가 되어 있어 해당 지역의 생활상을 유추해볼 수 있다. 이 지도를 바탕으로 아파트 단지 내 상가의 특성을 유추해보자.

굵은 테두리가 자동 설정된 곳이 해당 상가물건의 위치다. 서쪽으로는 번동 주공1단지 아파트와 북서울 꿈의 숲이 있다. 남동쪽에는 일반주거지역 빌라촌이 있고 월계근린공원, 1호선 광운대역이 있다. 북서쪽에는 월계 극동아파트, 쌍용스윗닷홈 아파트, 제2종 일반주거지역인 주택 밀집지역이 있고 북동쪽에서는 신창중, 염광중, 염광고, 신계초, 월계중 등 여러 학교를 볼 수 있다. 관심물건은 사방이 아파트, 주택, 공원으로 둘러싸여 있어 주변에 도보로 이동할 만한 큰 상권은 보이지 않는다.

전자지번도   출처 : 지지옥션

북서쪽에서부터 관심물건이 속한 블록의 옆을 지나쳐 남동쪽으로 우이천이 흘러 내려가고, 다리를 통해 북서울 꿈의 숲 방향으로 건너갈 수 있음을 알 수 있다. 우이천 반대편에도 많은 아파트가 있는 걸로 보아, 거기에도 단지 내 상가가 있을 것이다. 그러니 비슷한 업종이 들어가 있을 상가를 이용하기 위해 반대편 아파트의 주민들이 굳이 다리를 건너와서 관심물건이 속한 상가를 이용한다고 보기는 어렵다.

상가를 이용하는 고객은 해당 아파트 주민, 우이천을 건너지 않는 월계주공 1, 2단지와 남동쪽 주택가 주민들 그리고 인근 학생들이라고 어렵지 않게 유추해볼 수 있다. 낮에는 18~64세의 직장인들이 단지 내에 없을 테니 주부와 노령층이 주로 이용할 것이다. 낮시간대 고객이 집 근처에서 필요로 하는 업종은 마트, 세탁소, 은행, 공인중개업소, 의원, 약국 등이다. 야간에는 인근에서 하교한 학생들과 퇴근한 직장인을 위한 업종이 필요한데 학원, 치킨집, 분식집, 패스트푸드점, 한식당 등이 이에 해당한다.

이와 같은 아파트 단지 내 상가는 먼 곳에서 일부러 해당 상가를 찾아와 이용할 확률이 매우 낮다. 집 근처에도 비슷한 업종의 가게들이 많아 굳이 멀리까지 올 필요가 없으니 지역적으로 고립되는 특성을 지닌다. 이는 역으로 생각하면 해당 아파트 단지 또는 가까운 곳에 사는 주민들은 이 상권을 이용할 확률이 매우 높다는 뜻이기도 하다. 이처럼 탄탄한 고정수요가 있다는 것은 경기나 부동산시장 상황에 큰 영향을 받지 않으므로 좋을 때나 나쁠 때나 안정적인 임대수익이 나올 수 있음을 뜻한다. 사무실이 많은 곳의 상가는 월요일부터 금요일까지만 상권이 활성화되는 데 반해 단지 내 상가는 일주일 내내 꾸준한 수요가 있다는 것도 장점이다.

외부에서 유입되는 인구가 많지 않다는 것은 단지 내 상가에서 팔 수 있는 물건의 수량이 제한적이라는 뜻이므로, 상가의 가치가 급격히 올라갈 일이 거의 없다고 봐도 무방하다. 즉 꾸준한 임대수익형 물건이지 매도차익형 물건은 아니라는 말이다. 이처럼 아파트 단지 내 상가는 월세 수익만 보고 투자가 가능한 상품이다. 업무지구나 상업지역, 준주거지역 등의 상가보다는 저렴하게 취득할 수 있다는 것도 장점이며, 취득가가 저렴한 만큼 타 상가보다는 수익률이 높을 수밖에 없다. 아파트 단지 내 상가는 주로 LH에서 경쟁입찰 방식으로 분양하는 경우가 많다.

요즘처럼 저금리에 수도권 아파트 투자가 어려운 상황에서는 고가 입찰로 임대가보다 매우 높은 가격에 단지 내 상가를 낙찰 받는 경우가 많으니 유의해야 한다. 분양할 당시에는 가격이 저렴하지 않은 경우가 많으므로, 입주한 지 4년쯤 지나 가격 거품이 빠졌을 때 취득하는 것이 좋다. 유아기의 자녀를 둔 부모들은 유모차 진입의 어려움 때문에, 노령층 또한 신체적 제약 때문에 계단을 꺼리므로 상가에 계단이 많으면 부정적 영향을 받을 수 있다는 점도 알아둬야 한다. 장사가 잘될 것 같은 업종을 넣고 싶어도 업종제한규정으로 인해 불가능할 때가 있다. 이는 뒤에서 좀 더 자세히 설명하겠다.

사무실이 많은 업무지구의 상가

지지옥션 홈페이지의 종합검색에서 '용도 ➡ 사무실, 상가, 근린시설'을 체크하면 경매 진행 중인 업무지구의 상가를 볼 수 있다. 여기서 근린시설은 다가구나 단독주택처럼 상가건물 전체가 호수 구분 없이 한 명의 소유가 될 수 있는 건물을 말한다. 사무실은 직접 소비자와 대면하지 않아도 되기 때문에 고층인 경우가 많고, 사무실이 많은 곳의 상가는 일반적인 상가와는 다른 특성을 지닌다.

한 예로 판교테크노밸리 중앙사거리 인근의 경매물건을 살펴보자. 건물 전경 사진을 보면 업무지구의 특성상 매우 깔끔한 형태의 외관을 갖추고 있다. 경매정보 우측의 전자지번도를 클릭하여 상권의 특성을 유추해볼 수 있다.

업무지구 상가 경매물건의 상세 정보

출처 : 지지옥션

소 재 지	경기 성남시 분당구 삼평동 618 판교우림더불유시티 1층 (13486)경기 성남시 분당구 판교로25		
용 도	상가	감 정 가	620,000,000
토 지 면 적	15.1㎡ (4.6평)	최 저 가	434,000,000 (70%)
건 물 면 적	44㎡ (13평)	보 증 금	43,400,000 (10%)
경 매 구 분	강제경매	소 유 자	판○○○○○
청 구 액	167,837,083	채 무 자	판○○○○○
채 권 자	중○○○		

서울외곽순환도로와 경부고속도로, 화랑지하차도로 둘러싸인 형태다. 평일에는 인근 사무실에서 일하는 직원과 사무실을 방문하는 사람들의 수요가 있을 것이다. 그러나 휴일인 주말에는 인근 주민들이 찾아오기 어려운 환경이다. 남서쪽의 아파트 단지와 주택가의 주민들이 주말에 고가차도를 건너와서 해당 상가를 이용하지 않을까라고 반문할 수도 있을 것이다. 하지만 이 물건이 위치한 상가를 지나서까지 고가도로가 계속 이어져 있기 때문에, 이곳을 이용하려면 더 멀리 가서 유턴하든가 고가도로 위에서 뛰어내리는 수밖에 없다.

전자지번도　　　　　　　　　　　　　　출처 : 지지옥션

　지도를 축소해서 보면 알 수 있듯이 불편하고 시끄러운 고가도로를 노보로 이동해 해당 상가를 이용하기보다는 차로 5분이면 도착할 수 있는 판교역 상권을 이용하는 주민들이 많을 것이다(168쪽 전자지번도 참조). 이러한 곳의 상가는 주 5일 동안, 특히 점심시간에 빠른 회전이 가능한 업종이 유리하다. 코스 요리가 나오는 고급 요리점보다는 빠르게 제공할 수 있는 일반음식점이 더 인기가 있을 것이다. 또한 여러 메뉴를 한꺼번에 파는 곳보다 1~2가지 요리를 전문적으로 서비스하는 것이 더 좋다. 문구점이나 편의점, 커피전문점, 은행이 입점할 자리로 추천할 만하다. 지식산업센터에 속한 근린생활시설 또한 업무지구 내 상가와 특성이 비슷하나, 배후수요보다 상가의 수가 더 많이 공급되는 때도 있으므로 투자에 유의해야 한다.

유동인구가 많은 상업지역 상권

토지의 용도지역이 상업지역인 경우는 주거지역에 위치한 아파트 단지 내 상가나 다가구주택 1층에 있는 상가보다 다양한 업종의 영업이 가능하다. 주거지역보다 건폐율, 용적률이 매우 높아 저층부터 고층까지 다양한 업종을 만나볼 수 있다. 상업지역의 상권은 인근의 주택이 밀집한 주거지역이나 일자리가 많은 공업지역, 업무지구 등에서 사람들이 모여드는 '집객효과'가 발생하는 것이 일반적이다. 상업지역에 있는 상가 경매물건을 찾기 위해서는 지지옥션 홈페이지의 '종합검색 ➡ 지역/지구/구역'란에서 '상업지역'을 우선 선택한다.

경매정보 종합검색
출처 : 지지옥션

| 지역/지구/구역 | 용도지역 | 선택 ∨ |

선택
주거지역
1종전용주거지역
2종전용주거지역
1종일반주거지역
2종일반주거지역
3종일반주거지역
준주거지역
상업지역
근린상업지역
유통상업지역
일반상업지역
중심상업지역
공업지역
전용공업지역
준공업지역
일반공업지역
녹지지역
보전녹지지역
생산녹지지역

역세권　◉ 지하철

정렬방식　정렬기준

특수조건
☐ 전체
☐ 유치권
☐ 선순위
☐ 건물만
☐ 형식적
☐ NPL
☐ 용도전
☐ 주거시

　다음으로 하단의 '용도' 분류에서 '상가, 점포, 근린시설, 사무실, 빌딩'
을 선택하면 경매 진행 중인 상업지역 내에 소재한 상가물건을 확인할
수 있다. 큰 규모의 중심상업지구에는 위락시설 등 유흥 관련업종이 들어
갈 수도 있고 그렇지 못한 경우도 있다. 중심상업지역 중에서도 유흥 관
련업종이 들어올 수 있는 상권의 특징을 알아보자.

　인근의 충분한 일자리와 주택으로 고정수요가 뒷받침되는 중심상업지
역의 상권은 우선 먹자골목이 발달한다. 유동인구가 많고 다양한 연령대
가 방문하므로 여러 종류의 음식점이 자리 잡게 마련이다. 분식, 토스트,
카페 등 휴게음식점부터 해장국, 설렁탕, 갈비, 삼겹살 등 일반음식점까
지 골고루 만나볼 수 있다.

유흥 관련업종이 밀집된 곳에는 모텔, 비즈니스호텔 등 숙박시설과 노래방, 나이트클럽, 바 등 심야 점포의 영업이 활성화된다. 역세권 혹은 버스 환승장이 있는 곳에서부터 주거지까지 연결된 동선에 있는 상권은 더 발달할 가능성이 크다. 아래 7호선 광명사거리역 인근 상업지역의 경우, 역 출구에서 불과 200m 이내의 초역세권임에도 모텔, 여인숙, 여관 등의 유흥업종을 어렵지 않게 찾아볼 수 있다.

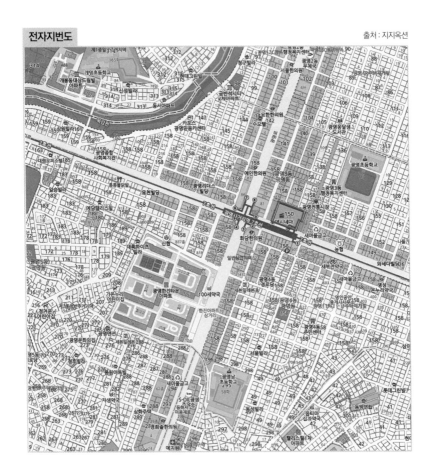

전자지번도

출처 : 지지옥션

다만 상업지역의 특성상 아파트 인근의 근린상가나 단지 내 상가보다 매매가, 임대가, 관리비용이 더 높다는 단점이 있다. 상업지역이 유동인 구나 고정수요에 비해 넓어 상가 공급이 적정치를 초과하는 수준이라면 상업지역 자체가 쇠락할 수 있다는 점도 감안해야 한다. 가까운 곳에 더 큰 상권이 개발되거나 교통여건 개선으로 기존에 있던 영향력이 큰 상권 으로의 접근성이 좋아지면 중소규모 상권이 큰 상권에 흡수되는 '빨대효 과'가 발생하기도 한다. 이는 뒤에서 더 자세히 설명하겠다.

차량을 이용한 비도심지역의 상가

차량을 두 대 이상 보유한 세대가 늘어나고 주 5일 근무제가 보편화됐다. 삽고 복잡한 도심을 피해 차를 타고 교외로 이동하는 수요가 승가함에 따라 교외 외식업 창업도 늘어나고 있다. 비도심지역의 상가 경매물건을 찾기 위해서는 지지옥션 종합검색의 '지역/지구/구역' 항목에서 '녹지지 역' 혹은 '관리지역'을 선택한 후, '용도' 항목의 '업무 및 상업시설' 중 상 가 등을 차례대로 선택하면 된다.

비도심지역의 상가는 우선 주차장이 넓어야 하고, 일방통행보다는 양 방향으로 자동차가 다닐 수 있는 지역이 좋다. 해당 상가와 인접한 도로 의 평균 속도가 지나치게 빠르다면 눈은 상가를 보더라도 차를 세워서 상가로 진입하기가 어려울 수 있다. 반대로 교통체증이 너무 심하다면 시 내와 다를 바 없으므로 맛집으로 소문난 경우가 아니고서야 굳이 들어가 려 하지 않는다. 자동차를 끌고 교외에서 한적하게 식사를 하러 나온 의 미가 없어지는 것이다.

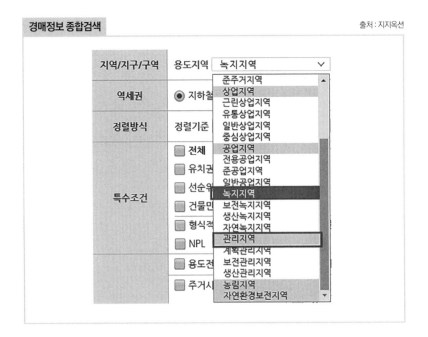

우측 사진에서 보듯이 필자가 고른 상가에서는 곰탕집을 운영 중인 것으로 보인다. 이와 같은 비도심 상가는 차량 속도뿐만 아니라 주차 공간도 넉넉해야 한다. 소화할 수 있는 손님이 10팀인데 주차 가능한 공간이 6대뿐이라면 항상 비어 있는 테이블이 발생할 수밖에 없다. 주말이나 쉬는 날 혹은 퇴근 후 가족과 함께 한적한 곳을 목적지로 방문하는 경우, 2~4인 가족이 함께 즐길 수 있는 업종이 좋다. 오리구이나 정육식당, 갈비구이, 추어탕, 닭요리 전문점 등 보신용으로 많이 찾는 음식과 고급 카페나 파스타 등을 파는 레스토랑이 적합하다.

입지조건으로는 여름 휴가철 한 철 장사를 하기 위한 곳이라면 주거지역에서 멀리 떨어져 있더라도 차량 동선상에만 있다면 괜찮다. 그러나 1년 내내 해당 상가로 사람들을 유입시키려면 주거 밀집지역에서 $10km$ 이상 떨어진 곳은 적당하지 않다.

비도심지역 상가 경매물건

역세권 상가

지지옥션 '경매검색' 메뉴 중 '테마검색 ➡ 역세권'을 클릭하면 전국 지하철 인근에 있는 경매 진행물건, 경매 진행 예정물건, KAMCO 공매물건 등을 검색해볼 수 있다. 지역 분류에서 원하는 지역과 호선을 선택한 후, 하단의 '용도다중선택'을 클릭하자. 원하는 역을 단독 선택할 수도 있고 역과의 거리를 반경 $1km$, $500m$, $300m$로 구분하여 선택할 수도 있다.

역세권 검색   출처 : 지지옥션

군포시 당정동 당정역세권에 있는 경매물건과 지도를 통해 역세권 상가의 특징을 살펴보자.

역세권 상가 경매물건의 상세 정보   출처 : 지지옥션

소 재 지	경기 군포시 당정동 1004-2 성원프라자 2층 (15851)경기 군포시 고산로21		
용 도	상가	감 정 가	397,000,000
토지면적	80.5㎡ (24.4평)	최 저 가	397,000,000 (100%)
건물면적	168㎡ (51평)	보 증 금	39,700,000 (10%)
경매구분	임의경매	소 유 자	이·
청 구 액	50,000,000	채 무 자	이
채 권 자	김		

우측 지도에서 보다시피 1호선 당정역 동쪽에 본 경매물건이 있고 그 인근에는 아파트 단지들과 주택가, 한세대학교가 있다. 북측에는 한일시멘트, 삼표시멘트, 대한통운 등 여러 업체가 들어서 있다. 역세권 상가의 큰

장점은 해당 철도나 지하철을 이용해 출퇴근하는 다양한 연령대의 사람이 지나다니는 길목이라는 것이다. 출근길에는 시간에 쫓기기 때문에 상가를 이용할 여유가 없고, 주로 퇴근길에 타고 내리는 유동인구의 영향을 받는다(이 상가물건이 그렇다는 것이 아니라 평균적인 역세권 상가의 상황이 그렇다는 것이다).

목적지로 가는 길목에 있으므로 빠른 서비스가 가능한 중저가 음식점이 더 적합하다. 패스트푸드, 분식집, 저가 커피전문점, 국숫집 등의 영업이 활기를 띤다. 같은 역이라도 출구별로 유동인구 또는 건널목이나 육교와의 연계성도 차이가 있다. 따라서 비슷한 가격대의 동일 역세권 상가라도 꼼꼼하게 살펴볼 필요가 있다. 우선 매일 지나다니는 인구만을 목표로 해서는 안 된다. 처음으로 지나가는 인구를 끌어오기 위해서는 역을 등지거나 역으로 가는 길에서 잘 보이는 가시성이 있어야 한다. 간판 설치가 가능한지도 중요한 체크포인트다.

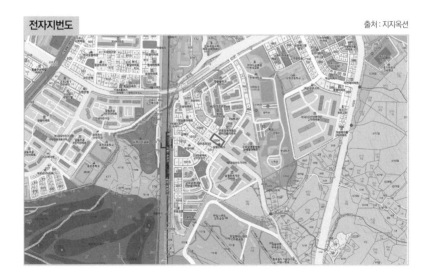

전자지번도   출처 : 지지옥션

서울만 해도 300여 개 이상의 역이 있다. 강남역의 경우 하루에만 20만 명 이상이 타고 내리는 데 반해, 1만 명이 채 안 되는 역도 있다. 역세권 상가라고 해서 무조건 많은 유동인구를 보장하는 것은 아니므로 사전 조사를 통해 해당 상가의 수익성을 잘 판단해야 한다.

대학가(학원가) 상가

대학 인근 상가에 투자를 해보고 싶다면 우선 도심권에 있는 대학 중 어느 정도 상권을 갖추고 있는 곳과 지방의 대학가 상권을 구분해서 투자해야 한다. 도심권의 대학가 상권은 대학생을 제외하더라도 유입인구와 배후수요가 어느 정도 있는 상권(서울대, 숙명여대, 한양대, 경희대, 고려대, 홍익대, 이화여대, 연세대, 건국대 등)이 투자 대상으로 적합하다. 도심과 떨어진 곳의 대학교 앞 상권은 배후수요가 해당 대학생뿐이다. 보통 1년 중 약 40%에 해당하는 기간에는 학사 일정이 없으므로, 대학가 상가는 그 점을 감안해 학사 일정이 있는 기간에만 영업이 원활할 것이라는 생각을 하고 투자해야 한다. 경매 진행 중인 대학가 상가를 찾기 위해서는 약간의 손품이 필요하다.

우선 해당 상권의 대략적인 주소를 알고 있는 상태에서 지도검색을 통해 찾아봐야 한다. 홍대 입구 근처의 상가를 찾아보자. 지지옥션 홈페이지 상단의 '경매검색 ➡ 지도검색'을 클릭한 후 좌측 상단의 주소에서 서울특별시-마포구-동교동 순으로 선택하자(지도에서 마우스를 이동해 찾아도 무방하다). 그리고 우측의 '용도'란에서 '상업시설'을 선택하면 해당 지도에서 경매 진행, 경매 진행예정, 공매 진행 중인 물건을 손쉽게 검색해볼 수 있다.

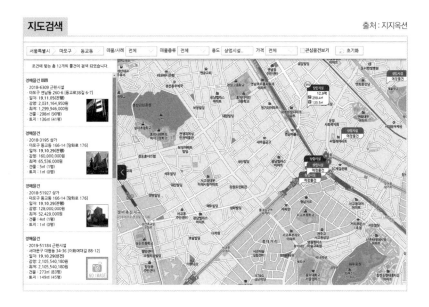

지도상의 말풍선이나 좌측 리스트를 클릭하면 해당 물건의 상세정보를 열람할 수 있다. 대학가 상권은 방학 기간에는 학생 수요가 빠져나가므로 학기 중과 방학 기간 모두를 대상으로 유입인구와 매출을 조사해야 한다. 고급스럽고 질 좋고 양이 적은 음식점보다는 푸짐하고 빨리 나올 수 있는 메뉴(삼겹살, 돈가스, 돼지국밥, 도넛 등)가 유망하다. 1층의 좁은 공간에 다닥다닥 붙어 있는 곳보다 같은 가격이라면 2층 이상의 넓고 편안한 좌석이 있는 곳이 좋다. 그리고 중저가의 파스타 등을 즐길 수 있는 업종이 선호도가 높다. 간단히 맥주를 즐길 수 있는 호프집이나 개성 있는 카페 혹은 저렴한 커피전문점도 적합하다. 대학교는 대부분 언덕에 위치한 데다 학생들의 도보 이동거리가 일반인보다 길어 여름에는 무더위, 겨울에는 추위에 지치기 쉽다. 따라서 냉난방 시설이 잘 갖춰져 있어야 한다.

테마 상가(쇼핑몰 형태의 상가)

대형 건물을 잘게 쪼개서 구분 소유권을 주는 곳을 테마 상가 혹은 쇼핑몰 상가라고 한다. 동대문의 두산타워, 밀리오레, 불로장생타워, 부천의 투나, 구로와 강변의 테크노마트, 중구의 굿모닝시티, 천호의 나비 등 역세권의 좋은 입지에서 만나볼 수 있다. 서울에 있는 경매물건을 검색하다 보면 흔하게 만날 수 있는 곳으로, 일반 상가보다 감정가가 저렴할 뿐만 아니라 여러 차례 유찰되는 경우가 많다 보니 적은 돈으로 낙찰 받을 수 있어 관심을 끌기 좋다.

다음 물건을 보면 감정가의 불과 4%, 7%로 낙찰 받을 수 있어 투자자들이 관심을 가질 만하다. 그러나 이런 상가들이 여러 번 유찰되도록 새 주인을 만나지 못했다면 그만한 이유가 있게 마련이다. 해당 건물 자체를 방문하는 유입인구가 줄어들면 고층의 에스컬레이터에서 멀리 떨어진 곳부터 공실이 발생한다. 차츰 늘어나는 공실이 하층부까지 내려오면 1개 점포의 소유자나 임차인의 노력으로 유동인구를 늘리기란 불가능에 가깝다. 경매 절차가 종결되지 않고 여러 차례 유찰된 물건 중에는 해당 층 전체가 공실이라 미납 관리비가 엄청난 것들도 있다. 또한 호수 구분 없이 전체를 창고로 사용하다 보니 새로 임대를 주기도 어려워, 전체 사용자에게 임대료를 받더라도 매우 저렴한 가격에 낙찰 받아야 하기 때문에 수지타산이 맞지 않는 것이다.

공실인 상층부를 활성화하기 위해 100여 명이 넘는 소유자들과 상가 관리단이 합심해 통으로 임대를 놓는 것도 쉽지 않다. 소유자 중 단 한 명만 반대해도 입점할 수 없다는 판례 때문이다. 소액에 낙찰 받더라도 원 여러 차례 유찰된 테마 쇼핑몰 상가 경매물건   출처 : 지지옥션

☐	2019.10.24 11일전 상가	부천4계 2019-1928 경기 부천시 상동 461 뉴코아중동백화점 2층 218호 [부일로 223] 건물 4㎡ (1평) | 토지 1㎡ (0평)	31,000,000 21,700,000	진행 (70%)	47 (1회)	송내 236m
☐	2019.10.31 18일전 상가	부천7계 2018-1143 경기 부천시 상동 461 뉴코아중동백화점 2층 308호 [부일로 223] 건물 4㎡ (1평) | 토지 1㎡ (0평)	36,000,000 1,453,000	진행 (4%)	276 (9회)	송내 236m
☐	2019.10.29 16일전 상가	남부4계 2017-5003[4] 서울 구로구 구로동 3-25 신도림테크노마트 1층 289호 [새말로 97] 건물 10㎡ (3평) | 토지 2㎡ (1평)	217,000,000 14,912,000	진행 (7%)	192 (12회)	신도림 260m
☐	2019.10.29 16일전 상가	남부4계 2017-5003[5] 서울 구로구 구로동 3-25 신도림테크노마트 1층 243호 [새말로 97] 건물 10㎡ (3평) | 토지 2㎡ (1평)	222,000,000 15,256,000	진행 (7%)	158 (12회)	신도림 260m
☐	2019.10.22 9일전 상가	남부3계 2018-102659 서울 구로구 구로동 3-25 신도림테크노마트 지하1층 151호 [새말로 97] 건물 11㎡ (3평) | 토지 2㎡ (1평)	110,000,000 36,045,000	진행 (33%)	89 (5회)	신도림 260m

금은커녕 관리비와 세금 때문에 마이너스 수익이 불가피한 물건이 많으므로, 이런 물건에는 아예 관심을 두지 않는 것이 좋다.

지금까지 각기 다른 상권의 여러 특성에 대해 살펴보았다. 칼로 자르듯 상권을 구분할 수 없는 물건들도 있고, 복합적인 성격을 띠는 것들도 많지만 각각의 특성을 잘 알아둔다면 투자에 도움이 될 것으로 믿는다.

영업에 큰 영향을 끼치는 입지의 모든 것

▼

상가의 위치는 매우 다양하다. 지하철 역세권, 지하도, 대형 쇼핑몰, 아파트 단지 내, 지식산업센터, 다가구주택 1층, 테마 쇼핑몰 등 다양한 곳에서 무언가를 사고파는 상가를 만날 수 있다. 버스정류장 바로 앞에 있는

같은 동네의 상가라도 출근 버스정류장 상가인지, 퇴근 버스정류장 상가인지에 따라 매출이 달라질 수 있다. 상가 바로 앞 도로가 8차선인지 2차선인지에 따라서도 매출이 달라질 수 있는데, 이처럼 각 상가가 자리한 위치를 '입지'라고 한다. 아이템을 아무리 잘 골라도 해당 업종이 들어갈 상가의 위치를 잘못 잡는다면 실패할 확률이 높아진다.

상가를 경매로 낙찰 받아 직접 영업을 하든, 임차를 주든 간에 영업이 잘되고 월세를 많이 받을 수 있는 상가의 가치가 올라가게 마련이다. 외부에서 전혀 보이지 않는 5층의 1개 호실 상가라면 어떨까? 저렴한 월세 덕에 사무실로 쓸 사람은 선호할 수 있겠지만, 실제로는 그렇지 않은 사람이 훨씬 많다. 또한 낙찰을 받은 후에 좋지 않던 입지가 좋아질 수도 있지만(이를테면 지하철역 개통, 버스정류장의 이동, 육교 철거 등) 개인의 힘으로 입지를 바꾸기는 쉽지 않다.

그렇다면 영업이 잘될 만한 입지조건, 흔히 말하는 '좋은 입지'란 무엇일까?

고정수요가 많을수록 좋다

상가 위치가 인근에 많은 인구를 품고 있는 곳이라면 좋은 입지라고 할 수 있다. 정해진 시간 내에 점심을 먹고 일터로 돌아오려면 멀리까지 이동할 수는 없다. 어쩔 수 없이 가까운 곳에서 식사해야 하는데, 가까운 곳에 직장이 많은 상가는 많은 손님이 찾아올 확률이 높다. 대단지 아파트 인근의 상가, 지식산업센터의 상가, 대학가 인근 상가 등이 고정수요가 풍부한 경우에 해당한다. 고정수요는 대개 인근 주택이나 업무시설의 규모로 판단할 수 있다. 고정수요가 주택이라면 낮보다는 저녁시간대에 영업이 잘된다. 반대로 업무시설이면 점심과 저녁 장사가 잘되고 주말 장사는 어려운 경우가 대부분이다.

　주택으로 인한 고정수요는 해당 지역 읍, 면, 동 단위의 주민등록 인구통계를 보면 파악할 수 있다. 행정안전부 홈페이지(www.mois.go.kr)에 접속한 뒤 상단의 '정책자료 ➡ 통계 ➡ 주민등록 인구통계'를 순서대로 클릭해보자. 원하는 행정구역을 선택한 후 검색 버튼을 누르면 하단에서 동단위 인구수를 바로 볼 수 있고, 왼쪽 아래의 'xlsx 파일 다운로드' 버튼을 눌러서 엑셀로 내려받아 볼 수도 있다.

　만약 행정구역에서 오산시를 선택했다면 하단에 다음과 같은 식으로 동별 인구수가 나온다.

주민등록 인구 및 세대현황

행정기관	2019년 09월				
	총 인구수	세대수	세대당 인구	남자 인구수	여자 인구수
오산시	222,981	93,221	2.39	115,127	107,854
중앙동	33,586	13,027	2.58	16,882	16,704
남촌동	20,078	12,750	1.57	11,712	8,366
신장동	59,490	23,364	2.55	29,908	29,582
세마동	29,215	11,212	2.61	15,077	14,138
초평동	16,300	6,805	2.40	8,356	7,944
대원동	64,312	26,063	2.47	33,192	31,120

　　한눈에 들어오게끔 그래프로 보고 싶을 경우(엑셀로 내려받아 그래프를 그리기 귀찮다면) '그래프 ➡ 행정구역 선택 ➡ 검색' 버튼을 클릭하면 자동으로 그래프를 그려준다. 이렇게 동별로 배후수요는 얼마나 되는지, 성비와 세대수까지 어렵지 않게 파악할 수 있다.

주민등록 인구 및 세대현황 그래프

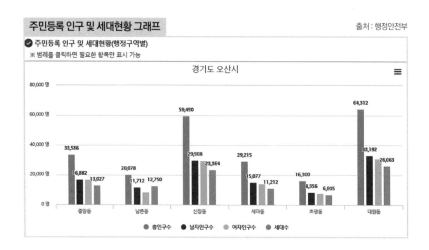

고정수요의 소득 수준을 파악하자

도시개발구역이나 택지개발지구로 조성된 신도시의 신축 아파트에는 주로 30~40대 신혼부부가 많이 산다. 2018년부터 2019년까지 경기·인천권에 신축 아파트 입주가 집중되면서 신혼생활을 새 아파트에서 시작하는 경우가 많아졌다. 물론 자가로 매입한 이들도 있지만 저렴한 맛에 전세 혹은 월세로 임차하여 사는 경우도 적지 않다.

서울에서 새 아파트를 공급하려면 재건축이나 재개발을 통해 기존의 집을 철거한 후 새로 지어야 한다. 그런데 다세대주택이나 단독주택이 많은 재개발지구 혹은 정비사업에서 해제된 지역에서는 서울이라곤 하나 너무 오래되어 쓰러질 듯한 집들을 종종 볼 수 있다. 1980~90년대에 지어진 주택의 경우 영세업자가 날림으로 공사한 물건을 심심치 않게 만나 볼 수 있는데, 40년가량 지나니 사람이 살기 어려운 집이 되는 것이다.

주택 경매물건 사진　　　　　　　　　　　　　　　　　　　출처 : 지지옥션

실제로 이런 주택은 소유자가 직접 살기보다는 저렴하게 월세나 전세로 사는 사람들이 점유하고 있는 경우가 많다. 하지만 건물은 다 쓰러져 갈지언정 토지가격 때문에 가격이 저렴하지만은 않다. 서울시내의 이렇게 오래된 주택이 만약 정비사업(재건축, 재개발 등)을 거쳐 아파트를 신축하고 3~4년 정도 지난 후라면 어떻게 될까? 분양가 상한제와 정비사업 진행의 어려움 때문에 서울시내 주택 공급이 매우 적은 상태이므로 해당 아파트는 적어도 15억~20억 원을 상회할 것이다. 그렇다면 신도시 아파트에 사는 30~40대 직장인, 다 쓰러져 가는 주택의 소유자, 평당 7,000만 원 이상 가는 서울시내 아파트에 거주하는 사람의 소득 수준은 비슷할까? 전혀 그렇지 않을 것이다.

상가는 배후지역에 사는 사람들의 소득 수준이 높을수록 좋다. 물론 그만큼 상가의 매매가, 임대가는 높을 수밖에 없다. 비싼 주택에 산다고 3,500원짜리 김밥을 3만 원씩 주고 사 먹을 리도 만무하다. 설명의 편의를 위해 상가의 가격이 비슷하고, 배후수요를 이루는 사람들이 5,000원짜리 김밥 정도는 사 먹을 수는 있다는 전제하에 입지조건만을 따져보자.

상가뿐만 아니라 모든 부동산 투자는 다양한 조건이 영향을 미쳐 성공과 실패가 결정되는데, 그 원인 하나하나에 대한 이해도가 높을수록 성공에 가까워진다. 당연히 배후수요의 소득 수준이라는 단 하나의 요인이 해당 상가의 흥망성쇠를 결정짓지도 않는다. 다만 정비사업 등을 통해 2~3년 후 소득 수준이 높아질 것을 예측할 수 있다면, 해당 상가에 긍정적 영향이 미치리라는 점은 미루어 짐작할 수 있다.

현장조사를 통해 소득 수준을 어렴풋이 알 수 있지만 좀 더 확실한 데이터를 이용해 사전조사를 해보자. 분양사 직원이나 현장 공인중개사에게 해당 부동산에 대한 판단을 맡기고 싶은가? 이는 실패의 지름길이다. 최대한 객관적으로 바라보고 스스로 판단하기 위해서는 꼼꼼한 사전조사가 선행돼야 함을 잊지 말자. 우선 해당 지역에서 근로소득이 있는 사람들의 급여액이 얼마나 되는지를 판단하기 위해 '국세통계(stats.nts.go.kr)' 사이트에 접속한다. '국세통계 ➡ 세목별 검색'을 클릭하면 세목별 검색화면이 나오는데, 전년도 기준 근로소득 원천징수 현황을 봐야 하므로 연도를 눌러 전년도(2018)를 클릭한다.

원천세 분류 항목이 나타나면 이 중 '4-2-15 시·군·구별 근로소득 연말정산 신고현황'을 클릭하자. 이 파일은 약간의 가공이 필요하므로 엑셀로 내려받아 사용해야 한다. 오른쪽 아래의 '엑셀 다운로드'를 눌러보자. 시·군·구별로 근로소득이 있는 인원과 금액이 잘 기재되어 있다. 급여 총계를 기준으로 보면 소득 수준을 볼 수 있는데, 문제는 해당 지역의 급여를 받는 총인원과 총금액만 기재되어 있을 뿐 1인당 평균 급여는 나와 있지 않아 지역별 비교가 어렵다는 점이다. 여기서 약간의 가공만 거치면 지역별 1인 평균 급여액을 확인할 수 있다.

엑셀 파일 하단에서 원하는 지역이 있는 시트로 이동한 뒤, 상단 E열에서 우클릭 후 '삽입' 메뉴를 누른다. 새로 삽입된 셀 중 '금액'의 오른쪽 셀에 '1인 평균급여'라고 작성한다.

'총급여/총인원=1인 평균급여'이므로 E13 셀에 '=D13/C13'이라고 기입한 후 E13 셀의 우측 아랫부분을 클릭해 아래로 드래그하면 지역별

	A	B	C	D	E
7			급여총계		
8					
9			Gross Wage and Salary		
10			인원	금액	1인평균급여
11			Taxpayers	Amount	
12	구분 Classification		(1)		
13	전국		18,005,534	637,616,487	=D13/C13
14	남동구	Namdong-gu	201,133	6,153,649	

1인 평균 급여액이 자동으로 계산되어 나온다. 아래에 나온 숫자의 단위는 '백만 원'이므로 경기도 광명시의 2018년 1인 평균급여는 3,400만원, 과천은 5,400만 원임을 알 수 있다. 같은 경기도지만 광명은 과천 평균 근로소득의 63% 정도인 셈이다. 이런 식으로 지역별 소득 수준을 비교해볼 수 있다.

전국		18,005,534	637,616,487	35
남동구	Namdong-gu	201,133	6,153,649	31
동구	Dong-gu	22,908	639,655	28
부평구	Bupyeong-gu	190,694	5,686,158	30
서구	Seo-gu	205,137	6,533,479	32
연수구	Yeonsu-gu	133,014	5,540,970	42
옹진군	Ongjin-gun	6,720	241,102	36
중구	Jung-gu	46,437	1,482,402	32
경기	Gyeonggi	4,903,937	174,931,092	36
가평군	Gapyeong-gun	16,876	501,141	30
고양시	Goyang-si	374,452	13,845,144	37
과천시	Gwacheon-si	21,272	1,138,903	54
광명시	Gwangmyeong-si	122,829	4,230,916	34

유동인구의 양과 흐름을 파악하자(규모, 성별, 나이 등)

상가 앞을 걸어서 지나가는 사람(유동인구)의 많고 적음은 매출액에 큰 영향을 미친다. '아무리 가는 길이 불편하고 멀어도 그 가게는 꼭 가야 해!'라는 생각이 들게끔 '목적 지향적' 성격을 지닌 상가도 있다. 가는 길에 장례식장이나 축사 같은 기피시설이 있어도 찾아갈 사람은 찾아가는 곳 말이다. 하지만 그렇지 않은 상가가 훨씬 많다. 따라서 멀어도 많은 사람들이 찾아오게 만들기 위해서는 상당히 많은 노력과 긴 시간이 필요하다.

이런 이유로 많은 자영업자가 우연히 길을 지나던 사람이 충동적으로 상가에 들어올 수 있는 '충동 지향적' 성격의 점포를 선호한다. 그러나 단순히 많은 사람이 지나가는 길목이라고 해서 모두 점포에 들어와 물건을 구매하진 않는다. 행인들이 구매하고 싶은 물건이 있어야 구매를 결정하는 것이다.

행인들은 지역마다 각양각색이다. 청소년들이 등·하교 시간에 북적이는 곳이 있는가 하면, 회사원들이 점심시간에만 많은 곳이 있다. 20~30대 청년층이 오후 시간에 북적이는 번화가, 대학가, 역세권 등도 존재한다. 아파트 인근이라면 낮시간대에 주부나 노령층의 이용률이 높을 것이다. 어떤 행인들이 주로 내 상가 앞을 지나는지, 어느 요일, 어느 시간대에 많이 지나다니는지를 파악할 수 있다면 장사가 잘될 만한 업종을 고르기가 한결 쉬워진다. 적어도 실패만큼은 피할 수 있다.

예컨대 대학가라면 카페나 도넛, 삼겹살, 맥주전문점이, 회사원이 점심시간에 많이 이용하는 곳이라면 국밥이나 초밥 등 일반음식점이 장사가 잘될 것이다. 아파트 인근의 상가는 세탁소나 의원, 편의점 등이 다른 업종에 비해 더 잘되는 편이다. 반대로 법원 인근이나 공업지대 등 남성이 더 많은 지역에서 화장품을 판매한다면 분명히 유동인구 수로만 예상한 것보다는 영업이익이 떨어질 수밖에 없다.

그렇다면 영업에 많은 영향을 끼치는 유동인구 수와 성별, 연령대, 시간대를 조사하기 위해서는 어떻게 해야 할까? 유동인구를 측정할 때 가장 정확한 것은 일주일 내내 현장에 가서 시간대별로 상가 앞을 지나는 사람들의 연령대와 성별을 하나하나 전수조사하는 것이다. 아래 표를 활용해 시간대별, 연령대별, 요일별로 유동인구를 파악할 수 있다. 전통적인 이 방식은 상권과 유동인구를 이해하는 데 큰 도움이 된다. 시간이 허락한다면 한 번쯤은 해보기를 권한다.

필자가 사용하는 유동인구 조사표

유동인구조사표 날짜 : (. .) 요일 : 요일		연령대												
		10대		20대		30대		40대		50대		60대 이상	
		남	여	남	여	남	여	남	여	남	여	남	여
시간대	10시~12시												
	12시~15시												
	15시~19시												
	19시~22시												

문제는 입찰하려는 모든 상가를 일주일 내내 이런 식으로 현장에서 직접 조사하기란 쉽지 않다는 점이다. 자신이 직접 운영하거나 임대를 놓고 싶은 업종을 정해두었다면 다음과 같은 방법으로 사전조사를 해보는 것이 좋다. 업종과 맞는 유동인구가 많은 곳이라면 그때 전수조사를 하는 것이 더 많은 물건을 비교해볼 수 있는 방법이다.

한 개 지역만 파악한다면 비교 대상이나 기준이 없어 해당 지역의 유동인구가 많은지 적은지 판단하기가 불가능하므로, 인근의 비슷한 상권 2~3개를 함께 비교하는 것이 좋다. 예컨대 동탄1신도시에는 대표적인 상권으로 중심상업지역인 북광장, 남광장이 있고, 그 사이에 메타폴리스 상권(가칭)이 있다. 이 3곳의 상권에 비슷한 가격대의 물건이 있다고 가정하고 유동인구를 비교해보자. 앞서 설명한 상권분석 방법과 크게 다르지 않으므로 간단하게 적용해볼 수 있을 것이다.

우선 소상공인 상권정보시스템에 접속한 후 상단의 '상권정보 ➡ 상권분석'을 차례로 클릭한다. 유동인구를 비교·분석할 지역으로 지도를 이동시킨 다음 좌측의 [2단계] 영역선택'에서 '다각'을 선택하면 최대 3개의 영역을 선택할 수 있다. 우선 북광장을 다각형으로 선택 후 더블클릭하면 영역선택이 종료됨과 동시에 해당 영역을 다른 곳과 구별할 수 있는 이름을 넣을 수 있다.

출처 : 소상공인 상권정보시스템

나머지 남광장과 메타폴리스도 다각으로 선택한 뒤 업종을 골라 하단
의 '분석하기' 버튼을 클릭한다.

30초~1분 후 보고서가 화면에 뜨면 상단의 '인구분석'을 클릭한다.
192쪽 상단 그래프를 보면 유동인구의 총량은 북광장이 압도적으로 많
은 것을 알 수 있다. 3개 영역 모두 겨울보다는 여름에 유동인구가 많으
며, 메타폴리스와 남광장은 겨울에는 둘 다 비슷하지만 여름에는 남광장
에 유입되는 인구가 더 많다는 것을 알 수 있다.

출처 : 소상공인 상권정보시스템

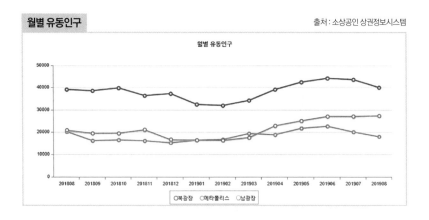

성별로는 3개 영역 모두 남성 유동인구가 더 많았으며, 이 중 북광장의 남성 비율이 56.9%로 가장 높았다. 연령의 경우 30~40대가 많은 것을 볼 수 있으며, 두 연령대를 합치면 전체의 절반이 넘는 수준이다.

성별·연령별 유동인구

출처 : 소상공인 상권정보시스템

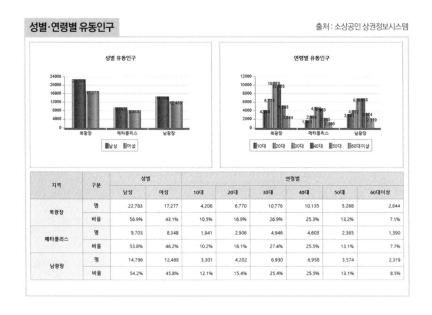

지역	구분	성별		연령별					
		남성	여성	10대	20대	30대	40대	50대	60대이상
북광장	명	22,783	17,277	4,206	6,770	10,776	10,135	5,288	2,844
	비율	56.9%	43.1%	10.5%	16.9%	26.9%	25.3%	13.2%	7.1%
메타폴리스	명	9,703	8,348	1,841	2,906	4,946	4,603	2,365	1,390
	비율	53.8%	46.2%	10.2%	16.1%	27.4%	25.5%	13.1%	7.7%
남광장	명	14,796	12,489	3,301	4,202	6,930	6,958	3,574	2,319
	비율	54.2%	45.8%	12.1%	15.4%	25.4%	25.5%	13.1%	8.5%

시간대별 유동인구도 빅데이터를 활용하여 손쉽게 알 수 있다. 06~12 시 사이 출근시간대를 제외하면 18~21시에 북광장에 많은 유동인구가 몰리는 것을 볼 수 있다. 앞서 '[3단계] 업종선택'에서 갈비, 곱창처럼 고기를 안주 삼아 술을 마실 수 있는 일반음식점을 골랐다면 저녁시간대의 유동인구가 영업에 큰 영향을 미친다. 시간대별 유동인구 수로만 판단하자면(동종업종이 얼마나 있는지, 임대료는 얼마인지 등 다른 조건은 제외하고) 북광장에 갈빗집이나 곱창 가게를 개점하는 것이 가장 낫다고 할 수 있다.

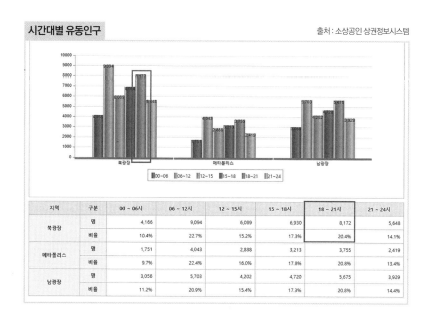

시간대별 유동인구   출처 : 소상공인 상권정보시스템

지역	구분	00 ~ 06시	06 ~ 12시	12 ~ 15시	15 ~ 18시	18 ~ 21시	21 ~ 24시
북광장	명	4,166	9,094	6,089	6,930	8,172	5,648
	비율	10.4%	22.7%	15.2%	17.3%	20.4%	14.1%
메타폴리스	명	1,751	4,043	2,888	3,213	3,755	2,419
	비율	9.7%	22.4%	16.0%	17.8%	20.8%	13.4%
남광장	명	3,056	5,703	4,202	4,720	5,675	3,929
	비율	11.2%	20.9%	15.4%	17.3%	20.8%	14.4%

보통 법원이나 검찰청, 대형 오피스 상권의 경우 주중에만 유동인구가 많고 주말에는 현저하게 떨어진다. 반면 위에서 살펴본 동탄1신도시의 3개 상권은 일자리와 주거지역이 혼재하기 때문에 주말 유동인구가 크

게 떨어지지 않아 일주일 내내 안정적인 영업이 가능할 것으로 판단할 수 있다.

접근이 편리해야 한다

상가는 도보나 차량으로 편리하게 접근할 수 있어야 한다. 걸어서 오는 손님이 많은 경우라면 어떨까? 아래 사진처럼 상가로 들어가기 위해 계단을 이용해야 한다면 계단 없이 출입할 수 있는 상가에 비해 유입인구가 줄어든다.

1층임에도 공개공지(공개공간)나 완충녹지로 가로막혀 있어 사람들이 도보로 들어가기 어렵고, 반대편에서도 잘 보이지 않게 조성된 상가는 보수적으로 접근할 필요가 있다.

지하주차장 출입구가 옆에 있는 상가는 도보로 이동하는 사람들이 위험하다고 느끼기 때문에 맞은편 혹은 건물 반대편의 인도를 활용할 가능성이 크다. '1층이니까 무조건 사람이 많이 지나가겠지'라는 생각은 접어두는 것이 좋다.

그중에서도 특히 다음 사진과 같이 상가 전면부가 주차장 진·출입로이자 음식물 쓰레기통을 모아두는 곳이라면 보행자가 걷기 힘든 구간이기

때문에 주의해야 한다. 차량을 통해 방문해야 하는 상가의 경우에는 일방 통행로 또는 도로의 평균 속도가 너무 빠르거나 상습 정체가 빚어진다면 마찬가지로 접근성이 떨어진다.

보행 동선상에 있는 곳이 좋다

같은 역세권이나 비슷한 반경 안에 있는 곳이라도 많은 사람이 걸어 다니는 곳이 있는 반면 그렇지 않은 곳도 있다. 복합쇼핑몰이나 대규모 할인마트, 백화점, 강남역 지하상가 등은 필요한 물건을 사고 돈을 소비하기 위해 많은 사람들이 모여든다. 일단 필요한 물건을 사기 위해 모여들고 나면 이후에는 밥을 먹거나 커피를 마시거나 술을 한잔하기 위해 다른 곳으로 빠져나간다. 지하철역, 특히 더블 역세권 이상의 환승이 가능한 역과 큰 교차로, 버스 환승 정류장 등은 출퇴근이나 다른 지역으로의 이동을 위해 많은 사람이 모여든다. 이러한 곳도 사람들이 대단위로 모였다가 각자의 목적지를 향해 흩어지는 장소다. 이처럼 많은 인구가 모이게 하는 점을 잇는 선을 '주 동선'이라고 한다.

아래는 서울지하철 2호선 서울대입구역 인근의 동선을 분석한 것이다. 3개의 원 안에는 지하철역과 주민들이 자주 이용하는 버스정류장이 있다. 이곳에서부터 파란색 선으로 이어진 곳이 주 동선이다. 그리고 주 동선에서 파생되어 작은 규모의 사람들이 이동하는 흐름을 부동선이라고 하는데, 개인의 관점에서 투자하기에는 부동선의 상가가 더 나은 때도 있다. 주 동선상의 상가는 누구나 선호하는 자리이기 때문에 임대료와 매매가가 비싼 데 반해, 부동선에 위치한 상가는 저렴하게 매입할 수 있어 수익률 측면에서는 더 나을 수 있다. 아래 그림에서 검은색으로 표시된 선이 주 동선과 연계되어 유동인구가 어느 정도 있는 구간이다. 아무 선도 그려지지 않은 구간보다는 더 좋은 입지라고 할 수 있다.

서울대입구역 인근 주 동선과 부동선

주 동선과 부동선을 통해 입지를 볼 수 있게 되면, 반경 $500m$ 안에 아래와 같이 비슷한 가격의 두 상가가 있다고 가정할 때 부동선상에 위치한 A상가가 B상가보다 영업에 더 유리하리라는 것을 어렵지 않게 파악할 수 있다. 여러 업종 중에서도 특히 편의점, 커피전문점 등은 보행 인구 수에 따라 많은 영향을 받는다는 사실을 염두에 둬야 한다.

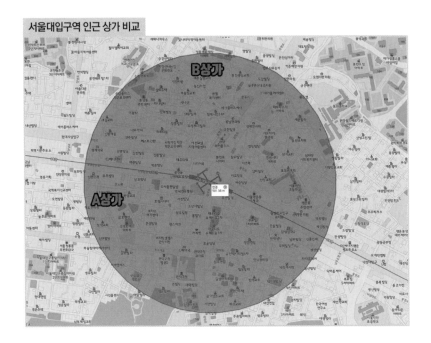

잘 보이는 곳에 있어야 한다

잘 보이지 않는 곳을 선호하는 일부 업종도 있긴 하지만, 대부분은 걷는 사람들에게 잘 보이는 곳에 위치한 상가가 입지가 좋다고 볼 수 있다. 일단은 보행자의 눈에 띄어야 뭔가를 팔 수 있고, 기억에 남아 다음에라도 방문할 수 있기 때문이다. 상가 자체가 안 보인다면 간판이라도 잘 보여야 한다. 이 왕이면 건널목이나 지하철역 입구, 버스정류장에서 잘 보이는 곳이 좋다.

주변의 인도가 너무 좁다면 뒤에서 끊임없이 밀려오는 사람들 때문에 앞만 보고 바쁘게 걸어가야 한다. 이런 곳에서 천천히 주위를 둘러보며 걷다가는 바쁘게 길을 가는 사람들에게 밀쳐질 수도 있어 지척의 상가도 보지 못하는 경우가 종종 있다.

아래 사진의 1층 상가는 반대편 인도에서 바라봤을 때 공개공지에 심은 나무들에 가려 어떤 업종의 가게인지를 알아보기 힘들다. 오히려 임대가와 매매가가 저렴한 고층 상가가 더 잘 보인다. 만약 상가 앞에 가로수가 있거나 공개공지, 완충녹지 등에 나무가 식재되어 있다면 나뭇잎이 떨어져 가지가 앙상한 겨울철에 현장을 봐선 안 된다. 여름철에 잎이 풍성해진 나무가 상가를 많이 가리지 않는지를 현장에서 확인한 후 투자나 영업 여부를 판단해야 한다.

위 사진에서 2층 이상의 상가들은 건널목에서 신호를 기다릴 때 잘 보이므로 가시성이 좋은 반면, 1층은 나무와 아파트 정문의 문주 때문에 어떤 상점이 들어와 있는지 한눈에 알 수가 없다. 이런 상가는 1층이라고 해서 비싼 가격에 덜컥 낙찰 받아서는 안 된다. 또한 위락시설이 밀집해 있는 번화가는 밤이 되면 휘황찬란한 간판이 많다. 이런 간판들 사이에 평범한 간판이 있다면 잘 보이지 않아 가시성이 떨어질 수 있다.

평균 보행속도가 너무 느리거나 빠른 곳은 피하자

방해물이 없고 편안한 속도로 걸을 때 비로소 주위 상점이 눈에 들어오고, 잠시 멈춰 서서 생각할 만한 작은 장소라도 있어야 마음 편히 소비하게 된다. 그렇다면 사람과 차가 뒤엉켜 지나가는 이면도로는 어떨까?

맞은편에서 오는 사람 비켜주랴, 뒤에서 다가오는 자동차와 오토바이 피하랴, 편안한 속도로 가지 못하고 장애물 때문에 어쩔 수 없이 천천히 걷게 된다. 전체적인 보행 속도는 평균보다 느린 쪽에 속한다. 자동차가 지나가길 기다리며 담벼락에 붙어 있는 시간 동안에는 사고가 발생할까봐 주위를 신경 쓸 겨를이 없다. 어느 상점에 들어갈까 고민하려고 잠시 멈추는 게 아니라 다치지 않기 위해 멈춘다. 사람들은 이처럼 병목현상이 자주 일어나는 위험한 골목을 빨리 벗어나고 싶어 하지만 물리적인 장애물 때문에 천천히 걸을 수밖에 없다.

폭이 좁은 보행자 전용도로나 특히 출근시간에 많은 사람이 오가는 인도는 어떨까? 뒤에서는 나와 같은 방향으로 가려는 사람들이 빠르게 접근해온다. 편안한 속도로 가기 위해 뒷사람에게 길을 터줄 요량으로 옆으로 비켜서고 싶지만, 그쪽은 맞은편에서 많은 사람이 걸어온다. 결국 뒷사람의 속도에 맞춰 빠르게 그 길을 지나가는 수밖에 없다. 옆에 휴대폰 매장이 있는지, 편의점이 있는지, 커피전문점이 있는지 볼 겨를이 없다. 빠르게 걸어야 한다는 암묵적인 규칙 같은 것이 존재하는 것이다.

그렇다면 차도와 인도가 분리되어 있고, 맞은편 사람과 부딪히지 않을 만큼 충분한 공간을 확보한 거리는 어떨까? 혼자서 혹은 친구, 동료들과 나름의 속도로 편안하게 걸으면서 대화하고, 잠시 멈춰 서서 어떤 음식을 먹을지 고민도 해볼 수 있을 것이다. 너무 빠르거나 느리게 걸어야 하는 입지보다는 편안한 보행 속도로 걸을 수 있는 입지를 골라야 하는 이유다.

대형 매장보다 소규모 상점이 많은 곳이 좋다

거리를 지나다 보면 큰 빌딩의 1층을 상점 하나가 쓰는 경우가 있다. 보통 운동화 전문매장, 중저가 의류 판매장, 화장품 판매점 등이 한 건물의 1층 전체를 사용한다. 이들 상가 인근을 지나는 사람들은 이 매장 앞을 지나는 데에만 열 걸음 이상 걸어야 하므로 본인이 필요한 물건을 파는 매장이 아니라면 곧 흥미를 잃게 된다. 반대로 건물 전면이 여러 소규모 매장으로 이루어져 있거나 걷는 도중 더 많은 골목길을 만나 선택할 수 있는 폭이 넓어진다면 해당 지역 상권에 흥미를 갖게 된다.

투자 시 조심해야 할 입지

❶ 도심지 공원에 인접한 상가

아파트가 밀집된 주거지역, 돈을 소비하고 서비스를 받기 위한 상업지역, 일하기 위해 모여드는 업무(공장 밀집) 지역의 사이사이에는 공원 같은 녹지공간이 존재한다. 탁한 도심 공기를 정화해주고, 점심식사 후 잠시 걸으며 머리를 식힐 수도 있고, 퇴근 후 가족과 함께 운동도 할 수 있는, 도

202

시에 없어서는 안 될 공간이다.

이런 공원 옆에 있는 상가는 '사람이 많이 거니는 곳이니 영업이 잘되지 않을까?'라고 생각할 수 있지만, 실상은 그렇지 않은 경우가 많다. 공원은 앞서 언급했던 백화점이나 교차로 등과 같이 사람을 모으는 것이 아니라 일종의 통행로 역할을 할 뿐이다. 소비 목적으로는 드나들지 않는다는 얘기다. 특히 주택가 인근의 근린공원은 식사를 마친 후 산책 목적으로 나오는 경우가 많다. 따라서 디저트를 판매하는 휴게음식점이나 마트, 학원은 괜찮지만 저녁 장사를 주력으로 하는 일반음식점과 의류판매 업종 등은 영업이 어려울 수 있다.

아래 사진을 보면 왼쪽으로는 아파트 단지와 녹지공간이 있고, 2개 차선을 건너 많은 상가가 있다.

그러나 자세히 들여다보면 1층임에도 바로 이웃한 2개 상점이 공실인 것을 볼 수 있다. 상가 밀집지역의 코너에 있다면 흔히 좋은 입지라고 생

각하지만, 비싼 임대료에 비해 소비하려는 인구가 많지 않아 마찬가지로 공실 상태이다. 다시 한 번 말하지만 대부분의 공원은 상권의 흐름을 끊는 역할을 한다고 생각하면 맞다.

❷ 8차로, 하천, 지상철, 고속도로 등은 상권의 연속성을 잃게 만든다

상권은 자연스럽게 퍼져 나가다 자연의 방해물이나 인공 구조물을 만나면 그 연속성이 끊긴다. 연속성이 끊기는 곳은 사람이 더 나아갈 곳이 없으므로 자연스럽게 상권의 중심부보다 유동인구가 줄어들게 된다. 8차선 도로의 경우 길 건너 상점을 이용하기 위해서는 건널목이나 육교를 이용해야 한다. 그러나 대부분의 사람들은 바로 앞에 길을 건널 수단이 없다면 굳이 건널목이 있는 곳까지 한참 걸어서 길을 건너려 하지 않는다. 상권이 끊기는 현상이 발생하는 것이다. 하천이나 지상철, 고속도로도 8차선 도로와 같은 역할을 하므로 상가 투자 시 주의해야 한다.

❸ 카센터, 철물점, 세차장, 공작기계 공장, 모텔, 바가 영입 중인 곳을 주의하자

위에서처럼 자연적 혹은 인위적으로 상권이 끊기는 경우가 있는가 하면, 상권이 더 퍼져 나갈 공간이 충분함에도 수요의 한계로 인해 자연스럽게 상권이 쇠락하는 곳도 있다. 상권 끝자락으로 갈수록 카센터나 철물점,

세차장, 공작기계 공장, 모텔 등의 업종을 많이 볼 수 있다. 이러한 곳은 유동인구 자체가 많지 않거나 1개 점포의 노력만으로는 상권을 살리기 어려운 경우가 많으므로 투자 시 주의해야 한다.

거듭 강조하건대 지금까지 설명한 입지조건에 부합한다고 해서 상가 투자를 쉽게 결정해서는 안 된다. 아무리 대단지 아파트에 유동인구가 많고, 잘 보이고, 대로변에 있어도 장사가 안 되는 상가가 있다. 또 너무 비싼 가격으로 인해 수익률이 높지 않을 때도 있다. 아울러 입지조건은 항상 고정된 것이 아니라 인근의 주택 공급이나 교통 개선, 일자리 공급 등으로 인해 얼마든지 변할 수 있다는 사실도 머릿속에 새겨두자.

학교 인근 상가는 업종제한이 있다
▼

현재 임대료를 내고 PC방을 운영하는 점주 A가 있다. 운영 비결을 많이 터득했다고 생각했는데 계약 기간이 만료되어 이사를 나가야 한다. 금리도 낮으니 이참에 아예 대출을 받아 상가건물을 매입해서 오래 영업을 하는 편이 나을 것 같다. 이에 적당한 평수의 상가건물을 낙찰 받은 후 기존에 영업하던 사람을 내보내고 PC방 영업을 하려고 했더니 불가능하단다. 그 이유는 해당 물건의 토지이용계획확인원에서 찾아볼 수 있다.

다음 그림에서 '다른 법령 등에 따른 지역·지구 등'란을 보면 '교육환경 보호구역 〈교육환경 보호에 관한 법률〉'이라고 기재되어 있다. '교육환경

보호에 관한 법률'이란 학교에 다니는 학생이 건강하고 쾌적한 환경에서 교육받을 수 있게 하기 위한 법이다. 여기서 말하는 학교란 유치원, 초·중·고등학교(고등기술학교, 특수학교 포함), 대학교(산업대, 교육대, 전문대, 방송대 포함) 등을 말한다. 육·해·공군사관학교, 경찰대학교, 국방대학교, 국군간호사관학교 등은 포함되지 않는다.

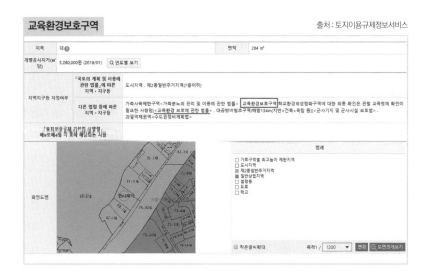

'교육환경보호구역'이란 위 법에서 정한 '학생의 보건·위생과 안전, 학습과 교육환경 보호를 위해 학교 경계나 학교 설립 예정지 경계로부터 직선거리 200m 내의 지역'을 말한다. 교육환경보호구역은 두 가지로 나뉜다. 이 중 '절대보호구역'은 '학교 출입문으로부터 직선거리로 50m까지'인 지역이고, '상대보호구역'은 '학교 경계 등으로부터 직선거리로 200m까지인 지역 중 절대보호구역을 제외한 지역'을 말한다.

절대보호구역 & 상대보호구역

출처 : 교육환경정보시스템

아래 이 물건의 지도를 보면 중학교와 고등학교가 가까이에 있다. 이처럼 교육환경보호구역에 포함되는 지역은 학생에게 유해한 업종은 들어갈 수 없다고 생각하면 된다. 유치원, 초·중·고등학교, 대학교(대학원)별로 금지 업종에 조금씩 차이가 있다. 인근이 어떤 종류의 학교로 인한 교육환경보호구역인지 미리 알아보고, 제한 또는 금지되는 업종을 피해서 영업 계획을 세워야 한다.

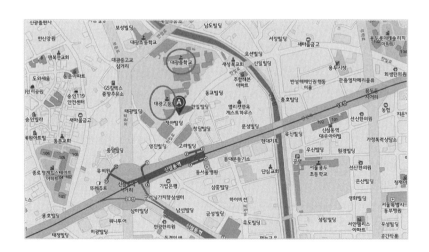

세 종류의 학교에서 모두 금지되는 시설

대기오염물질 배출시설, 수질오염물질 배출시설, 폐수종말처리시설, 가축분뇨 배출시설, 분뇨처리시설, 악취배출시설, 소음·진동 배출시설, 폐기물처리시설, 가축사체·오염물건 및 수입금지 물건의 소각·매몰지, 화장시설 및 봉안시설, 자연장지, 도축업 시설, 가축시장, 제한상영관, 청소년유해업소(여성가족부 장관 고시), 고압가스, 도시가스 또는 액화석유가스의 제조, 충전 및 저장하는 시설, 폐기물 수집·보관·처분 장소, 총포 또는 화약류의 제조소 및 저장소, 감염병 격리소·요양소 또는 진료소, 경마장 및 장외발매소, 경륜·경정의 경주장 및 장외매장, 사행행위영업, 단란주점 및 유흥주점, 화학물질(사고대비물질) 취급시설

유치원, 대학(원) 인근은 가능, 초·중·고등학교 인근은 불가능한 시설

담배자동판매기, 게임제공업, 인터넷컴퓨터게임시설제공업 및 복합유통게임제공업, 노래연습장업, 비디오물감상실업 및 복합영상물제공업의 시설, 만화대여업

유치원, 대학(원), 초등학교 인근은 가능, 중·고등학교 인근은 불가능한 시설

당구장, 무도학원 및 무도장

유치원생이 직접 상가를 이용하는 것은 불가능에 가깝고 대학(원)생은 대부분 성인이기 때문에 담배자동판매기, 게임제공업 등과 같은 업종은 영업행위를 할 수 있다. 결국 가장 많은 제한을 받는 곳은 초·중·고등학교 인근이다. 다만 상대보호구역에서는 일부 업종에 한해 교육감이나 교육감이 위임한 자가 지역위원회의 심의를 거쳐 학습과 교육환경에 나쁜

영향을 주지 않는다고 인정하면 영업이 가능할 수도 있다.

> **상대보호구역에서 심의를 거쳐 영업이 가능한 시설**
>
> 고압가스, 도시가스 또는 액화석유가스의 제조, 충전 및 저장하는 시설, 폐기물 수
> 집·보관·처분 장소, 총포 또는 화약류의 제조소 및 저장소, 감염병 격리소·요양소
> 또는 진료소, 담배자동판매기, 게임제공업, 인터넷컴퓨터게임시설제공업 및 복합
> 유통게임제공업, 게임물 시설, 당구장, 무도학원 및 무도장, 경마장 및 장외발매소,
> 경륜·경정의 경주장 및 장외매장, 사행행위영업, 노래연습장업, 비디오물감상실업
> 및 복합영상물제공업의 시설, 단란주점 및 유흥주점, 숙박업 및 호텔업, 만화대여
> 업, 화학물질(사고대비물질) 취급시설

하지만 실제로 심의를 요청하더라도 금지되는 경우가 많고, 교육감의
재량에 따라 결과가 달라지므로 상대보호구역에서 영업까지 가능할 거
라는 막연한 생각으로 접근해서는 안 된다.

학원과 같은 건물의 업종에도 제한이 있다

학생들과 관련된 업종 및 시설에 대한 제한은 학교 인근 $200m$ 내에서
만 그치지 않는다. 적지 않은 학생들이 방과 후 많은 시간을 보내는 학원
이 있는 건물에도 유해업소에 대한 영업제한이 있다. 물론 성인이 다니는
평생직업교육학원(승무원·애견미용·정보처리·영상·간호조무사·어학·행정·경영 학원

등)은 해당하지 않으며, 학교교과 교습학원(유아, 초·중·고등학생이 주로 다니는 외국어·예능·보통 교과 학원, 독서실 등)이 제한 대상이다.

원칙적으로는 학교교과 교습학원이 있는 건물에는 앞서 나열한 학교 인근 제한업종 중 당구장, 만화가게, PC방을 제외한 업종은 모두 유해업소로 간주되므로 들어갈 수 없다. 다만 건축물의 규모가 연면적 1,650㎡가 넘을 정도로 크다면 아래의 경우에만 설립·운영이 불가능하고 그 외에는 가능하다.

◆ 학원이 유해업소로부터 수평거리 20m 이내의 같은 층에 있는 경우
◆ 학원이 유해업소로부터 수평거리 6m 이내의 바로 위층 또는 바로 아래층에 있는 경우

이를 그림으로 표현해보면 아래와 같다. 상가를 낙찰 받아서 학원 또는 교육환경 보호에 관한 법률 제9조에 기재된 유해업소(당구장, 만화가게, PC방은 제외)를 운영하고 싶다면 이를 필수적으로 점검해야 한다.

6층	학원 설립가능(해당 층 전체)					
5층	학원 설립가능(해당 층 전체)					
4층	설립가능	← 6m →			← 6m →	설립가능
3층	설립가능	← 20m →	유해업소		← 20m →	설립가능
2층	설립가능	← 6m →			← 6m →	설립가능
1층	설립가능(해당 층 전체)					
■	: 학원 설립 불가능한 위치				(연면적 : 1650㎡ 이상)	

1층과 고층을 같은 방식으로 접근하면 안 되는 이유

▼

상가가 모여 있는 곳을 걸어 다니다 보면 1층에는 크지 않은 평수의 점포들이 있는 것을 알 수 있다. 주로 세탁소, 편의점, 화장품 판매점, 조명가게, 휴대폰 매장 등 완제품을 파는 소매업종이 많은데 이들 업종은 영업 허가나 신고가 필요치 않아 사업자등록만으로 어렵지 않게 영업을 할수 있다.

2층부터 위로 올라갈수록 큰 평수로 운영 중인 점포를 만날 수 있다. 식당, 병원, 학원, 태권도장, 피트니스센터 등이다. 이러한 업종은 사업자등록뿐만 아니라 영업허가나 영업신고가 필요한 경우가 많다. 때로는 대인 조건을 만족해야 하는 업종이나 사례도 있어 사업자등록만으로 영업이 가능한 1층의 업종보다 진입이 더 어렵다. 또한 고층으로 올라갈수록 평당 매매가가 낮아진다. 경매정보에 나타난 임대가와 보증금만을 기준으로 낙찰가를 산정하면 수익률이 높아 보이는 착시에 빠지게 된다.

아래의 5층에 있는 상가의 감정평가액은 2억 8,800만 원인데 5회 유찰되어 감정가의 29%인 약 8,257만 원에 경매가 진행되고 있다.

상가건물임대차현황에 따르면 현재 임차인은 보증금 1,500만 원에 월세 77만 원을 지급하고 있다. 부가세 7만 원을 제외하고 월세를 70만 원으로 계산해봐도 최저가에 낙찰 받은 후 동일한 조건으로 재계약하면 대

출 없이 연 14.9%라는 놀라운 임대수익률을 안겨주는 물건이다. 그러나 고층의 경우 한번 공실이 발생하면 넓은 평수를 이용해야 하는 업종의 특성상 임차인이 들어오기가 1층에 비해 쉽지 않다. 비어 있는 상가는 매매도 잘 안 될뿐더러 매달 관리비도 소유자가 내야 한다.

상가 경매물건의 임차인현황

출처 : 지지옥션

임차인현황						
임차인/대항력		점유현황	전입/확정/배당	보증금/월세	예상배당액 예상인수액	인수
빅	無	[점포/] 점유2014.05.01-2016.04.30	전입 2014-06-05 사업 2014-06-05	보 15,000,000 월 770,000 환산 92,000,000	-	소멸
임차인수 : 1명 / 보증금합계 : 15,000,000 / 월세합계 : 770,000						

자신이 상가 임차인을 구하는 데 특별한 기술이 없다면 최대한 현재 영업 중인 임차인과 재계약이 가능한 물건으로 접근하는 것이 좋다. 그도 자신이 없다면 임차인이 나가더라도 다른 사람이 들어오기 쉬운 1층 위주로 접근하는 편이 더 안전할 것이다.

대형 쇼핑몰이 들어오면 인근의 상가는 좋아질까?

상가도 주거용 물건과 마찬가지로 인근에 비슷한 상가가 많이 공급된다면 기존 상가의 매매가, 임대가는 하락하게 된다. 그렇다면 최근 많이 볼 수 있는 복합 쇼핑몰은 어떨까? 복합 쇼핑몰은 주차 공간이 잘 확보되어 있고 식사, 쇼핑 등 건물 내에서 많은 것을 해결할 수 있다. 뿐만 아니라 영화를 보거나 문화센터에서 강좌를 듣는 등 취미활동이나 오락거리를 즐길 수도 있다. 저녁 9시에 문을 닫는 백화점과 달리 11시까지 영업을 하는 곳도 적지 않다.

대개 복합 쇼핑몰은 해당 지역의 일자리 창출에 크게 이바지하는 동시에 유입인구를 급격히 증가시키는 등 긍정적 역할을 한다. 인근 지역의 주택가격에도 적지 않은 영향을 미친다. 지역 주민들에게는 호재로 작용하는 것이 분명해 보인다. 하지만 상가 투자자나 영업하는 사람 처지에서 보자면 좋은 면만 있는 것은 아니다. 다른 나라들은 주택가나 상업지역에서 멀리 떨어진 지역에 쇼핑몰이 입점하는 경우가 많지만, 우리나라는 70% 정도가 도심지역 한복판에 입점하기 때문이다.

복합 쇼핑몰 내부에서는 많은 것을 한 번에 충족할 수 있다. 그래서 쇼핑몰 내부의 업종과 중복되는 인근 지역의 상가 매출은 떨어지게 마련이다. 의류, 패션잡화, 화장품 판매점 등이 대표적이다. 상품에 큰 차이가 없고 가격도 비슷하다면 주차 시설이 충분하고 냉난방이 잘되는 실내 복합 쇼핑몰에서 소비하는 것을 선호할 수밖에 없다. 복합 쇼핑몰이 들어서면 점심 판매를 주력으로 하는 일반음식점의 매출도 떨어지는 경향을 보인다. 이에 비해 저녁에 술을 마실 수 있는 일반음식점이나 단란주점, 유흥주점은 매출이 증가할 수도 있다.

이렇듯 대형 복합쇼핑몰의 입점은 업종별로 인근 지역 상가의 영업에 좋지 않은 영향을 끼칠 수 있다는 점을 알아야 한다. 현재 영업 중이라면 출구전략을 미리 준비해야 하고, 투자자라면 심사숙고해서 투자 여부를 판단해야 한다.

상가 인근에 지하철이 개통되면 무조건 좋을까?

▼

아파트나 빌라 인근에 개통될 예정인 지하철이 서울 강남, 여의도, 중구 같은 일자리 밀집 지역이나 홍대, 종로 같은 핫플레이스로 연결된다고 가정해보자. 당연히 해당 지역주민들의 직장·주거 근접성이 높아지고 이동 편의성이 좋아지니 그만큼 주택가격 상승에 힘이 실리게 된다. 주택 측면에서 보면 지하철 개통은 대부분 호재인 것이다. 반면 상가는 그렇지 않은 경우가 많다.

이는 이른바 '빨대효과(Straw Effect)' 때문이다. 빨대효과란 고속 교통수단의 개통으로 중소도시에 사는 사람들이 대도시로 이동해 대형 상업지

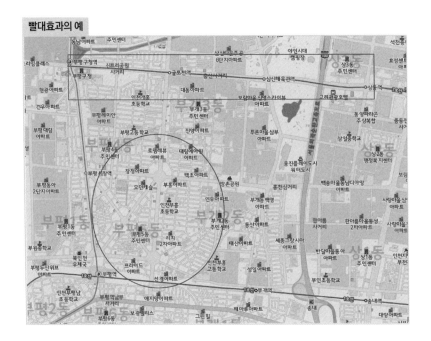

빨대효과의 예

역이나 백화점, 의료 서비스를 이용하는 현상을 말한다. 대도시가 중소도시의 인구(특히 소비인구)를 새로 개통된 교통수단을 빨대 삼아 빨아들이는 것이라고 보면 된다. 대도시와 연계되어 지역 경제가 발전할 것이라는 기대와 정반대로 오히려 해당 지역 상권의 공동화 현상이 발생하게 된다. 인천 부평구의 부평역(1호선) 상권은 본래 인천을 대표하는 상권이었다. 그러나 2012년 서울지하철 7호선이 불과 2km 이내에 개통하자 인근 지역주민들은 서울 강남권으로 환승 없이 한 번에 이동할 수 있게 되었고, 이에 따라 부평역 상권은 쇠락하는 양상을 띠었다.

이미 핫플레이스로 유명한 곳에 진입해도 될까?

▼

'핫플레이스'란 일반적으로 볼 때에는 '좋은 입지'에 부합하지 않아도 해당 상권의 독특함이 많은 사람을 끌어당기는 상권을 말한다. 과거 압구정동부터 홍대, 을지로, 삼청동, 이태원, 가로수길, 성수동 카페거리, 익선동, 합정동, 샤로수길 등이 대표적이다.

보통 예술가나 젊은 창업자들은 넉넉지 않은 형편 때문에 대로변이 아닌 이면도로에 작업실을 열거나 창업을 하게 된다. 일반적인 상권에서는 보기 힘든 특색 있는 점포가 입소문이나 SNS를 통해 널리 알려지면서 많은 사람이 모여들고, 핫플레이스로 떠오르는 일이 종종 생긴다. 이렇게 많은 사람이 모여들면 기업형 프랜차이즈 점포가 해당 상권에 진입하게 된다. 이에 발맞춰 임대료가 점점 올라가면서 기존의 예술가들과 젊은 창업자들은 다른 곳으로 내몰리는 '젠트리피케이션(Gentrification)' 현상이 발생한다. 이런 현상이 반복되면 핫플레이스가 원래 있던 곳의 인근 지역으로 이동하는 경우가 많다. 핫플레이스 혹은 핫플레이스와 가까운 지역의 상가라고 해서 매도차익만을 목적으로 취득하는 것은 심사숙고해야 할 것이다.

명도 후 같은 업종을 하고자 할 때 주의사항
▼

먹자골목에 있는 상가를 낙찰 받았다고 가정하자. 이 상가에서 음식점을 운영하던 A는 이사비용을 3,000만 원이나 요구했다. 아파트나 빌라를 낙찰 받아 명도한 경험이 많았던 낙찰자는 '집행관 사무실 통해서 강제집행을 해도 1,000만 원이 안 나오는데 3,000만 원이라고? 말도 안 되는 소리지'라고 코웃음을 치며 강제집행을 통해 A를 내보냈다. 물론 이런 경우 낙찰자와 A는 결코 웃으면서 헤어질 수 없다.

이후 인근 공인중개사에게 임대를 의뢰했더니 활성화된 먹자골목인 만큼 해당 상가를 임차해 음식점을 운영하고자 하는 B를 금세 만날 수 있었다. 임대차계약서 작성 후 낙찰자는 B에게 보증금을 받았고 선지급 형태로 월세도 먼저 받았다. B는 가게 내부에 음식점 인테리어를 하며 영업신고서와 교육이수증, 수질검사성적서, 소방시설 완비증명서 등을 갖추고 일반음식점 신고서를 작성해 해당 구청에 접수했다.

당연히 이전에도 음식점을 했었고 인근 가게들도 일반음식점이 많아

신고증 발급에 어려움이 없을 것으로 생각했다. 그런데 구청에서 돌아온 대답은 전혀 뜻밖이었다. "기존 일반음식점 신고와 중복되기 때문에 신규 발급은 불가합니다. 기존 영업신고를 승계 받거나 폐업시키고 다시 접수하세요"라고 한 것이다.

놀란 B는 낙찰자에게 이 사실을 알렸다. 폐업신고는 영업신고를 한 자가 식품의약품안전처장 또는 특별자치시장·특별자치도지사·시장·군수·구청장에게 직접 신고해야 한다. 낙찰자는 부랴부랴 A에게 연락해 승계 혹은 폐업신고를 부탁했지만 이미 화가 날 대로 난 A는 부탁을 들어주지 않았다. 이 경우 임대인이 해당 관청에 기존 A의 영업신고말소를 신청할 수는 있지만, 관청에서 직권으로 말소할 때까지는 수개월의 시간이 걸릴 수 있다.

식품위생법 제37조 ⑦항

식품의약품안전처장 또는 특별자치시장·특별자치도지사·시장·군수·구청장은 영업자(제4항에 따른 영업신고 또는 제5항에 따른 영업등록을 한 자만 해당한다)가 「부가가치세법」 제8조에 따라 관할세무서장에게 폐업신고를 하거나 관할세무서장이 사업자등록을 말소한 경우에는 신고 또는 등록 사항을 직권으로 말소할 수 있다.

낙찰자이자 임대인은 B에게 영업할 수 없는 기간에 대한 경제적 손실을 배상해줘야 한다. 어쨌든 수개월 동안 기다려서 A의 영업신고를 말소시키고 B가 신규 일반음식점 신고증을 교부 받는다면 그나마 다행이다.

최악의 상황은 A가 신고증을 받았을 때보다 정화조 기준이나 '다중이용업소의 안전관리에 관한 특별법' 등이 강화되어 현재 건물의 상태로는 신규 신고증을 받을 수 없는 경우다. 이렇게 영업허가·신고가 필요한 업종을 명도하고 같은 업종으로 영업하고자 할 때에는 주거용 물건처럼 막무가내로 명도하지 말고 상황에 따라 영업권 승계를 받거나 폐업신고 조건으로 명도 협상을 해야 한다.

신고·허가업종은 아무 상가나 들어갈 수 없다

▼

신고나 허가가 필요한 업종은 해당 업종과 건축물의 용도, 토지의 용도지역 3가지가 맞아야 영업을 할 수 있다. 업종이 고시원(다중생활시설)인 경우, 현재를 기준으로 같은 건물에 해당 용도로 쓰는 바닥면적의 합계가 $500\,m^2$ 미만이면 건축물의 용도는 제2종 근린생활시설에 해당하고, 제2종 근린생활시설 건물은 조례에 따라 일반주거지역에 들어갈 수 있다.

건축법 시행령 [별표 1](용도별 건축물의 종류)

---

4. 제2종 근린생활시설

　가. 다중생활시설(「다중이용업소의 안전관리에 관한 특별법」에 따른 다중이용
　　업 중 고시원업의 시설로서 국토교통부 장관이 고시하는 기준에 적합한 것을
　　말한다. 이하 같다)로서 같은 건축물에 해당 용도로 쓰는 바닥면적의 합계가
　　500㎡ 미만인 것

국토의 계획 및 이용에 관한 법률 시행령 [별표 5]
(제2종 일반주거지역 안에서 건축할 수 있는 건축물)

2. 도시·군계획조례가 정하는 바에 따라 건축할 수 있는 건축물(경관관리 등을 위
하여 도시·군계획조례로 건축물의 층수를 제한하는 경우에는 그 층수 이하의 건
축물로 한정한다)
　가. 「건축법 시행령」 별표 1 제4호의 제2종 근린생활시설(단란주점 및 안마시술
　　소를 제외한다)
15. 숙박시설
　다. 다중생활시설(제2종 근린생활시설에 해당하지 아니하는 것을 말한다)

　　바닥면적의 합계가 500㎡ 이상이면 건축물의 용도가 숙박시설인 곳에 들어갈 수 있고, 숙박시설은 토지의 용도지역이 일반주거지역이면 들어갈 수 없고 상업지역에서만 건축이 허용된다. 훨씬 더 비싼 토지 위에서만 영업할 수 있는 것이다.

　　표로 정리해보면 현재 건축법 시행령을 기준으로 다음과 같다.

2019년 현재 건축법 시행령 기준

구분	건축물(용도)	용도지역(토지)	업종
바닥면적 500㎡ 이상	숙박시설	상업지역	고시원
바닥면적 500㎡ 미만	제2종 근린생활시설	일반주거지역	

　　그런데 고시원에 대한 기준은 2011년까지는 현재와 달랐다. 500㎡가

2011년 이전 건축법 시행령 기준

구분	건축물(용도)	용도지역(토지)	업종
바닥면적 1,000㎡ 이상	숙박시설	상업지역	고시원
바닥면적 1,000㎡ 미만	제2종 근린생활시설	일반주거지역	

아닌 1,000 m^2 를 적용해 구분했었다.

만약 2009년에 영업을 시작한 바닥면적 800 m^2 의 고시원을 낙찰 받았다고 가정해보자. 해당 건축물의 용도는 제2종 근린생활시설이고, 토지의 용도지역은 일반주거지역이다. 2009년에는 당시의 기준을 충족하는 합법적인 영업행위였다. 그러나 낙찰 받은 후 기존에 영업하던 사람을 강제로 내보냈고, 이에 따라 이 사람이 고시원을 폐업했다면 얘기가 달라진다. 2019년을 기준으로 할 때 낙찰자가 새로운 고시원 영업신고증을 교부 받을 수 있을까?

바닥면적이 500 m^2 를 넘기 때문에 제2종 근린생활시설에서 숙박시설로 용도변경 허가를 받아야 한다. 하지만 숙박시설은 상업지역에만 들어갈 수 있기 때문에 합법적인 영업행위는 거의 불가능하다. 울며 겨자 먹기로 바닥면적 500 m^2 미만으로 영업신고를 하려면 수익률이 극히 떨어지므로 낙찰 받은 실익이 없게 된다. 이런 일이 일어날 것을 낙찰자가 미리 알았더라면 기존 영업권자와 잘 협상해 영업권을 승계 받았을 것이다. 독자 여러분은 이 같은 치명적인 실수를 하지 않길 바란다.

동일업종 영위 시 행정처분에 주의하자

▼

상가를 낙찰 받거나 인수해 사용할 때에는 이전 영업자로 인한 행정처분에 유의해야 한다. 낙찰 받은 상가에 영업을 준비하고 있는데 영업정지혹은 영업장 폐쇄 등의 처분을 받게 되면 당혹스러울 수밖에 없다.

행정처분은 대인처분과 대물처분으로 나뉘는데, 대인처분은 기존에 영업했던 사람에게 내려지는 처분이므로 낙찰 받은 상가와는 무관하다. 문제가 되는 것은 부동산 자체에 내려지는 대물처분으로, 기존 영업권자의업종을 그대로 승계하는 경우 최근 1년간의 행정처분 또한 그대로 승계된다. 보통 행정절차법, 행정심판법에 따라 영업정지 2개월을 적용받거나 영업장 폐쇄를 적용받는 경우가 있으므로, 기존 업종과 같은 업종을하고자 할 때에는 잘 살펴봐야 한다. 보통은 유흥주점 또는 단란주점에서사해행위나 음란행위를 하는 경우, 노래연습장에서 술을 파는 경우, 일반음식점에서 미성년자에게 주류를 제공하는 경우 적발돼 행정처분을 받게 된다.

행정처분 여부를 인터넷에서 간편하게 알아보려면 '새올전자민원+지역명'으로 검색을 해보면 된다. 예컨대 수원시 경매물건의 행정처분 여부를 확인해보고자 한다면 우선 '새올전자민원 수원'으로 검색해 수원시 새올전자민원창구(eminwon.suwon.go.kr)에 접속한다. '행정정보 공개 ➡ 행정처분 공개'를 클릭하면 다음과 같이 수원시에 소재한 각종 처분관청에서 행정처분을 받은 업소의 검색이 가능하다. 상단 입력창에 업소명이나업종을 입력하면 행정처분 받은 업소를 바로 확인할 수 있다. 다만 관련

법 위반으로 적발은 되었으나 아직 홈페이지상에 등재되지 않은 업소가 있을 수 있으므로, 동종업종 승계를 한다면 해당 관청에 연락해 행정처분 여부를 직접 알아보는 것이 더 안전하다.

출처 : 새올전자민원

| 전체 ▼ | 전체 ▼ | | | 20개 ▼ | 조회 🔍 |

종40건

처분확정일자	업종명	업소명	소재지	처분사항
2019-10-21	일반음식점	포차	도로명: 경기도 수원시 권선구 금곡로102번길 29, (금곡동) 지번명: 경기도 수원시 권선구 금곡동 1086번지	영업정지
2019-10-18	숙박업(일반)	파크	도로명: 경기도 수원시 장안구 팔달로271번길 지번명: 경기도 수원시 장안구 영화동	영업소폐쇄
2019-10-16	튀발성유기화합물질배출 업소관리	주유소	도로명: 경기도 수원시 장안구 서부로 지번명: 경기도 수원시 장안구 이목동	개선명령
2019-10-14	튀발성유기화합물질배출 업소관리	현대주유소	도로명: 경기도 수원시 장안구 정자천로 5 (정자동) 지번명: 경기도 수원시 장안구 정자동	개선명령
2019-10-10	일반음식점	바다	도로명: 경기도 수원시 장안구 서부로21(율전동) 지번명: 경기도 수원시 장안구 율전동	영업정지 1개월에 갈음하는 과징금 1,980만원 부과
2019-10-08	일반음식점	권선점	도로명: 경기도 수원시 권선구 권광로56번길 권선동) 지번명: 경기도 수원시 권선구 권선동	영업정지
2019-10-08	식품제조가공업	주식회사	도로명: 경기도 수원시 영통구 영통로351 (영통동) 지번명: 경기도 수원시 영통구 영통동 7	영업정지 7일에 갈음한 과징금부 과

집합건물 상가는 업종제한에 주의하자

▼

아파트 단지 내 상가나 집합건물에 속한 개별 상가를 낙찰 받을 때 주의할 점이 있다. 바로 '업종제한규정'이 그것인데, 보통 같은 건물 내에서 업종 중복으로 인해 상호간의 매출에 악영향을 끼치는 일을 방지하고자 만든 것이다.

예를 들어 경매에 나온 한 집합건물의 102호를 어떤 약사가 낙찰 받았다고 가정해보자. 인근에 병원이 많아 약국을 운영하면 잘될 것 같았다.

그런데 낙찰을 받고 나니 상가번영회에서 약국으로 지정된 호수가 104호이기 때문에 102호에서는 약국을 절대 운영할 수 없다고 한다. 그러면 약사는 결국 손해 보고 상가를 처분할 수밖에 없다. 낙찰 받기 전에 꼼꼼히 조사했더라면 입찰하지 않았을 물건이다.

분양계약서나 상가관리규약에 따른 상가의 업종제한은 여러 판례에 의해 그 유효성을 인정받고 있다. 막무가내로 금지된 업종을 영업하다가는 상가관리단으로부터 영업금지청구, 손해배상청구, 단전 및 단수 조치까지도 받을 수 있으므로 사전에 꼼꼼한 조사를 필요로 한다.

▼

소형 오피스텔·도시형 생활주택으로
월세나 받아볼까?

경매를 배운 지 얼마 안 된 초심자들은 오피스텔이나 도시형 생활주택 등 소형 집합건물을 선호하는 경우가 많다. 왜일까? 비슷한 가격의 다세대주택에는 없는 관리사무소 등 관리 주체가 있으니 보유하기에 편할 듯하고, 노후되면 수리비가 많이 드는 주택에 비해 유지비도 덜 들 것 같기 때문이다. 게다가 소형 평수는 임차인의 주 연령대가 20~40대이므로 월세도 안 밀릴 것 같다. 담보대출을 받는다면 소액 투자가 가능하니 부담 없이 투자의 첫 단추를 끼우기에는 안성맞춤인 듯싶다. 그러나 소액으로 투자할 수 있다고 해서 손해를 보지 않는 것은 결코 아니다. 월세 시세가 내려갈 수도 있고, 예상치 못한 공실이 발생할 수도 있다.

오피스텔과 비슷한 용도의 도시형 생활주택이란 것도 있다. 도시형 생활주택은 연립주택이나 다세대주택보다 주차장이 더 작아도 방을 여러 개 만들 수 있다는 것이 큰 장점이다. 게다가 일정 심의를 통과하면 연립·다세대주택보다 1개 층을 더 건축할 수 있어 더 많은 방을 만들 수도 있다. 오피스텔과 도시형 생활주택은 건물면적과 대지지분이 일반적인 빌라에 비해 매우 작다는 공통점이 있지만 차이점도 존재한다. 두 물건의 공통점과 차이점을 살펴본 후 투자 시 유의사항을 명확히 알고 나서 투자 여부를 결정하자. 경매정보에 표시된 보증금과 월세로 계산기를 두드려 나온 임대수익률만 보고 사들이면 안 된다.

오피스텔이란?

▼

오피스텔은 '사무실(Office)'과 '호텔(Hotel)'의 합성어라고 한다. 우리나라에만 존재하는 독특한 부동산 형태다. 상업지역에는 주거지역보다 훨씬 높고 큰 건물을 세울 수 있는데, 이 큰 건물을 모두 상가 혹은 사무실로만 채운다면 팔리지도 않고 임차인을 구하기도 어려워 공실이 늘어날 수밖에 없다. 공실의 증가는 지역경제 침체 등 여러 부작용을 불러일으킨다. 그래서 저층은 상가로 사용하고 중층부터 고층까지는 일하는 공간 겸 주거 용도로 사용 가능한, 오피스텔이라는 변종 부동산이 생겨난 것이다.

보통 1~2인이 살기 적합한 소형 평수가 많으며, 빌라보다는 임차인이 부담할 월세나 관리비가 비싸므로 노년층보다 청년층이 많이 거주한다. 아파트와 달리 각 구획별로 발코니를 설치하는 것은 불법이며, 전용면적이 $85m^2$를 초과하는 경우 온돌이나 온수, 전열기 등을 사용한 바닥 난방을 설치할 수 없다.

오피스텔 경매물건의 상세 정보

조 회 수	·금일조회 1 (0) ·금회차공고후조회 12 (1) ·누적조회 127 (4) ·7일내 3일이상 열람자 0 ·14일내 6일이상 열람자 0	()는 5분이상 열람 조회통계 (기준일·2019·10·28/전국연회원전용)

소 재 지	인천 서구 (22726)인천 서구	.02호	
용 도	오피스텔(주거용)	감 정 가	92,000,000
토 지 면 적	13.1㎡ (3.9평)	최 저 가	45,080,000 (49%)
건 물 면 적	49㎡ (15평)	보 증 금	4,508,000 (10%)
경 매 구 분	강제경매	소 유 자	권·
청 구 액	60,000,000	채 무 자	권·
채 권 자	김·		
주 의 사 항	· 소멸되지 않는 권리 : 매수인에게 대항할 수 있는 을구 순위 4번 임차권등기(2018. 6. 19. 등기) 있음(임대차보증금 6,000만원, 전입일 2013. 12. 11, 확정일자 2013. 12. 4). 배당에서 보증금이 전액 변제되지 아니하면 잔액을 매수인이 인수함		

도시형 생활주택이란?

▼

도시형 생활주택은 300세대 미만의 국민주택 규모에 해당하는 주택이다. 1~2인 가구의 주거 안정을 도모하기 위해 저렴한 소형주택 공급을 목적으로 지난 2009년에 도입됐다. 도심에 주택을 많이 공급하고 싶어도 그렇게 하기 어려운 이유 중 하나가 주차장 요건인데, 주차장 및 부대시설 요건을 완화해 좁은 공간에 더 많은 가구가 살 수 있도록 한 것이다. 당시 다세대주택은 세대당 한 대의 주차 공간이 필요했던 반면, 도시형 생활주택은 2~3가구당 한 대의 주차장만 있으면 건축할 수 있었다.

아파트와 달리 주택법상 소음이나 배치 등에 관한 기준을 적용받지 않고, 놀이터나 관리사무소를 설치하지 않아도 되므로 건축주는 더 많은 방을 만들어 월세를 더 받을 수 있으니 좋다. 수요자 입장에서도 더 많은 방이 생겨 선택의 폭이 넓어지니 좋다. 또한 청약통장이 없어도 분양 받을 수 있어 좋은 입지에 청년층이 내 집 마련을 하기에는 괜찮은 부동산 형태라고 할 수 있다.

도시형 생활주택 경매물건의 상세 정보

출처 : 지지옥션

소 재 지	경기 안양시 만안구 안양동 688-22 채움e 6층 602호 (13991)경기 안양시 만안구 안양로372번길 36		
용 도	다세대(생활주택)	감 정 가	100,000,000
토 지 면 적	8.0㎡ (2.4평)	최 저 가	80,000,000 (80%)
건 물 면 적	19㎡ (6평)	보 증 금	8,000,000 (10%)
경 매 구 분	강제경매	소 유 자	이
청 구 액	70,000,000	채 무 자	이
채 권 자	양		
주 의 사 항	유치권아가귀 · 서슈위가들기 · 위반건축물 특수권분석신청		

물론 문제점도 있다. 주차 면적이 부족하다 보니 입주민들이 인근 갓길에 불법으로 주차하는 경우가 많다. 단지형 다세대·연립주택이 심의를 통과해 1개 층을 더 올릴 경우 일조권과 사생활 침해 문제가 불거질 수 있고, 건축 당시 안전요건이 미흡해 소음과 화재에도 취약하다. 도시지역에 건축이 가능한 도시형 생활주택은 다음 3가지로 분류할 수 있다.

❶ 원룸형 주택

다음 각 목의 요건을 모두 갖춘 공동주택

　가. 세대별 주거전용면적은 $50\,m^2$ 이하일 것

　나. 세대별로 독립된 주거가 가능하도록 욕실 및 부엌을 설치할 것

　다. 욕실 및 보일러실을 제외한 부분을 하나의 공간으로 구성할 것

다만 주거 전용면적이 30㎡ 이상이면 두 개의 공간으로 구성할 수 있다.

라. 지하층에는 세대를 설치하지 아니할 것

❷ 단지형 연립주택

원룸형 주택이 아닌 연립주택. 다만 「건축법」 제5조 제2항에 따라 같은 법 제4조에 따른 건축위원회의 심의를 받으면 주택으로 쓰는 층수를 5개 층까지 건축할 수 있다.

❸ 단지형 다세대주택

원룸형 주택이 아닌 다세대주택. 다만 「건축법」 제5조 제2항에 따라 같은 법 제4조에 따른 건축위원회의 심의를 받은 경우에는 주택으로 쓰는 층수를 5개 층까지 건축할 수 있다.

오피스텔과 도시형 생활주택의 취득세

▼

오피스텔과 도시형 생활주택은 취득세도 다르다. 도시형 생활주택은 대부분 6억 이하 50㎡ 이하의 소형 평수이므로 취득가액은 신경 쓰지 않고 면적만 고려해 1.1%만 부담한다. 이에 비해 오피스텔은 업무용 시설로 분류되기 때문에 면적이나 취득가액에 상관없이 4.6%의 취득세를 내야 한다. 취득 시 오피스텔이 4배 더 많은 비용이 들어가는 것이다. 2020년에 개정된 지방세법에 따른 취득세율은 아래 표를 참고하기 바란다. 6억 초과 9억 이하 주택은 100만 원 단위로 취득세가 부과되는 점을 주의해야 한다.

2020년 취득세 세율표

구분			취득세	농어촌특별세	지방교육세	합계세율
주택	6억 이하	85㎡ 이하	1.00%	비과세	0.1%	1.10%
		85㎡ 초과	1.00%	0.2%	0.1%	1.30%
	6억 초과 9억 이하	6.5억 85㎡ 이하	1.33%	비과세	0.2%	1.53%
		6.5억 85㎡ 초과	1.33%	0.2%	0.2%	1.73%
		7억 85㎡ 이하	1.67%	비과세	0.2%	1.87%
		7억 85㎡ 초과	1.67%	0.2%	0.2%	2.07%
		7.5억 85㎡ 이하	2.00%	비과세	0.2%	2.20%
		7.5억 85㎡ 초과	2.00%	0.2%	0.2%	2.40%
		8억 85㎡ 이하	2.33%	비과세	0.2%	2.53%
		8억 85㎡ 초과	2.33%	0.2%	0.2%	2.73%
		8.5억 85㎡ 이하	2.67%	비과세	0.2%	2.87%
		8.5억 85㎡ 초과	2.67%	0.2%	0.2%	3.07%
		9억 85㎡ 이하	3.00%	비과세	0.2%	3.20%
		9억 85㎡ 초과	3.00%	0.2%	0.2%	3.40%
	9억 초과	85㎡ 이하	3.00%	비과세	0.3%	3.30%
		85㎡ 초과	3.00%	0.2%	0.3%	3.50%
주택 외(토지, 건물, 상가)			4.00%	0.2%	0.4%	4.60%

전용률을 파악하자

▼

인터넷으로 아파트나 오피스텔 매물을 검색하면 물건은 하나인데 면적은 두 가지가 표기된 것을 볼 수 있다. 예컨대 이런 식이다.

A아파트 112㎡(34평형)/84㎡(25평)

B오피스텔 153㎡(46평형)/84㎡(25평)

슬래시(/) 앞은 분양면적, 뒤는 전용면적을 말한다. 우선 간단히 용어 정리를 하면 아래와 같다.

- **전용면적** 거주자가 현관문을 열고 들어와 실제 주거용으로 사용하는 공간을 말한다. 발코니를 제외한 거실, 욕실, 부엌을 포함한 공간이 된다.
- **주거 공용면적** 우리 가족뿐만 아니라 여러 사람이 함께 사용하는 지상층의 공간으로 현관문 밖의 엘리베이터, 복도, 계단 등이 여기에 속한다.
- **기타 공용면적** 주거 공용면적을 제외한 지하층이나 관리사무소, 노인정 등
- **공급면적** 전용면적+주거 공용면적
- **계약면적** 공급면적(전용면적+주거 공용면적)+기타 공용면적

2007년부터는 면적 단위로 평(坪) 대신 제곱미터(㎡)를 쓰도록 바뀌었다. 그러나 실무에서는 아직도 평을 많이 사용하고, 분양면적을 기준으로 분양하거나 중개를 하는 경우가 많다. 문제는 아파트와 오피스텔의 분양

면적을 계산하는 방법이 달라 소비자들이 착각할 수 있다는 점이다.

앞서 예로 든 아파트와 오피스텔의 면적에서 무언가 이상한 점을 발견하지 못했는가? 입주민이 독점적으로 사용할 수 있는 전용면적은 84㎡(25평)로 같지만 앞에 적힌 분양면적은 크게 차이가 난다. 아파트와 오피스텔의 분양면적을 산정하는 기준이 다르기 때문이다. 아파트는 공급면적, 오피스텔은 계약면적을 기준으로 한다. 그래서 실무상 분양면적을 기준으로 분양 받거나 거래를 하게 되면 오피스텔의 평당 매매가가 더 저렴해 보이는 착시효과가 발생한다.

구분	분양면적	전용면적
A아파트	112㎡(34평형)	84㎡(25평)
B오피스텔	153㎡(46평형)	84㎡(25평)

A아파트는 5억, B오피스텔은 6억에 구매가 가능하다고 가정해보자. 분양면적을 기준으로 계산했을 때 A의 평당 매매가는 약 1,471만 원, B는 1,304만 원이다. B오피스텔이 평당 167만 원 가까이 저렴해 보인다. 그러나 전용면적을 기준으로 계산해보면 A의 평당 매매가는 2,000만 원, B의 평당 매매가는 2,400만 원으로 나온다. 실제 사용 가능한 면적 기준으로 보면 B오피스텔을 더 비싸게 주고 사는 꼴이 되는 것이다. 이런 이유로 매매를 하거나 분양 혹은 낙찰을 받을 때에는 항상 전용면적을 기준으로 입찰가를 산정해야 물건을 정확하게 비교할 수 있다.

오피스텔은 아파트나 주택보다 관리비가 더 많이 나온다

▼

관리비를 부과할 때에도 분양면적을 기준으로 한다. 앞서 언급한 것처럼 전용면적이 같아도 오피스텔의 분양면적이 더 넓어 관리비도 더 많이 나올 수밖에 없다. 뿐만 아니라 아파트는 주택법의 적용을 받아 관리비가 9가지 항목으로 통일되어 있는 데 반해, 오피스텔은 건물마다 항목이 다르고 감독 권한을 가진 기관이 없다는 점도 관리비가 비싼 이유다. 오피스텔 투자에 관심을 갖고 있다면 비슷한 가격, 옵션, 위치라도 평당 관리비가 더 저렴한 곳을 임차인들이 선호한다는 점을 알아둬야 한다.

임대수익과 공실률을 파악하자

▼

오피스텔이나 도시형 생활주택은 일반적으로 동일한 크기의 대지 위에 지어진 다세대·연립주택보다 가구 수가 더 많고, 그만큼 호수별로 대지 지분이 더 작다. 건물은 시간이 갈수록 노후화가 진행되니 재건축이나 재개발처럼 현재의 건물을 헐고 더 높고 큰 건물을 지을 수 있다면 사업성이 좋아질 수 있다. 이 경우 사업성이 좋아진 만큼 취득가보다 높은 가격에 팔 수 있는 매도차익이 발생할 확률이 높아진다.

그러나 도시형 생활주택이나 오피스텔은 이미 현행 법규가 허용하는 최대한도의 건폐율과 용적률을 적용해 건축된 경우가 많다. 다시 말해 재건축이 어려우므로 매달 월세로 수입을 얻는 임대수익형으로 접근해야 한다는 뜻이다. 임대수익형은 대출 이자보다 많은 월세가 매달 꼬박꼬박 들어와야 수익이 나는 물건이다. 따라서 해당 부동산으로 월세를 얼마나 받을 수 있는지 여러 공인중개사무소를 통해 조사해야 한다. 월세 5만 원의 차이가 연 수익률에서는 큰 차이를 빚어낸다. 비슷한 물건의 빈 방이 많다면 월세가 저렴하거나 옵션이 잘 구비된 물건부터 임차인들이 찾으므로 인근 지역의 공실률도 함께 파악해야 한다.

입주자들이 선호할 만한 위치를 찾아라

▼

오피스텔은 주로 20~40대 1인 가구가 거주한다. 고령의 1인 가구도 많지만 이들은 관리비가 비싼 오피스텔보다는 다세대·다가구주택이나 아파트를 선호한다. 청년층 오피스텔 입주자들은 대부분의 시간을 직장이나 외부에서 보내고 이동량이 많은 만큼, 비슷한 가격대라면 지하철 역세권을 선호한다. 직접 조리하기보다 집 근처에서 식사를 해결하거나 배달 시키는 경우가 많아, 조용한 주거지역보다는 다소 시끄럽더라도 주변에 음식점이 많고 지하철역이 가까운 상업지역을 선호하게 마련이다.

다음 238쪽 지도의 오른쪽 박스는 상업지역, 왼쪽 박스는 준주거지역을 나타낸다. 임차인들은 일반적으로 오른쪽 박스 안의 오피스텔을 더 선호한다. 햇빛이 잘 들어오는지, 정남향인지, 인근에 공원과 학교가 있는지 등 평범한 2~4인 가구가 집을 선택하는 기준과 다르다는 점을 명심해야 한다.

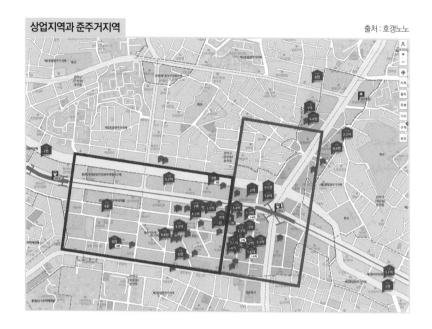

오피스텔은 주거용과 업무용을 구분해야 한다

▼

오피스텔은 주거용과 업무용, 두 종류로 나눌 수 있다. 이를 구분하는 것이 중요한 이유는 주거용은 주택 수에 포함되는 반면 업무용은 그렇지 않기 때문이다. 주택이 두 채인 사람이 조정대상지역 내에 있는 물건을 팔 때 양도소득세는 기본세율에 10% 추가 과세, 세 채 이상이면 20%의 추가 과세를 하므로 보유한 오피스텔이 주거용인지, 업무용인지가 매우 중요하다. 그렇다고 업무용으로 유지하는 것이 항상 좋다고 할 수는 없다. 각 용도별 장단점을 충분히 숙지한 뒤 자신에게 맞는 용도로 사용하면 된다. 주거용과 업무용 오피스텔을 나누는 국세청 지침을 살펴보자.

◆ 주민등록상 전입을 하면 주거용, 사업자등록을 하면 업무용으로 판단한다.

◆ 자녀들과 함께 생활하는 오피스텔은 업무용으로 보지 않는다. 취학통지서나 학적부의 주소상 미성년 자녀가 오피스텔에 거주한다면 주거용으로 판단한다.

◆ 전기요금이나 전화요금 등 공과금을 같은 면적을 지닌 일반 사무실의 공과금 수준과 비교해 주거용인지를 판단한다.

◆ 구독하는 신문이나 잡지의 종류가 사업자등록증상에 표시된 업종과 관련이 없다면 주거용으로 볼 수 있다.

◆ 오피스텔 소유자의 은행 계좌, 건강보험 기록 등으로 실제 거주 여부를 판단한다.

앞서 설명한 것처럼 오피스텔의 취득세는 기본 4.6%다. 전용면적 $60\,m^2$ 이하인 신축 주거용 오피스텔을 분양 받아 주택임대사업자로 등록하면 200만 원 이하의 취득세는 면제되고, 200만 원 초과분에 대해서는 85% 감면 혜택을 받을 수 있다. 주거용인 경우 부가가치세 환급이나 매입세액 공제는 불가능하다.

업무용이면 부가가치세 환급이나 매입세액 공제가 가능하다. 다만 환급 후 10년 이내에 업무 목적의 사용을 중단하고 주거용으로 사용·임대한다면 잔존 기간만큼 부가가치세를 추징당한다. 종합부동산세란 6월 1일에 재산세가 나오는 주택 혹은 토지의 공시가격을 합한 금액이 일정 금액 이상인 경우, 그 초과분에 부과하는 세금을 말한다. 업무용은 합산

배제되며(부속 토지 공시지가가 80억 초과 시에는 과세), 주거용은 합산이 원칙이
나 임대주택으로 등록하면 배제된다.

임대 수요가 이탈할 수 있는 곳은 피하자
▼

인근에 오피스텔이나 도시형 생활주택, 다세대·다가구주택 등이 새로 생
긴다면 어떻게 될까? 당연히 임차인들은 오래된 건물보다는 깨끗한 신축
건물로 가고 싶어 한다. 이렇게 가까운 곳에 민간 사업자가 비슷한 용도
의 물건을 새로 지으면 수요를 빼앗긴다. 정부나 지자체가 지원하는 공공
주택 형태로 공급되는 물건에도 마찬가지로 수요가 옮겨갈 수 있다. 대표
적인 것이 서울시의 '역세권 청년주택'이다. 임대보증금이 무이자로 지원
되는 데다 시세보다 저렴하다 보니 당연히 선호할 수밖에 없다. 도심 지
하철역 인근 상업지역에 주택을 공급하거나 낡은 군 관사 공영주차장 혹
은 공공부지에 LH가 소형 주택을 공급할 때도 마찬가지다.

1~2개 정도 공실이 생기면 대출 이자를 내면서 몇 개월은 버틸 수 있
다. 그러나 한 지역에 여러 채를 보유하고 있는 상태에서 소형 공공주택
과 민간주택이 꾸준히 공급된다면 투자 시 실패할 수 있으니 주의를 요
한다.

'신의 물방울'이 되지 못한 진안의 포도

와인공장 경매 낙찰로 진안군의 채권 회수 불가능
전 군수의 무리한 사업 추진에 특혜 의혹까지 제기

전라북도 진안에는 북한의 개마고원 못지않은 남한 유일의 '진안고원'이 있다. 이곳 땅의 특성이 포도 농사에 적합하다 보니 진안의 많은 농가가 포도를 재배하고 있다. 지역특산물을 활용한 수입 증대를 위해 진안군은 지난 2015년부터 6억 원의 보조금을 지급하는 등 와인공장 설립에 많은 노력을 기울여왔다. 그러나 2019년 이 와인공장이 경매로 매각되면서 잡음이 끊이지 않고 있다.

• 공장 설립 2년 만에 경매에 넘어가

진안군이 본격적으로 와인공장 설립에 나선 것은 지난 2015년이다. 당시 진안군은 군비와 도비를 합해 총 6억 원에 늘어는 보조금을 그 업체에 지급한 것으로 알려졌다. 업체의 자부담까지 포함하면 와인공장 설립에 들어간 비용은 총 10억 원에 달한다.

그러나 설립 이후 얼마 되지 않아 이상징후가 포착됐다. 진안군이 보조금 지급과 관련한 근저당을 설정한 지 8개월 만에 해당 부동산에 압류를 가한 것이다. 설립 2년째에는 세무서도 압류를 걸었고, 급기야는 준공된 지 2년 만에 경매에 넘겨지고 말았다. 이 물건의 매각물건명세서상에는 진안군의 보조금 지급 사실이 기재되어 있다.

• 무리한 사업 추진에 따른 후유증

2018년에 경매개시가 결정된 이 물건은 2019년 6, 7, 8월 세 차례 내리 유찰됐다. 그러다 9월에 예상을 뒤엎고 낙찰이 되면서 본격적으로 문제가 불거지기 시작했다. 우선 세 차례 유찰로 최저가가 많이 낮아지다 보니 낙찰가도 감정가(7억 8,360만 원)의 38.4%에 불과한 3억여 원에 그쳤다. 낙찰가가 진안군이 지급한 보조금의 절반 정도에 그치는 데다 배당 순위마저 2순위여서 진안군이 회수할 수 있는 채권액은 많아야 1억 원 정도에 불과하다. 이런 상황이 알려지자 행정감사를 통해 진안군이 무리하게 와인사업을 추진했다는 질타가 나왔고, 이는 언론을 통해 공론화되기에 이르렀다. 더욱이 뇌물 혐의로 중도에 낙마한 전임 군수의 다소 이해하기 힘든 사업추진 과정이 드러나며 특혜 의혹으로까지 번지고 있다.

▼

아무 지식산업센터나
낙찰 받아도 될까?

개인이 임대업을 할 수 있는 지식산업센터인가?

미납 관리비가 있는 경우 아파트처럼 해결할 수 있는가?

지식산업센터가 많이 모여 있고 차량 흐름이 좋은 곳을 선택하자

더 좋은 입지에 동종 물건이 들어서면 임대료에 악영향을 끼친다

한 사무실 내에 여러 사업자등록이 있는 경우 명도에 유의하자

수도권·광역시의 다주택자에 대한 양도소득세 강화, 분양가상한제 시행, 대출규제 등으로 주택 투자가 쉽지 않은 시기다. 바로 이런 때에 규제 사각지대인 지식산업센터를 분양 받거나 투자해야 한다고 주장하는 사람들이 많다. 과연 규제에서 다소 자유롭다는 이유만으로 지식산업센터 투자를 결정해도 될까?

과거 '아파트형 공장'이라고 불리던 지식산업센터는 동일 건축물에 제조업, 지식산업 및 정보통신산업을 영위하는 자와 지원 시설이 복합적으로 입주할 수 있는 다층형 집합건축물을 말한다. 수도권은 공업용지가 부족하고 신규로 공장을 설립하기도 어렵다. 따라서 아파트 형태로 소규모 제조업체 등이 입주할 수 있는 고층 건물을 세우면 인근 주거환경에 악영향을 끼치지 않으면서 지역경제 활성화를 도모할 수 있다.

공장이 건물 안으로 들어온다면 난개발로 인해 곳곳에 흩어져 있는 공장용지들이 정리되면서 미관을 해치지 않고 도시의 발전을 돕는 역할을 한다. 또한 같은 건물 내에 제조 시설과 지원 시설이 함께 있으면 상호보완 관계를 도모할 수 있다는 장점이 있다.

과거 '아파트형 공장'으로 불리던 시절에는 명칭 그대로 단순히 제조공장을 아파트 형태의 집합건물에 입주시킨 수준이었다.

과거 아파트형 공장 시절 모습

최근에는 제조공장뿐만 아니라 IT, 디자인, R&D 관련 지식기반산업의 사무실 등 다용도로 사용되고 있다. 근린생활시설, 세미나실, 샤워실, 기숙사, 운동 시설, 충분한 주차 공간 등을 갖춰 입주기업 직원들에게도 쾌적한 공간을 제공한다. 1990년대 중반 이후로는 정부의 각종 정책으로 입주기업에 다양한 세제 혜택이 주어지고, 건축비도 지원되자 많은 공급이 이루어지고 있다.

현재 법령을 기준으로 할 경우 지식산업센터는 지상 3층 이상의 집합건축물로서 지식산업 사업장 또는 정보통신산업의 사업장이 6개 이상입주할 수 있어야 한다. 집합건물의 특성상 호수별로 소유권을 따로 등기

현재 지식산업센터의 모습

본건 310호

할 수 있으며, 임차인이 개인이 아닌 기업이라 월세 수익률이 높고 안정성이 뛰어나다고 인식돼 임대수익형 물건으로 인기가 있다. 그러나 같은 집합건물이면서 수익형 부동산인 상가나 오피스텔과는 적용되는 법 자체가 다르므로 수익률 하나만을 보고 투자 여부를 판단해서는 안 된다. 지식산업센터를 낙찰 받거나 투자하고자 할 때 주의할 사항을 살펴보자.

개인이 임대업을 할 수 있는 지식산업센터인가?
▼

지식산업센터는 산업단지 안에 있는 것과 바깥에 있는 것을 구분해야 한다. 여기서 말하는 산업단지란 다음 4가지를 말한다.

❶ 국토교통부 장관이 지정하는 국가산업단지

❷ 시·도지사 또는 대도시 시장이 지정하는 일반산업단지

❸ 국토교통부 장관, 시·도지사 또는 대도시 시장이 지정하는 도시첨단
산업단지

❹ 특별자치도지사 또는 시장·군수·구청장이 지정하는 농공단지

어떤 지식산업센터가 위의 4가지 산업단지에 속한다면 원칙적으로 투자자가 아니라 실제 공장을 운영하는 실수요자를 위한 물건이라고 생각하면 된다. 산업단지 내의 지식산업센터에 입주하기 위한 시설은 「산업집적활성화 및 공장설립에 관한 법률」(이하 산업집적법) 제28조의 5에 잘 명시되어 있다.

산업집적활성화 및 공장설립에 관한 법률 제28조의 5 (지식산업센터에의 입주)

① 지식산업센터에 입주할 수 있는 시설은 다음 각 호의 시설로 한다.
   1. 제조업, 지식기반산업, 정보통신산업, 그 밖에 대통령령으로 정하는 사업을 운영하기 위한 시설
   2. 「벤처기업육성에 관한 특별조치법」 제2조 제1항에 따른 벤처기업을 운영하기 위한 시설
   3. 그 밖에 입주업체의 생산 활동을 지원하기 위한 시설로서 대통령령으로 정하는 시설

산업단지 내에 소재한 지식산업센터는 법에 명시된 정해진 업종만 들어올 수 있으므로 입주계약 신청 후 심사 과정을 거친다. 심사가 완료되면 관리기관(지자체)과 입주계약을 체결한 뒤 실제 공장을 설치해서 공장설립 완료 혹은 사업개시신고 절차를 거쳐야 한다. 입주대상 시설이 아닌 용도로 지식산업센터를 활용하거나 다른 용도로 활용하려는 자에게 전부 또는 일부를 양도·임대하는 행위는 산업집적법에 위반된다. 임대사업만을 목적으로 산업단지 내의 지식산업센터를 활용하는 것은 원칙적으로 불법이다.

다만 산업집적법 제38조의 2 제1항에 이에 대한 예외 규정이 명시되어 있다. 그 내용은 공장설립 등의 완료신고 또는 같은 조 제2항에 따른 사업개시의 신고를 하고 나서 관리기관과 입주계약을 체결한 후 임대계약을 할 수 있다는 것이다. 즉 산업단지 내 지식산업센터에서의 임대는 산업집적법 제28조의 5에서 정한 입주 가능한 기업만이 할 수 있다는 뜻이다.

산업집적법 제40조에는 경매 등에 의한 취득에 관한 규정이 명시돼 있다. 이 역시 1년 이내에 입주계약을 체결해야 한다는 유예기간을 주는 것일 뿐, 같은 법 제28조의 5에서 명시하지 않은 업체나 개인이 낙찰을 받아도 좋다는 뜻은 아니다. 산업단지 내에 있는 지식산업센터는 처분도 마음대로 할 수 없다. 공장설립 완료신고나 사업개시신고 후 5년이 경과하지 않았다면 처분신청을 해야 한다. 5년이 지나서야 처분이 가능하므로 소유자가 마음대로 출구전략을 세우기 어렵다.

입주계약 시에는 적합한 업종으로 사업자등록을 하고 추후에 임대업을 업종에 추가하는 방식 등으로 편법 투자를 하는 경우, 사업시행자의 관리기본계획이나 분양공고문에 부동산임대업이 명시돼 있지 않았다면 과태료를 내거나 형사처분을 받을 수 있으니 주의해야 한다.

합법적인 임대사업을 하기 위해서는 위에 열거한 산업단지에 속하지 않은 지식산업센터를 공략해야 한다. 이러한 지식산업센터도 시장·군수·구청장이 인정하는 업종만 입주할 수 있지만 자유롭게 취득, 임대, 처분할 수 있다는 장점이 있다. 법원경매로 진행되는 지식산업센터를 찾아본 뒤 산업단지 내에 있는 것인지 아닌지를 손쉽게 구분해보자.

지지옥션 홈페이지의 '경매검색 ➡ 종합검색 ➡ 용도'란에서 '아파트형공장'을 선택 후 검색하면 현재 경매 진행 중인 지식산업센터를 찾을 수 있다. 이 중 경남 창원시에 있는 지식산업센터를 클릭해보자. 오른쪽의 '토지이용계획'을 선택하면 번거로운 주소 입력 없이 해당 부동산의 토지이용계획확인원을 볼 수 있다. 토지이용계획확인원의 '다른 법령 등에 따

지식산업센터 경매물건의 상세 정보

출처 : 지지옥션

창원7계 2019 타경 667 아파트형공장

사건내용

조 회 수	·금일조회 1 (0) ·금회차공고후조회 14 (0) ·누적조회 62 (2) ·7일내 3일이상 열람자 0 ·14일내 6일이상 열람자 0		()는 5분이상 열람 **조회통계** (기준일·2019-10-31/전국연회원전용)	
소 재 지	경남 창원시 성산구 성산동 77-1 에스케이테크노파크 테크동 (51573)경남 창원시 성산구 완암로 50			
용 도	아파트형공장	감 정 가	236,000,000	
토 지 면 적	36.6㎡ (11.1평)	최 저 가	151,040,000 (64%)	
건 물 면 적	124㎡ (38평)	보 증 금	15,104,000 (10%)	
경 매 구 분	임의경매	소 유 자	에	
청 구 액	197,269,621	채 무 자	에	
채 권 자	은행			

지식산업센터 경매물건의 토지이용계획확인원

출처 : 토지이용규제정보서비스

소재지	경상남도 창원시 성산구 성산동 일반 77-1		
지목	공장용지 ❓	면적	35,282.4 ㎡
개별공시지가(㎡ 당)	669,200원 (2019/01) 🔍 연도별 보기		
지역지구등 지정여부	「국토의 계획 및 이용에 관한 법률」에 따른 지역·지구등	일반공업지역 , 대로2류(접합) , 대로3류(접합)	
	다른 법령 등에 따른 지역·지구등	국가산업단지<산업입지 및 개발에 관한 법률> , 산업시설구역< 산업집적활성화 및 공장설립에 관한 법률>	

른 지역·지구 등' 난을 보면 '국가산업단지'라고 기재돼 있다. 이 물건은 산업단지 내의 지식산업센터임을 알 수 있다.

다음으로 경기도 군포시 당정동에 있는 지식산업센터의 토지이용계획 확인원을 살펴보면 '다른 법령 등에 따른 지역·지구 등' 난에 국가산업단지, 일반산업단지, 도시첨단산업단지, 농공단지 등의 표기가 없음을 확인

지식산업센터 경매물건의 상세 정보

출처 : 지지옥션

안양3계 2019 타경 100036[1] 아파트형공장

사건내용

병합/중복	2019-101138(중복-중소기업은행)		
조회수	·금일조회 3 (0) ·금회차공고후조회 12 (0) ·누적조회 154 (11) ·7일내 3일이상 열람자 1 ·14일내 6일이상 열람자 0		()는 5분이상 열람 조회통계 (기준일-2019-10-31/전국연회원전용)
관련물건 번호	◁ 1 전행 2 전행 ▷		
소재지	경기 군포시 당정동 2-3 신일아이티유토지식산업센터 1층 S-103호 (15843)경기 군포시 엘에스로 13		
용도	아파트형공장	감정가	255,000,000
토지면적	20.9㎡ (6.3평)	최저가	163,200,000 (64%)
건물면적	62㎡ (19평)	보증금	16,320,000 (10%)
경매구분	강제경매	소유자	하
청구액	300,000,000	채무자	하
채권자	알		

출처 : 토지이용규제정보서비스

소재지	경기도 군포시 당정동 일반 2-3		
지목	공장용지 ❔	면적	8,795 ㎡
개별공시지가(㎡당)	2,060,000원 (2019/01) 🔍 연도별 보기		
지역지구등 지정여부	「국토의 계획 및 이용에 관한 법률」에 따른 지역·지구등	도시지역 , 일반공업지역 , 자연녹지지역 , 하천(저축)	
	다른 법령 등에 따른 지역·지구등	가축사육제한구역(2013-10-15)(전부제한구역)<가축분뇨의 관리 및 이용에 관한 법률> , 과밀억제권역지역<산업집적활성화 및 공장설립에 관한 법률> , 과밀억제권역<수도권정비계획법> , 하천구역<하천법> , (한강) 폐기물매립시설 설치제한지역<한강수계 상수원수질개선 및 주민지원 등에 관한 법률>	

할 수 있다. 이 물건은 산업단지에 속하지 않기 때문에 매매나 임대에 큰
제한이 없이, 바로 곧바로 임대사업을 할 수 있다. 임대사업만을 위한 투자
자라면 이런 물건을 공략하면 된다.

국내산업단지(국가산업단지, 일반산업단지, 도시첨단산업단지, 농공단지 및 외국인
투자지역, 자유무역지역, 경제자유구역)를 지도로 손쉽게 찾아보고자 한다면 '한
국산업단지공단(www.kicox.or.kr)'에 접속해보자. 상단의 '주요사업 ➡ 산
업입지정책조사·연구'를 선택한 다음 좌측의 '정기간행물'을 클릭하면
아래와 같은 화면이 나타난다.

산업단지 현황지도

출처 : 한국산업단지공단

전국 현황지도, 지역별 현황지도를 통해 국내 산업단지의 위치를 한눈에 파악할 수 있다. 단지별·업종별 입주업체 현황, 단지별 생산실적 등 더 자세한 정보를 원한다면 '산업단지 통계 ➡ 전국 산업단지 현황통계' 메뉴로 가서 가장 최근에 올라온 파일을 내려받으면 된다.

미납 관리비가 있는 경우 아파트처럼 해결할 수 있는가?

▼

집합건물 중 관리소나 관리단, 입주자 대표회의 등 관리 주체가 있는 건물은 아파트, 오피스텔, 지식산업센터, 근린생활시설 등이다. 이 중 아파트 물건 수가 가장 많은데, 경매물건을 검색하다 보면 아파트 관리비가 미납된 경우를 종종 볼 수 있다. 채무자 겸 소유자가 거주할 때 경제적으로 너무 어려워 지불하지 못하는 예도 있고, 경매 넘어간 집에는 관리비를 안 내도 된다는 확인되지 않은 소문을 듣고 내지 않는 임차인도 있다.

아파트는 관리비를 내지 않는다고 해서 함부로 단전·단수조치를 취할 수 없다. 사전에 전기 및 상수도 사용금지 가처분신청 등을 통해 단전·단수조치의 적법성이 확인되는 경우에만 그 정당성이 인정될 확률이 높다. 따라서 관리소는 되도록 법적 절차를 거치지 않고 전 소유자 혹은 임차인이 미납한 관리비를 경매로 낙찰 받은 매수인에게 모두 받아내고 싶어 한다. 이 때문에 낙찰자와 관리사무소 간에 소송이 발생, 실무상 중요한 판례가 몇 가지 있으므로 미납 관리비 처리 여부와 비용을 예상하는 것은 그리 어렵지 않다. 미납 관리비에 관한 주요 판례 및 헌법재판소 결정례를 살펴보자.

아파트의 전 입주자가 체납한 관리비는 공용부분만 특별승계인에게 승계된다.

"관리비와 관련하여서는 승계인도 입주자로서 관리규약에 따른 관리비를 내야 한다는 의미일 뿐, 그 규정으로 인하여 승계인이 전 입주자의 체납 관리비까지 승계하게 되는 것으로 해석할 수는 없다. 다만, 집합건물의 공용부분은 전체 공유자의 이익에 공여하는 것이어서 공동으로 유지·관리해야 하고, 그에 대한 적정한 유지·관리를 도모하기 위하여 소요되는 경비에 대한 공유자 간의 채권은 이를 특히 보장할 필요가 있어 공유자의 특별승계인에게 그 승계 의사의 유무에 관계없이 청구할 수 있도록 집합건물법 제18조에서 특별규정을 두고 있는 바, 위 관리규약 중 공용부분 관리비에 관한 부분은 위 규정에 터잡은 것으로서 유효하다고 할 것이므로, 아파트의 특별승계인은 전 입주자의 체납 관리비 중 공용부분에 관하여는 이를 승계하여야 한다고 봄이 타당하다."(대법원 2001. 9. 20. 선고 2001다8677 전원합의체 판결)

공용부분의 연체료는 낙찰자가 부담하지 않아도 된다.

"한편, 관리비 납부를 연체할 경우 부과되는 연체료는 위약벌의 일종이고, 전(前) 구분소유자의 특별승계인이 체납된 공용부분 관리비를 승계한다고 하여 전 구분소유자가 관리비 납부를 연체함으로 인해 이미 발생하게 된 법률효과까지 그대로 승계하는 것은 아니라 할 것이어서, 공용부분 관리비에 대한 연체료는 특별승계인에게 승계되는 공용부분 관리비에 포함되지 않는다."
(대법원 2006. 6. 29. 선고 2004다3598,3604 판결)

전 소유자의 체납 관리비를 이유로 낙찰 받은 건물에 단전, 단수하는 것은 불법이다.

"원고가 체납된 관리비 중 공용부분 관리비를 승계한다고 하여 전(前) 구분소유자의 관리비 연체로 인한 법률효과까지 승계하는 것은 아니어서 원고가 구분소유권을 취득하였다는 점만으로 원고가 승계된 관리비의 지급을 연체하였다고 볼 수 없음은 분명한 것이므로, 원고가 구분소유권을 승계하였음에도 전 구분소유자에 대해 해 오던 단전·단수 등의 조치를 유지한 것은 관리규약에 따른 적법한 조치에 해당한 다고 볼 수 없다."(대법원 2006. 6. 29. 선고 2004다3598,3604 판결)

전 소유자의 미납 관리비는 최근 3년 치만 부담하면 된다.

"민법 제163조 제1호에서 3년의 단기소멸시효에 걸리는 것으로 규정한 '1년 이내 의 기간으로 정한 채권'이란 1년 이내의 정기로 지급되는 채권을 말하는 것으로서 1개월 단위로 지급되는 집합건물의 관리비 채권은 이에 해당한다고 할 것이다." (대법원 2007. 2. 22. 선고 2005다65821 판결)

전전 소유자가 미납한 관리비의 공용부분도 승계해야 한다.

"구분소유권이 순차로 양도된 경우 각 특별승계인들은 이전 구분소유권자들의 채 무를 중첩적으로 인수한다고 봄이 상당하므로, 현재 구분소유권을 보유하고 있는 최종 특별승계인뿐만 아니라 그 이전의 구분소유자들도 구분소유권의 보유 여부와 상관없이 공용부분에 관한 종전 구분소유자들의 체납 관리비 채무를 부담한다. (대법원 2008. 12. 11. 선고 2006다50420 판결)

미납 관리비로 인한 단전·단수조치가 적법하다고 본 사례

"청구인의 단전행위는 건물의 관리규약 및 운영위원회의 결의에 따라 적법하게 이 루어진 것이고, 건물관리자인 청구인이 한국전력으로부터 전기요금 납부 독촉을 받 고 있던 궁박한 상황에서 효율적인 건물관리 및 전체 구분소유자들의 이익을 위해 행한 불가피한 조치이므로, 그 동기와 목적, 수단과 방법, 경위 등 여러 사정에 비추 어 사회통념상 허용될 만한 상당성이 있는 행위로서 형법 제20조의 정당행위에 해 당한다.(헌법재판소 2012. 3. 29 자 2010헌마770 결정)

결국 낙찰 받기 전 미납된 관리비는 연체료를 제외한 최근 3년 치의 공용부분 관리비만 인수하면 된다는 결론에 다다른다. 그렇다면 공용부분과 전용부분을 나누는 기준은 무엇일까?

공용관리비	일반관리비	– 인건비(급여, 제 수당, 상여금, 퇴직금, 산재보험료, 고용보험료, 국민연금, 건강보험료, 식대 등 복리후생비 등) – 제 사무비(일반 사무용품비, 도서인쇄비, 여비교통비 등) – 제세공과금(공과금 중 전기료, 통신료, 우편료, 제세공과금 등) – 피복비, 교육훈련비 – 차량유지비(연료비, 수리비, 보험료, 기타 차량유지비 등) – 그 밖의 부대비용(관리용품 구입비, 전문가 자문비, 잡비 등)
	청소비, 경비비, 소독비, 승강기 유지비, 지능형 홈네트워크 설비유지비	
	수선유지비	수선비, 시설유지비, 안전점검비, 재해예방비
	위탁관리 수수료	
전용관리비	난방비, 급탕비, 가스비, 신기료, 수고료, 전기료 오물수수료, 생활폐기물 수수료, 입주자대표회의 운영비, 건물보험료, 선거관리위원회 운영비	
장기수선 충당금	관리주체가 매월 입주자에게 부과	
잡수입	재활용품 매각금, 광고수입, 연체료 수입 등	

지지옥션의 경매정보에는 집합건물의 관리비가 미납된 경우 그 금액과 조사일시, 관리사무소 전화번호가 기재되어 있다.

관리비 미납 정보   출처 : 지지옥션

관리비미납	· 4,428,560원	19년6월분까지 미납액임. 전기수도온수난방포함.1356세대 (2019.07.25 현재) · 관리사무소 02-41

아파트의 경우 대부분의 경매 투자자는 전체 관리비 중 적게는 50%, 많게는 60% 정도가 공용관리비라는 사실을 경험상 알고 있다.

아파트 관리비	출처 : 공동주택관리정보시스템

※ 사용승인일 : 2018-01-30, 공실세대수 : 0세대 (공실율: -) (입주초기는	
분류 (클릭시 상세내역표시)	우리단지총액
✚ 공용관리비	116,217,561
✚ 개별사용료	94,994,795
✚ 장기수선충당금 월부과액	8,344,000
합계	219,556,356
잡수입	10,681,836

우 리
단 지
관리비
(금 액)

그래서 앞의 경매물건처럼 아파트의 전체 미납 관리비가 442만 8,560원이라면 이 중 인수해야 할 공용관리비는 55%인 243만 5,708원 정도로 예상할 수 있다. 실제 낙찰 후 관리비 명세서를 발급 받아보면 예상 인수금액과 비슷하다는 것을 알게 된다.

그러나 지식산업센터나 상가는 아파트에 적용한 55%라는 비율이 맞지 않는 경우가 대부분이다. 실제 필자가 낙찰 받은 지식산업센터의 1개월 치 미납 관리비 항목을 살펴보자. 257쪽 명세서 우측을 보면 당월 부과된 금액은 99만 9,720원이고 과거의 미납 관리비는 214만 6,720원으로 총 미납 관리비는 314만 6,440원이다. 아파트처럼 공용부분이 55%라고 단순계산을 해보면 약 173만 원 정도만 인수하면 된다고 예상할 수 있다. 그러나 관리비 항목을 하나하나 따져보면 결과는 달라진다.

우선 이번 달 관리비에서 부가세를 제외한 관리비 총액은 91만 7,940원이다. 이 중 파란색 박스로 표시된 일반관리비, 감가상각비, 외주용역비, 전력기금, 비과세관리비, 전기공동료, 수도공동료는 공용관리비에 포함될 가능성이 매우 커 보인다. 이들 금액을 합하면 67만 372원이 나온다. 전체 금액에서 공용부분이 차지하는 부분이 73%나 된다. 세대전기료는 확실히 전용관리비로 구분될 것이다. 그렇다면 장기수선 충당금과 전기기본료는 공용부분인가, 전용부분인가? 우선 장기수선 충당금은 공용관리비나 전용관리비에 포함되지 않으며 임차인과 전 소유자 간의 문제이므로, 잔금을 내기 전까지의 금액은 낙찰자가 승계해야 할 관리비가 아니다.

지식산업센터 관리비 예

1동 층 호 m² 귀하			
부 가 세 항 목	부 가 세 제 외 항 목		당 월 부 과 액 계
일반관리비 522,411	전력기금	22,000	**558,720**
감가상각비 1,376	비과세관리비	5,592	미 납 관 리 비
외주용역비 31,864	장기수선충당금(고	62,045	**2,146,720**
			미 납 연 체 료
			납 기 내 금 액
			3,146,440
전기료 세대 66 kwh 7,400			연 체 료
공동료 76,666			
기본료 178,179	수도료 세대 ㎡		납 기 후 금 액
	공동료	9,429	**3,146,440**
공급가액계 817,890	기본료		
V A T 81,780			위 금액을 영수하였습니
소 계 899,670	소 계	100,050	
납 부 기 한 : 2017년 12월 31일			

여기서 문제는 부가세를 제외한 전체 관리비의 약 19%나 차지하는 '전기기본료'다. 한국전력공사 전기공급약관의 '기본요금'에 대한 정의를

보면 '사용전력량 유무와 관계없이 요금적용 전력에 대하여 수급개시일부터 적용하는 요금'을 말한다. 한전의 'KEPCO 용어사전'에는 'kWh요금 등 에너지 사용에 근거한 변동요금을 제외한 kW요금, kVA요금, 수용가 요금, 에너지 사용에 관계없는 설비비 등 고정비용을 회수하기 위한 요금의 합계'라고 나와 있다. 이 전기기본료가 공용관리비인지 전용관리비인지를 판단하는 데 중요한 판례가 있어 소개한다.

"전기 기본요금 계산 기준이 계약전력이 아니라거나 그 금액이 일정하지 않다는 사정만으로 공용부분 관리비가 아니라고 단정할 수 없다. 오히려 다음과 같은 사정에 비추어 보면 전기 기본요금은 이 사건 점포가 속한 건물 전체에서 전기를 사용할 수 있도록 하는 전체 입주자 공동 이익을 위하여 집합건물을 통일적으로 유지·관리해야 할 필요가 있어 이를 일률적으로 지출하지 않으면 안 되는 성격의 비용이라고 보아야 할 것이므로 공용부분 관리비로 보는 것이 타당하다. 한전 약관 규정에 따르면 전기 기본요금은 최대수요전력에는 영향을 받지만, 사용전력량에 비례하여 산정, 부과되는 것이 아니다. 그러나 해당 월 최대수요전력이 반드시 요금적용전력으로 되는 것도 아니고 전기를 사용하지 않아도 계약전력 30%를 요금적용전력으로 하여 기본요금이 부과되도록 되어 있다. 결국 한국전력공사와 전기사용계약을 체결한 이상 전기 기본요금은 특별한 사정이 없는 한 매달 납부의무가 발생한다."
(서울고등법원 2013. 5. 8. 선고 2012나53491 판결)

위 서울고등법원의 판례에 의하면 전기기본료도 공용관리비로 보아야 함을 알 수 있다. 그렇다면 앞서 본 관리비 명세서에서 부가세를 제외한 관리비 총액 91만 7,940원 중 낙찰자가 인수해야 할 금액은 84만 8,506원으로 전체 관리비의 약 92%라는 점을 알 수 있다. 즉 미납된 전체 관리비 314만 6,440원의 55%인 약 173만 원이 아니라 289만 원가량을 인수해야 한다.

이렇듯 지식산업센터(상가)의 공용·전용관리비 기준은 흔히 알고 있는 아파트와는 다르므로 승계 비용을 사전에 계산할 때 주의해야 한다. 아파트와 같은 대규모 주거용 건물의 경우 공동주택관리법의 의무관리대상에 포함되어 관리비 정보공개, 지자체의 감독 등 세부사항에 관한 규정이 있는 반면, 상업용·공업용 집합건물은 공동주택관리법의 적용을 받지 않기 때문에 많은 차이가 발생한다.

지식산업센터가 많이 모여 있고
차량 흐름이 좋은 곳을 선택하자

▼

국도 주변에 업체별로 한 동씩 존재하던 개별입지 공장과 지식산업센터에 입점하는 업종은 다르다. 개별입지 공장은 부피가 큰 물품을 건물 내의 호이스트(Hoist, 비교적 가벼운 소형 화물을 들어 옮기는 장치)를 이용해 이동시키고, 제품이 완성되면 수요자가 있는 곳까지 운반하기 위해 큰 덤프트럭이 공장 정문 앞까지 와야만 했다. 그에 비해 지식산업센터는 부피가 작으면서도 부가가치가 높은 물건을 생산하는 제조업과 소프트웨어, 디자인, IT 같은 업종의 사무실로 사용하기 때문에 공장처럼 큰 공간이 필요하지 않다. 그리고 협력업체가 가까이 있을수록, 여러 지식산업센터가 모여 지원 시설과 편의 시설이 많을수록 시너지 효과를 발휘한다. 이런 효과는 해당 물건의 임대가와 매매가에 영향을 미치므로 가능한 한 많은 지식산업센터가 모여 있는 곳을 선택하는 것이 좋다. 또한 지하철역이나 버스정류장과 가까울수록 직원이나 방문객의 편의성이 높아지므로 되도록 차량 흐름이 좋은 곳을 선택하는 것도 잊지 말자.

더 좋은 입지에 동종 물건이 들어서면
임대료에 악영향을 끼친다

▼

아파트, 상가, 지식산업센터, 다세대주택, 다가구주택, 오피스텔 등 모든 부동산 물건은 공급량과 수요량에 따라 매매가보다는 임대가가 더 큰 영향을 받는다. 공급량과 수요량은 비단 부동산뿐만 아니라 사고팔 수 있는 모든 재화의 가격에 영향을 미치는데, 짧은 시간 동안 큰 폭의 변동을 일으키는 주 원인이라고 할 수 있다.

신도시와 같은 대규모 택지개발지구가 조성되고 신축 아파트에 주민들이 동시에 입주하게 되면 어떤 현상이 발생할까? 전세를 찾는 사람들의 수가 크게 늘지 않았는데 여기저기서 1,000~2,000세대의 전세물건이 쏟아져 나온다면 전셋값은 점점 하락할 수밖에 없다. 물론 많은 아파트 단지가 모여 있다면 충분한 기반시설과 교육환경 등을 갖춰 장기적으로는 매매가가 오를 가능성이 크다. 하지만 임대 가능한 가격이 낮아져서 잔금을 치러야 할 때 투자금이 갑자기 많이 든다면, 자금을 충분히 확보하지 못한 투자자는 싼값에 처분할 수밖에 없다.

지식산업센터도 마찬가지다. 대기업 인근에 있는 모 지식산업센터에 이 대기업과 거래하는 하청업체, 관련 중소기업들이 많이 입주해 있다고 가정해보자. 만약 대기업과 더 가깝고 교통이 편리한 곳에 다른 지식산업센터가 들어선다면 기존 지식산업센터의 월세는 하락하고 매매가도 좋지 않은 영향을 받게 된다. 최악의 경우 경쟁 지식산업센터가 대규모이고 산업단지에 속해 실입주기업에게 제공되는 혜택이 더 많다면, 기존 지식산업센터는 수개월 혹은 수년간 공실이 생겨 임대가와 매매가 하락을 피할 길이 없어진다. 따라서 매입하고자 하는 시점뿐만 아니라 현재 임차인과의 계약이 종료되는 시점, 혹은 내가 팔고자 하는 시점을 기준으로 입주하는 사업단지를 알아두면 투자를 결정하거나 임차인과의 재계약 여부, 혹은 매도 시점을 잡는 데 큰 도움이 된다. 산업단지가 신규 공급되는 곳의 위치를 알아보려면 한국산업단지공단 홈페이지에 접속하여 '정보공개 ➡ 산업단지 정보 ➡ 전국 산업단지 산업동향 확인하기'를 차례로 클릭해보자.

산업단지통계	출처 : 한국산업단지공단

산업단지통계

■ **국가산업단지산업동향** 국가산업단지산업동향 확인하기
· 한국산업단지공단 관할 산업단지 입주기업의 가동실태를 매월 정기적으로 조사.분석하여 산업단지 기초통계 정보 제공 및 입주기업 지원정책 수립을 위한 기초자료로 제공

■ **전국산업단지산업동향** 전국산업단지산업동향 확인하기
· 국내에 지정된 모든 산업단지(국가, 일반, 도시첨단, 농공단지) 현황을 조사하여 정부와 지방자치단체의 산업정책 수립, 공장입지 선정 등 기업의 경영계획 수립, 연구기관의 연구활동에 필요한 참고자료로 제공

아래와 같이 1년에 4회, 분기별로 전국 산업단지의 현황을 볼 수 있다. 해당 파일을 내려받아 열어보자. 엑셀 파일 하단의 시트 중 '부록 1) 신규지정 및 해제현황'을 선택하면 해당 분기에 새로 지정됐거나 지정이 해제된 산업단지를 확인할 수 있다. 신규 지정부터 실제 입주까지는 어느 정도 시간이 소요되므로 최근 2년가량의 현황은 모두 확인하는 것이 좋다.

전국 산업단지현황 통계표 출처 : 한국산업단지공단

2019년 2분기 산업단지 신규지정 현황

(단위 : 천㎡)

유형	시도	시군구	단지명	지정면적	산업용지	지정일자	비고
도시첨단	경기	광명시	광명시흥첨단R&D도시첨단산업단지	494	137	2019-04-30	
일반	경기	안성시	안성중소기업일반산업단지	707	430	2019-05-21	
일반	충북	음성군	명동언곡산업단지	1,716	909	2019-05-31	

2019년 2분기 산업단지 지정해제 현황

(단위 : 천㎡)

유형	시도	시군구	단지명	지정면적	산업용지	지정일자	해제일자
			해당없음				

요약 | 시도별 | 전국산업단지현황 | 국가 | 일반 | 도시첨단 | 농공 | **부록1)신규지정 및 해제현황** | 부 … ⊕ |◁|

한 사무실 내에 여러 사업자등록이 있는 경우
명도에 유의하자

건물 전용면적이 넓은 지식산업센터라면 여러 중소업체들이 사업자등록을 하고 영업을 하는 경우를 의외로 많이 만나볼 수 있다. 경매가 진행된 건물 전용면적이 175㎡(53평)인 지식산업센터의 임차인현황을 보면 한

개 호실에 여러 임차인이 있는 것을 확인할 수 있는데, 임차인들끼리 서로 친인척 관계이거나 협력업체인 경우가 많다.

입찰 당일 최고가 매수신고인으로 선정된 후 잔금 납부 전까지 사업자 등록이 갑자기 늘어나 있거나, 기존 사업자 대신 다른 사업자등록이 되어 있는 경우도 발생한다. 이럴 때에는 점유이전금지가처분이나 인도명령을 통한 강제집행이 쉽지 않다. 사전에 입주한 사업체들의 법인등기부를 열람한 뒤 입주자를 인터뷰해 모든 입주업체를 대표할 수 있는 명도 대표자를 상대로 협상해야 한다.

지식산업센터 경매물건의 임차인현황

출처 : 지지옥션

임차인/대항력		점유현황	전입/확정/배당	보증금/월세	예상배당액 예상인수액	인수
아		[점포/305호일부108.5㎡] 305호일부 108.5㎡ 소유자배우자 점유2016.06.03-2020.06.03	배당 2018-11-19	보 10,000,000 월 800,000 환산 90,000,000	-	소 멸
이	無	[점포/305호71.9㎡] 305호71.9㎡ 점유2015.03.23-2017.03.22	사업 2015-04-28		-	소 멸
(주)지	無	[점포/305호일부71.9㎡] 305호일부 71.9㎡ 이군성 현황조사점유:2015.03.23- 2017.03.22 점유2016.08.09-2020.08.09	사업 2015-07-01 배당 2018-11-19	보 15,000,000 월 300,000 환산 45,000,000	-	소 멸
(주)보	無	[점포/305호54㎡] 305호54㎡ 이 (소유자배우자) 현황조사점 유:2016.08.01-2018.07.31 점유2016.08.01-2020.08.01	사업 2016-08-12 배당 2018-11-19	보 5,000,000 월 400,000 환산 45,000,000	-	소 멸
(주)에	無	[점포/305호63.5㎡] 305호63.5㎡ 금 점유2017.03.13-2019.03.13	사업 2017-03-31		-	소 멸
(주)비	無	[점포/305호71.9㎡] 305호71.9㎡ 이 점유2017.03.20-2019.03.20	사업 2017-10-25		-	소 멸

임차인수 : 6명 / 보증금합계 : 30,000,000 / 월세합계 : 1,500,000

현장을 방문하였으나 폐문부재로 소유자 및 점유자를 만나지 못하였는바, 목록1 건물(305호)로 보이는 건물의 출입문에 안내문을 부착하여 두었음.한편, 해당 주소의 전입세대열람 내역서에는 '해당 주소의 세대주가 존재하지 않음'이라고 기재되어 있으나, 해당 주소의 상가건물임대차 현황서에는 임차인들이 기재되어 있음.건물의 출입구에는 'BO '이라는 표시가 부착되어 있음.폐문부재로 소유자나 점유자를 만나지 못하여 구체적인 임대차관계는 확인할 수 없었는바, 상가건물임대차 현황서에 기재된 내용을 임대차내용으로 입력함 이 :소유자의 배우자임 (주)보 |(이):대표자는 소유자의 배우자임

▼

돈 되는 소액토지는 어떻게 찾을까?

토지 투자가 어려운 이유

▼

토지를 사용하는 방법은 여러 가지가 있다. 나무를 심는 토지, 농사를 짓는 토지, 주택·오피스텔·대형 빌딩 건축이 가능한 토지 등등……. 국토교통부의 2019년 1월 1일 표준지공시지가 발표에 따르면 전국에서 가장 비싼 토지는 서울시 중구 명동의 화장품 매장 부지로 1㎡의 공시지가가 1억 8,300만 원에 달한다. 이에 반해 전라남도 진도군 옥도리의 한 임야는 1㎡당 가격이 210원으로 나타났다. 가격 차이가 무려 87만 배가 넘는다.

나무만 자랄 수 있는 경사도가 크고 높은 산지보다는 농사를 지을 수 있는 평지의 농지가, 농지보다는 단층 상가를 지을 수 있는 관리지역이 활용도가 높다. 관리지역보다는 주택을 지을 수 있는 주거지역이, 주거지

266

역보다는 공장이나 상가를 지을 수 있는 공업지역 혹은 상업지역의 토지 활용도가 높고, 그만큼 가격도 비싸다.

토지의 용도가 활용도가 높은 방향으로 바뀌는 것도 가격상승 요인이지만, 토지에 대한 각종 제한사항(용도지구, 용도구역, 공익용 산지, 개발제한구역, 농업진흥지역 등)이 변경되거나 해제되는 경우에도 동일한 토지에서 할 수 있는 행위가 더 많아지므로 가격이 오른다. 토지는 매달 들어오는 월세 혹은 지료를 통해 수익을 얻는 상품이 아니라 팔았을 때 수익이 발생하는 매도차익형, 또는 직접 개발한 후 분양을 통해 수익이 발생하는(개발 가능한 토지를 매도하는 방식 포함) 개발이익형 상품이다.

이런 측면에서 보자면 많은 현금을 보유하지 못해 소액으로 토지 투자를 하고자 한다면 이미 가격이 많이 오른 명동의 토지 0.5평보다는 빌딩 가능성이 있으면서 저렴한 옥도리의 43만 평을 사는 것이 맞다. 단, 후자의 경우 반드시 거쳐야 하는 관문이 있다. 명동은 이미 건축허가라는 쉽지 않은 관문을 거쳐 건축물이 올라가 있는 상태인 반면, 산지나 농지, 관리지역 등에 소재한 토지는 건축을 통해 토지 활용도를 올리려면 수많은 법령과 조례, 계획, 심의라는 터널을 통과해야 한다. 그래서 토지 투자가 어려운 것이다. 토지 투자를 위한 국토의 계획 및 법령체계를 모식도로 표현해보면 268쪽 그림과 같다.

「국토기본법」의 국토종합계획, 도종합계획, 시군종합계획 및 「국토의 계획 및 이용에 관한 법률」, 「도시개발법」, 「도시 및 주거환경정비법」 등 토지 개발 및 투자에 미치는 여러 법령 체계를 정리한 것이니 필요할 때마다 참고하면 좋을 것이다.

우리나라의 토지 관련 법률체계

공간적 범역	해당법령	계획의 종류		
국토·지역	국토기본법	국토계획	국토종합계획	• 수도권정비계획법 제4조에 따른 수도권정비계획이 수립되는 경기도종합계획 • 제주특별자치도 설치 및 국제자유도시 조성을 위한 특별법 제140조 제1항에 따른 종합계획이 수립되는 제주특별자치도종합계획
			도종합계획	
			지역계획 • 광역권개발계획 • 수도권정비계획 • 특정지역개발계획 • 다른 법률에 의한 지역개발계획	**부문별계획** • 국가기간망 • 주택, 수자원 • 환경 • 문화, 관광 • 정보통신 등
			시군종합계획	
도시·단지	국토의 계획 및 이용에 관한 법률	도시·군계획	도시·군 기본계획	용도지역·지구·구역 / 21개 지역, 10개 지구, 5개 구역
			도시·군 관리계획	기반시설 설치·정비, 개량 / 7개 시설군 54개 시설
	도시개발법			도시개발사업
	도시 및 주거환경정비법	사업계획 승인 등		도시정비사업 / 주거환경개선 재개발·재건축
	개별법령			지구단위계획 / 지구단위계획구역·계획
개별 건축	건축법			제반 행정절차, 건물구조, 설비, 건축선, 용도, 규모 등
	건축계획			

법만 알면 되지 계획까지 알아야 한다고?

국가나 지자체가 토지 이용에 관한 목표나 계획이 없다고 가정해보자. 선박을 이용한 수출입이 활성화되면 항만 인근에는 숙박업소와 위락시설이 난립할 것이다. 직장이 많은 수도권은 청년층이 계속 유입되는 반면,

수도권을 제외한 지역은 노년층 인구가 점점 늘어나게 될 것이다. 대기업 인근 국도변에는 공장이 마구잡이로 들어와 도시 미관을 해치고 기능도 저하시킬 것이다. 수익이 나지 않는 공원이나 상하수도, 방재·전기·배수 시설 등을 굳이 설치하려는 사람은 아무도 없을 것이다.

과거에는 국토의 발전 방향과 뚜렷한 목적을 제시하는 계획이 없었다. 그로 인한 난개발과 혼란 때문에 도시는 기능적으로 후퇴하고, 개인의 삶의 만족도는 떨어지며 국가 경쟁력은 하락한다. 이를 방지하기 위해 국토의 발전 방향을 제시하는 행정계획이 존재한다.

비록 개개인에게 구속력은 없으나 투자 방향을 설정하기 위해 꼭 알아야 할 행정계획으로는 「국토기본법」의 국토종합계획, 도종합계획, 시·군종합계획이 있고 「국토의 계획 및 이용에 관한 법률」(이하 국토계획법)에 의한 광역도시계획과 도시·군기본계획이 있다. 반대로 구속력이 있는 행정계획은 「국토계획법」상 도시·군관리계획, 지구단위계획, 단계별 집행계획 그리고 정비법에 따른 정비계획 등이다.

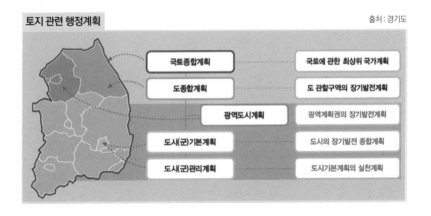

토지 관련 행정계획

출처 : 경기도

국토종합계획	국토에 관한 최상위 국가계획
도종합계획	도 관할구역의 장기발전계획
광역도시계획	광역계획권의 장기발전계획
도시(군)기본계획	도시의 장기발전 종합계획
도시(군)관리계획	도시기본계획의 실천계획

국토종합계획

국토종합계획은 국토 전체의 장기적인 발전 방향을 제시하는 포괄적 성격의 계획으로, 국내 최상위 국토계획이라고 볼 수 있다. 도종합계획 등 하위 계획들은 국토종합계획과 조화를 이뤄야 한다. 예컨대 2018년 기준 경기도에서 재정자립도 1위인 화성시의 경우, 청년층 인구의 대량 유입으로 여러 가지 목표를 도종합계획에 넣고 싶어도 상위인 국토종합계획의 방향성과 맞지 않는 것은 추가할 수가 없다. 새롭게 수립되어 2020년부터 적용될 제5차 국토종합계획(2020~2040)은 별도의 홈페이지(cntp.kr)에서 자료를 다운 받아 볼 수 있다.

도종합계획

도종합계획은 도가 보유한 유형·무형의 인적·물적 자원을 효과적으로 이용·개발·보전하기 위해 장·단기 정책 방향과 지침을 설정, 추진함으로써 지역주민의 복리 향상과 지역 발전에 기여함을 목적으로 한다. 아울러 시·군종합계획의 지침 역할을 하는 동시에 그 방향성을 제시해야 한다.

광역도시계획

인접한 두 개 이상의 특별시·광역시·시 또는 군의 행정구역에 대하여 장기적인 발전 방향을 제시하거나 시·군 기능을 상호 연계함으로써 적정한 성장 관리를 도모하는 계획으로 20년 단위로 수립한다. 공간구조 구상, 개발축, 교통축, 녹지축, 기능분담계획, 녹지관리계획, 문화 및 여가공간 계획 등이 포함된다. 현재 광역도시계획 대상 권역은 총 14개 권역(수도권, 부산권, 대구권, 광주권, 대전권, 행정중심복합도시, 창원권, 광양만권, 전주권, 청주권, 전남 서남권, 제주권, 공주역세권, 내포신도시권)이다.

도시·군기본계획

장기적으로 시·군이 공간적으로 발전해야 할 구조적 틀을 제시하는 종합계획이며 5년마다 타당성을 재검토하여 정비한다. 개발축 및 녹지축의 설정, 생활권 설정 및 인구배분, 토지용도배분, 기반시설, 도심 및 주거환경, 환경보전과 관리공원 및 녹지에 관한 사항이 포함된다.

도시·군관리계획

도시·군기본계획에서 제시된 장기적인 발전 방향을 공간에 구체화하고 실현하는 중기계획이다. 용도지역·용도지구의 지정 또는 변경에 관한 계획, 개발제한구역, 도시자연공원구역, 시가화조정구역 등의 지정 또는 변경에 관한 계획, 도시개발사업이나 정비사업에 관한 계획 등이 포함된다.

이 계획들 중 지역별 발전 방향을 구체적으로 제시해주는 것은 도시·군기본계획으로, 관심 있는 지역의 홈페이지에서 자료를 다운 받아 볼 수 있다. 토지 투자를 염두에 두고 있다면 공간구조 및 생활권 설정 부분과 토지이용계획의 개발 가용지 분석 부분만이라도 점검해야 투자의 방향성을 제대로 잡을 수 있을 것이다. 관련 법령으로는 개발이 가능해 보여도 도시기본계획상 개발 억제지나 개발 불능지로 분류된 토지를 구입할 경우 추후 개발이 되지 않을 가능성이 매우 크다.

화성시 2035 도시기본계획

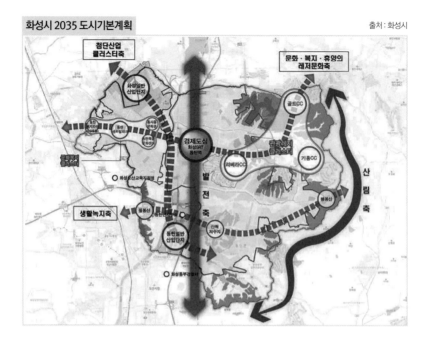

개발 가능지 분석 기준 – 화성시 2035 도시기본계획

기 개발지	• 도시지역(주거지역, 상업지역, 공업지역) • 개발사업 예정지, 지구단위계획구역, 개발진흥지구 • 도시계획시설 취락지구
개발 억제지 (법적 제약)	• 생태자연도 1, 2등급, 토지적성 평가 '나' 등급지 • 임상도 4영급 이상 지역 • 농림지역, 자연환경보전지역, 농업진흥지역 • 개발제한구역, 문화재보호구역, 보전산지 • 군사시설보호구역
개발 불능지 (자연적 제약)	• 토지적성 평가 '가' 등급지 • 표고제한 : 화성시 도시계획조례에 맞게 지역별 차등 • 경사도 15도 이상인 지역 • 국가하천, 지방하천, 소류지, 저수지
개발 가능지	• 기 개발지, 개발 억제지, 개발 불능지를 제외한 지역

토지이용계획확인원을 반드시 확인하자

▼

대북관계가 개선된다는 소식이 들리면 어김없이 걸려 오는 전화가 있다. 접경지역 인근에 아주 좋은 토지를 매입하라는 기획부동산의 전화다.

기획부동산 "사장님~ 이번에 파주에 정말 좋은 땅이 나왔거든요. 저희가 좋은 땅을 사장님께 싸게 드리려고 전화드렸어요."

필자 "그래요? 그 좋은 땅 지번 좀 알려주세요. 지도로 좀 볼게요."

기획부동산 "저희가 예전에는 지번을 다 알려드렸거든요? 그런데 땅이 너무 좋다 보니 주인한테 직접 연락을 하셔서 땅을 저희 몰래 사 가지 뭐예요~ 그래서 저희가 지번은 알려드리지 않고요. 직접 방문하시거나 계약금을 먼저 보내주시면 알려드릴게요. 호호호호호."

필자 "정말 좋은 땅인가 보네요. 그럼 용도지역이라도 알려주세요."

기획부동산 "…… 네? 용도요? 임야예요, 임야."

필자 "아뇨, 임야는 지목이잖아요. 용도지역을 말씀해달라니까요?"

기획부동산 "네? 아…… 임야…… 아…… 산이에요 산!"

필자 "지목과 용도지역 차이도 모르는 분이 무슨 땅을 판다는 겁니까?"

향후 50년간 개발이 될 수 없는 평당 5,000원짜리 땅을 5만 원에 팔아 수수료를 받는 기획부동산의 영업사원은 지목과 용도지역이라는 기본 중의 기본도 모른 채 '누구 한 명만 걸려라'라는 심보로 피해자를 찾는다. 필자가 영업사원에게 질문했던 토지의 용도지역은 그 땅의 활용도를 결정해 등급을 나누는 아주 중요하고도 기본적인 용어다. 토지이용계획확인원은 토지에 대한 공법상의 제한 상태를 확인할 수 있는 서류로, 해당 토지의 용도지역, 용도지구, 용도구역, 국토계획법과 다른 법령에 따른 제한사항 등이 기재되어 있어 토지 투자를 하려는 사람은 미리 반드시 열람해 확인해야 한다. 토지이용규제정보서비스에서 쉽게 열람할 수 있다.

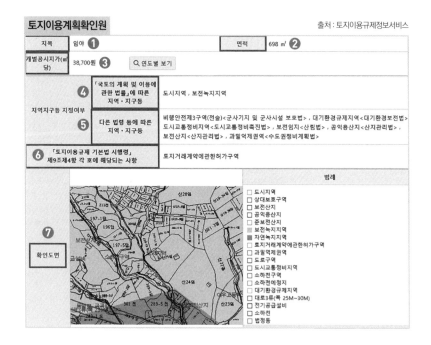

❶ 지목

토지의 주된 용도에 따라 종류를 구분하여 지적공부에 등록한 것을 말한다. 지목 구분과 지적도, 임야도에 표기하는 부호는 전(전)·답(답)·과수

원(과)·목장용지(목)·임야(임)·광천지(광)·염전(염)·대지(대)·공장용지(장)·
학교용지(학)·주차장(차)·주유소용지(주)·창고용지(창)·도로(도)·철도용
지(철)·제방(제)·하천(천)·구거(구)·유지(유)·양어장(양)·수도용지(수)·공원
(공)·체육용지(체)·유원지(원)·종교용지(종)·사적지(사)·묘지(묘)·잡종지(잡)
로 구분하여 정한다.

지목을 통해 토지가 현재 어떤 용도로 사용되고 있는지 대략 알 수 있
다. 그런데 지목만 변경하면 더 비싼 땅이 되고, 더 비싼 가격에 팔 수 있
다고 오해하는 사람들이 있다. 예컨대 지목이 '답'에서 '대'로 바뀌었다고
치자. 중요한 것은 지목이 바뀌었다는 사실보다 그 중간 단계다. 농지전
용허가와 건축허가를 통해 건축물을 지을 수 있는 단계를 모두 거쳐 토
지의 활용도가 높아졌기 때문에 토지의 가치가 상승한 것이다.

지목 변경은 건물 준공이 완료된 후 마지막 단계에서 소유자가 직접
신청해 진행된다. 동일한 용도와 크기의 건물이 있는 토지라도 지목이
'전'일 때보다 '대'인 경우에 공시지가가 상승해 보유하는 동안 더 많은
세금을 내야 한다. 이런 탓에 지목 변경을 차일피일 미루다가 처분하기
직전에 하는 경우가 발생한다.

지목	대 ?		면적	60 m²
개별공시지가(m²당)	61,400원 (2019/01) Q 연도별 보기			
지역지구등 지정여부	「국토의 계획 및 이용에 관한 법률」에 따른 지역·지구등	농림지역		
	다른 법령 등에 따른 지역·지구등	가축사육제한구역(50m 제한지역)<가축분뇨의 관리 및 이용에 관한 법률> , 농업진흥구역 경남 고시 제2018-78호)<농지법>		
「토지이용규제 기본법 시행령」 제9조제4항 각 호에 해당되는 사항				

앞서 표에서 보듯이 실제로는 농사를 짓는 용도로 사용해야 하고, 농업인의 농가 주택이 지어진 곳도 지목은 '대'인 경우가 있다.

그런가 하면 일조높이 제한 없이 여러 용도의 건물 건축이 가능한 준주거지역의 지목이 '대'인 경우도 있다.

지목	대		면적	440 ㎡
개별공시지가(㎡ 당)	3,110,000원 (2019/01)	Q 연도별 보기		
지역지구등 지정여부	「국토의 계획 및 이용에 관한 법률」에 따른 지역·지구등	도시지역 , 준주거지역 시가지경관지구(일반) , 광로3류(주간선도로)(접합)		
	다른 법령 등에 따른 지역·지구등	가축사육제한구역<가축분뇨의 관리 및 이용에 관한 법률> , 상대보호구역(2017-03-30) (청솔초등학교)<교육환경 보호에 관한 법률>		
「토지이용규제 기본법 시행령」 제9조제4항 각 호에 해당되는 사항				

지목은 같지만 개별 공시지가는 약 50배가량 차이가 나는 것을 볼 수 있다. 그러니 지목만으로 토지의 가치를 판단하는 실수를 범하지 않도록 주의하자.

❷ 면적

해당 필지의 면적이 제곱미터(㎡)로 표기된다. 기울기가 있는 토지의 경우, 기울어진 단면의 면적이 아닌 수평 투영 면적을 기준으로 한다.

❸ 개별공시지가

시장·군수·구청장이 개별 토지에 대해 시·군·구 부동산평가위원회의 심의를 거쳐 매년 결정·공시하는 단위면적당 가격이다. 토지 관련 국세 및 지방세의 부과기준, 개발부담금 등 각종 부담금의 부과기준에 활용된다.

❹ 「국토의 계획 및 이용에 관한 법률」에 따른 지역·지구 등

국토계획법에 따라 해당 토지에 지정된 지역·지구가 기재된다.

❺ 다른 법령 등에 따른 지역·지구 등

산지관리법이나 농지법과 같은 국토계획법 이외의 법률에 따라 지정된 지역·지구 등이 기재된다. 관련 용어에 대한 설명은 뒤에 하겠다.

❻ 「토지이용규제 기본법 시행령」 제9조 제4항 각 호에 해당하는 사항

토지거래계약에 관한 허가구역 또는 국토교통부령으로 정한 사항 중 일반 국민에게 그 지정 내용을 알릴 필요가 있는 사항을 말하며 주요 용어는 후술하겠다.

❼ 확인 도면

해당 필지에 내려진 지역·지구 등의 지정 여부를 확인하기 위한 참고도면이다. 법적 효력이 없으므로 측량 등의 목적으로는 사용할 수 없다.

토지이용계획확인원의 아래에는 열람 및 발급한 사람의 편의를 위해 ❹, ❺, ❻에 기재된 여러 행위 제한에 관련된 법령과 지자체의 자치법규를 쉽게 확인할 수 있도록 바로가기 서비스가 제공된다. 다만 이 법률이나 자치법규만으로는 개발행위를 속단할 수 없으므로, 단지 참고용이라는 점을 기억하자.

토지이용규제정보서비스 홈페이지에서는 원하는 주소에 특정 건물의 건축이 가능한지 여부를 참고자료로 제공하고 있다. 만약 해당 필지에 일반음식점을 건축할 수 있는지 간단히 알고 싶다면 홈페이지 상단의 '행위제한정보'를 클릭한다. 다음으로 원하는 주소를 선택하고 '토지이용행위'란에 '일반음식점'이라고 기입한 뒤 '열람' 버튼을 눌러보자.

토지이용계획에 나열된 여러 행위 제한 중에서도 보전녹지지역에 대한 행위 제한 때문에 일반음식점의 건축이 불가능하다는 것을 알 수 있다. 이 서비스는 법적 효력이 없고 토지이용규제기본법에 근거한 행위 제한 내용만 공개되기 때문에 참고자료로만 활용해야 한다.

행위제한정보   출처 : 토지이용규제정보서비스

토지이용계획	행위제한정보	규제안내서	고시정보

ⓘ 이용안내

주소+이용행위	이용행위+지역·지구

주소로 찾기   도로명으로 찾기

주소   경기도 ▼   ▼   ▼   ▼   -   🔍 열람

토지이용행위   일반음식점

지역·지구		가능여부	
공익용산지	❗	검색결과 없음	❗
과밀억제권역	❗	검색결과 없음	❗
도시지역	❗	검색결과 없음	❗
보전녹지지역	❗	건축금지 - 일반음식점	❗

아울러 입찰이나 건축행위를 하기 전에 반드시 관할관청 공무원과 인근의 토목기사, 건축사 등 전문 인력과 상담하는 절차가 필요하다.

용도지역·지구·구역이 땅의 가치를 결정한다
▼

우리나라의 토지가 구분되는 기본적인 방법은 용도지역, 용도지구, 용도구역을 통해서다. 우선 두 가지 이상의 용도지역으로 중복되지 않게 분류한 뒤 이 용도지역의 제한을 강화하거나 완화하는 것이 용도지구, 마지막으로 용도지역 및 용도지구를 보완하는 역할을 하는 것이 용도구역이다.

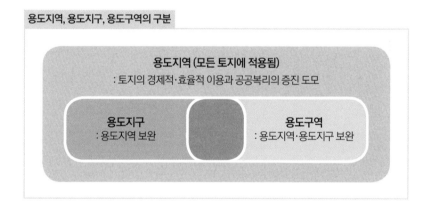

용도지역, 용도지구, 용도구역의 구분

용도지역 (모든 토지에 적용됨)
: 토지의 경제적·효율적 이용과 공공복리의 증진 도모

용도지구
: 용도지역 보완

용도구역
: 용도지역·용도지구 보완

용도지역

지목이 땅의 현재 상태를 말한다면 용도지역은 앞으로 어떤 건축물을 지을 수 있는지를 결정한다. 사전적 의미는 '토지의 이용 및 건축물의 용도·건폐율·용적률·높이 등을 제한함으로써 토지를 경제적·효율적으로 이용하고 공공복리의 증진을 도모하기 위하여 서로 중복되지 않게 도시·군관리계획으로 결정하는 지역'이다. 2003년 국토계획법이 제정되기 전까지는 지금의 체계와는 약간 달랐다.

용도지역	적용법규
도시지역	도시계획법 등 개별법
준도시지역	국토이용관리법
준농림지역	국토이용관리법, 농지법, 산림법
농림지역	산림법, 농지법 등 개별법
자연환경보전지역	수도법, 자연공원법 등 개별법

여기서 국토의 26%나 차지하는 '준농림지역'은 1994년 개발 가능한 토지의 확대를 위해 처음 도입됐다. 농업, 임업의 진흥과 산림보전을 위해 이용하되 개발용도로도 이용할 수 있는, 한마디로 보존을 해야 하는지 개발해도 되는지가 불분명한 용도지역이었다. 도입 당시 수도권 인근에는 양질의 주택 및 공장용지가 매우 부족했다. 그러다 보니 이처럼 애매한 성격을 지닌 준농림지역에 건축행위를 하기가 적당해 공장이 약 3만 건, 주택은 약 30만 호가 건설됐다. 체계적인 계획에 기초한 개발을 통해 도로, 주차장, 학교, 공원 등의 기반시설이 함께 공급됐어야 함에도 당장의 목적 달성만을 위한 공장과 나 홀로 아파트가 곳곳에 생겨나 교통체증은 극에 달했고, 주민들의 삶의 질이 하락하는 등 여러 문제가 발생했다. 그 당시까지는 국토를 관리하는 법령이 도시계획법과 국토이용관리

법으로 이원화되어 있어 혼란을 초래했는데, 이 두 법을 폐지하고 2003년부터 국토계획법으로 일원화하여 용도지역을 관리했다. 이로 인해 과거 5개 용도지역이던 것이 4개 용도, 9개 지역으로 세분화됐다.

용도지역(법)		세분(시행령)	지정목적
도시지역	주거지역	제1종 전용주거지역	단독주택 중심의 양호한 주거환경 보호
		제2종 전용주거지역	공동주택 중심의 양호한 주거환경 보호
		제1종 일반주거지역	저층주택 중심의 주거환경 조성
		제2종 일반주거지역	중층주택 중심의 주거환경 조성
		제3종 일반주거지역	중·고층주택 중심의 주거환경 조성
		준주거지역	주거기능에 상업 및 업무기능 보완
	상업지역	중심상업지역	도심·부도심이 상업·업무기능 확충
		일반상업지역	일반적인 상업 및 업무기능 담당
		근린상업지역	근린지역의 일용품 및 서비스 공급
		유통상업지역	도시 내 지역 간 유통기능 증진
	공업지역	전용공업지역	중화학공업, 공해성 공업 등을 수용
		일반공업지역	환경을 저해하지 않는 공업의 배치
		준공업지역	경공업 수용 및 주·상·업무기능의 보완
	녹지지역	보전녹지지역	도시의 자연환경·경관·산림 및 녹지공간 보전
		생산녹지지역	농업 생산을 위해 개발을 유보
		자연녹지지역	보전할 필요가 있는 지역으로 제한적 개발 허용
관리지역		보전관리지역	보전이 필요하나 자연환경보전지역으로 지정이 곤란한 경우
		생산관리지역	농·임·어업 생산을 위해 필요, 농림지역으로 지정이 곤란한 경우
		계획관리지역	도시지역 편입이 예상, 계획적·체계적 관리 필요
농림지역			농림업 진흥과 산림보전을 위해 필요
자연환경보전지역			자연환경 등의 보전과 수산자원의 보호·육성

앞 표의 도시지역 중 주거지역, 상업지역, 공업지역은 이미 많은 개발이 이루어졌거나 개발이 가능한 용도지역이다. 관리지역 중 보전관리 및 생산관리 지역과 농림지역, 자연환경보전지역은 개발보다는 보전에 초점이 맞춰진 용도지역이다. 도시지역에 포함된 녹지지역과 도시지역 인근의 계획관리지역은 보전 용도의 토지보다는 개발 가능성이 더 크다고 볼 수 있다. 그리고 세분된 21가지 구분에 따라 다음 사항이 결정되므로 세부 구분까지 확인해야 한다.

건폐율=건축면적/대지면적×100(%)

: 건물을 얼마나 넓게 지을 수 있는가

용적률=건물 연면적/대지면적×100(%)

: 건물을 얼마나 높게 올릴 수 있는가

용도지역을 확인할 때에는 '주거지역' 구분까지만 보면 안 되고 제1종 일반주거지역인지, 제2종 전용주거지역인지까지 파악해야 한다. 그래야만 건폐율과 용적률을 통해 내가 살 땅에 어느 정도 규모의 건물이 올라갈 수 있는지, 토지의 가치는 얼마인지를 정확히 판단할 수 있다. 국토계획법 시행령에서 건폐율과 용적률을 직접 확인해보자. 법제처 홈페이지 (www.moleg.go.kr)에 접속해 '현행법령' 검색에서 '국토계획법'을 검색한다. 검색결과 목록 중 '국토의 계획 및 이용에 관한 법률 시행령'을 선택한 뒤 '제84조(용도지역 안에서의 건폐율)'와 '제85조(용도지역 안에서의 용적률)'를 확인하면 된다. 표로 정리하면 다음과 같다.

● 현행법령　○ 연혁법령　○ 근대법령　○ 외국어번역　○ 최신법령　○ 조약　　✔ 상세검색　🔍 분류검색

| 법령명 | 법령본문 | 조문내용 | 조문제목 | 부칙 | 제정·개정문 |

🔍조회이력 □새창

▶ 총 3건　　　　　　　　　　　　　　　　　　　　　　　가나다별　▼ 선택　전체

번호	법령명	공포일자	법령종류	공포번호	시행일자
1	국토의 계획 및 이용에 관한 법률	2019. 8. 20.	법률	제16492호	2019. 8. 20.
2	국토의 계획 및 이용에 관한 법률 시행령	2019. 8. 6.	대통령령	제30031호	2019. 8. 6.
3	국토의 계획 및 이용에 관한 법률 시행규칙	2019. 8. 7.	국토교통부령	제643호	2019. 8. 7.

용도지역		세분(시행령)	건폐율(%) – 기준 : 이하	용적률(%) – 기준 : 이상~이하
도시지역	주거지역	제1종 전용주거지역	50	50~100
		제2종 전용주거지역	50	100~150
		제1종 일반주거지역	60	100~200
		제2종 일반주거지역	60	150~250
		제3종 일반주거지역	50	200~300
		준주거지역	70	200~500
	상업지역	중심상업지역	90	400~1500
		일반상업지역	80	300~1300
		근린상업지역	70	200~900
		유통상업지역	80	200~1100
	공업지역	전용공업지역	70	150~300
		일반공업지역	70	200~350
		준공업지역	70	200~400
	녹지지역	보전녹지지역	20	50~80
		생산녹지지역	20	50~100
		자연녹지지역	20	50~100
관리지역		보전관리지역	20	50~80
		생산관리지역	20	50~80
		계획관리지역	40	50~100
농림지역			20	50~80
자연환경보전지역			20	50~80

그러나 국토계획법 시행령만으로 건폐율과 용적률을 판단해서는 안 되며, 특별시·광역시·특별자치시·특별자치도·시 또는 군의 도시·군계획 조례에 따른 건폐율과 용적률까지 확인해야 한다. 시행령의 기준은 상한 선이라고 생각하는 것이 좋다. 예를 들어 경기도 수원시 준주거지역의 도시계획조례상 건폐율과 용적률을 확인해보고 싶다면 자치법규 정보시스템(www.elis.go.kr)에 접속해보자. 상단의 '자치법규검색 ➡ 자치단체별'란 에서 '경기 ➡ 수원시'를 차례로 선택한 뒤 법규명에 '도시계획조례'를 입력해 '검색하기' 버튼을 누르면 아래와 같이 '수원시 도시계획조례'를 찾을 수 있다.

수원시 도시계획조례		출처 : 자치법규 정보시스템
검색결과 : 총 1건		
자치단체	종류	법규명
경기 수원시	조례	수원시 도시계획 조례

해당 조례를 클릭해 제66조(용도지역 안에서의 건폐율)와 제70조(용도지역 안에서의 용적률)를 보면 도시계획조례상 건폐율과 용적률을 손쉽게 확인할 수 있다. 도시계획조례상 수원시 준주거지역의 건폐율은 70% 이하, 용적률은 400% 이하로 국토계획법 시행령의 기준과 차이가 있음을 알 수 있다.

제66조(용도지역 안에서의 건폐율) ① 영 제84조제1항에 따라 용도지역 안에서의 건폐율은 다음 각 호와 같다.

1. 제1종전용주거지역 : 40퍼센트 이하
2. 제2종전용주거지역 : 30퍼센트 이하
3. 제1종일반주거지역 : 60퍼센트 이하
4. 제2종일반주거지역 : 60퍼센트 이하
5. 제3종일반주거지역 : 40퍼센트 이하
6. 준주거지역 : 70퍼센트 이하

제70조(용도지역안에서의 용적률) ① 영 제85조제1항에 따라 각 용도지역의 용적률은 다음 각 호와 같다.

1. 제1종전용주거지역 : 100퍼센트 이하
2. 제2종전용주거지역 : 150퍼센트 이하
3. 제1종일반주거지역 : 200퍼센트 이하
4. 제2종일반주거지역 : 일반건축은 250퍼센트 이하(다
5. 제3종일반주거지역 : 일반건축은 300퍼센트 이하(다
6. 준주거지역 : 400퍼센트 이하

　　그렇다면 건물도 여러 종류가 있는데 구체적으로 어떤 건물을 건축할 수 있단 말인가? 건폐율, 용적률과 마찬가지로 국토계획법 시행령과 도시계획조례를 통해 건축이 허용되는 건물의 종류를 알아볼 수 있다. 수원시의 준주거지역에서 건축이 불가능한 건축물을 직접 찾아보자. 앞서와 같이 법제처 홈페이지에서 국토계획법 시행령을 검색한 후 '제71조(용도지역 안에서의 건축제한)'를 확인한다. 해당 법조문의 '별표 7' 부분을 클릭하거나 시행령의 가장 아래를 보면 '별표 7'을 찾을 수 있다.

　　'1. 건축할 수 없는 건축물'에 의해 단란주점, 격리병원, 위락시설, 고압가스 충전소 등은 국토계획법 시행령에 따라 건축할 수 없음을 알 수 있다. 그다음 '2'에 해당하는 건축물은 도시·군계획조례에 따라 건축 여부

제71조(용도지역안에서의 건축제한) ①법 제76조제1항에 따른 용도지역안에서의 건축물의 용도·종류 및 규모 등의 제한(이하 "건축제한"이라 한다)은 다음 각호와 같다. 〈개정 2014. 1. 14.〉

1. 제1종전용주거지역안에서 건축할 수 있는 건축물 : 별표 2에 규정된 건축물
2. 제2종전용주거지역안에서 건축할 수 있는 건축물 : 별표 3에 규정된 건축물
3. 제1종일반주거지역안에서 건축할 수 있는 건축물 : 별표 4에 규정된 건축물
4. 제2종일반주거지역안에서 건축할 수 있는 건축물 : 별표 5에 규정된 건축물
5. 제3종일반주거지역안에서 건축할 수 있는 건축물 : 별표 6에 규정된 건축물
6. 준주거지역안에서 건축할 수 없는 건축물 : 별표 7에 규정된 건축물

국토의 계획 및 이용에 관한 법률 시행령 [별표 7] 〈개정 2019. 3. 19.〉
준주거지역 안에서 건축할 수 없는 건축물(제71조 제1항 제6호 관련)

1. 건축할 수 없는 건축물

　가. 「건축법 시행령」 별표 1 제4호의 제2종 근린생활시설 중 단란주점

　나. 「건축법 시행령」 별표 1 제7호의 판매시설 중 같은 호 다목의 일반게임
　　　제공업의 시설

　다. 「건축법 시행령」 별표 1 제9호의 의료시설 중 격리병원

　라. 「건축법 시행령」 별표 1 제15호의 숙박시설(생활숙박시설로서 공원·녹지
　　　또는 지형지물에 의하여 주택 밀집지역과 차단되거나 주택 밀집지역으로
　　　부터 도시·군계획조례로 정하는 거리 밖에 있는 대지에 건축하는 것은 제외
　　　한다)

　마. 「건축법 시행령」 별표 1 제16호의 위락시설

　바. 「건축법 시행령」 별표 1 제17호의 공장으로서 별표 4 제2호 차목(1)부터 (6)
　　　까지의 어느 하나에 해당하는 것

　사. 「건축법 시행령」 별표 1 제19호의 위험물 저장 및 처리 시설 중 시내버스
　　　차고지 외의 지역에 설치하는 액화석유가스 충전소 및 고압가스 충전소·저
　　　장소(「환경친화적 자동차의 개발 및 보급 촉진에 관한 법률」 제2조 제9호의
　　　수소연료공급시설은 제외한다)

　아. 「건축법 시행령」 별표 1 제20호의 자동차 관련 시설 중 폐차장

　자. 「건축법 시행령」 별표 1 제21호의 동물 및 식물 관련 시설 중 축사·도축장·
　　　도계장

　차. 「건축법 시행령」 별표 1 제22호의 자원순환 관련 시설

　카. 「건축법 시행령」 별표 1 제26호의 묘지 관련 시설

2. 지역 여건 등을 고려하여 도시·군계획조례로 정하는 바에 따라 건축할 수 없는
　　건축물

　가. 「건축법 시행령」 별표 1 제4호의 제2종 근린생활시설 중 안마시술소

나. 「건축법 시행령」 별표 1 제5호의 문화 및 집회시설(공연장 및 전시장은 제외한다)

다. 「건축법 시행령」 별표 1 제7호의 판매시설

라. 「건축법 시행령」 별표 1 제8호의 운수시설

마. 「건축법 시행령」 별표 1 제15호의 숙박시설 중 생활숙박시설로서 공원·녹지 또는 지형지물에 의하여 주택 밀집지역과 차단되거나 주택 밀집지역으로 부터 도시·군계획조례로 정하는 거리 밖에 있는 대지에 건축하는 것

바. 「건축법 시행령」 별표 1 제17호의 공장(제1호 바목에 해당하는 것은 제외한다)

사. 「건축법 시행령」 별표 1 제18호의 창고시설

아. 「건축법 시행령」 별표 1 제19호의 위험물 저장 및 처리 시설(제1호 사목에 해당하는 것은 제외한다)

자. 「건축법 시행령」 별표 1 제20호의 자동차 관련 시설(제1호 아목에 해당하는 것은 제외한다)

차. 「건축법 시행령」 별표 1 제21호의 동물 및 식물 관련 시설(제1호 자목에 해당하는 것은 제외한다)

카. 「건축법 시행령」 별표 1 제23호의 교정 및 군사 시설

타. 「건축법 시행령」 별표 1 제25호의 발전시설

파. 「건축법 시행령」 별표 1 제27호의 관광 휴게시설

하. 「건축법 시행령」 별표 1 제28호의 장례시설

가 결정되는 건축물이다. 이러한 건축물을 찾기 위해서는 다시 수원시 도시계획조례를 보면 된다. 제36조에 준주거지역에서 건축이 제한되는 건축물이 표기되어 있다.

결국 수원시 준주거지역에는 국토계획법 시행령과 도시계획조례에 따라 안마시술소, 생활숙박시설, 위험물 저장 및 처리시설, 관광 휴게시설 중 관망탑 및 휴게소, 장례식장 등을 건축할 수 없다는 사실을 전문가의

도움 없이도 인터넷을 통해 누구나 손쉽게 확인할 수 있다.

준주거지역 안에서의 건축 제한

출처 : 수원시

제36조(준주거지역 안에서의 건축제한) 준주거지역 안에서는 영 별표 7 제1호 각 목의 건축물과 영 별표 7 제2호에 따라 다음 각 호의 건축물을 건축할 수 없다.
1. 「건축법 시행령」 별표 1 제4호의 2종 근린생활시설 중 안마시술소
2. 「건축법 시행령」 별표 1 제15호의 숙박시설 중 생활숙박시설
3. 「건축법 시행령」 별표 1 제19호의 위험물 저장 및 처리 시설
4. 「건축법 시행령」 별표 1 제27호의 관광 휴게시설 중 관망탑 및 휴게소
5. 「건축법 시행령」 별표 1 제28호의 장례식장

용도지구

용도지역은 국토의 전 지역에 지정되어 있으며 중복으로 지정할 수 없다. 이에 비해 용도지구는 지정되어 있지 않은 곳도 있고, 중복으로 지정할 수도 있다. 용도지역은 국토 전체에 대한 규제에 해당하므로 각 지역의 특성을 제대로 반영하기가 어려운 반면, 용도지구는 지역별 특성 등을 반영해 규제를 강화하거나 완화하는 기능을 한다. 현재 용도지구는 아래 표와 같이 크게 9가지로 구분할 수 있다.

용도지구	세분(시행령)	지정목적
경관지구	자연경관지구	산지·구릉지 등 자연경관의 보호 또는 도시의 자연풍치 유지
	시가지경관지구	주거지역의 양호한 환경조성과 시가지의 도시경관 보호
	특화경관지구	수변, 문화재적 보존가치가 있는 건축물 주변의 경관 보호
고도지구	최고고도지구	도시환경과 경관 보호, 과밀방지 위해 최고한도 정함
방화지구		화재의 위험을 예방
방재지구		풍수해, 산사태, 지반 붕괴 등 기타 재해의 예방

보호지구	역사문화환경보호지구	문화재와 문화적으로 보존가치가 큰 지역의 보호와 보존
	중요시설물보호지구	국방상 또는 안보상 중요한 시설물의 보호와 보존
	생태계보호지구	야생동식물 서식처 등 생태적으로 보존가치가 큰 지역의 보호와 보존
취락지구	자연취락지구	녹지지역·관리지역·농림지역 또는 자연환경보전지역 안의 취락 정비
	집단취락지구	개발제한구역 안의 취락 정비
개발진흥지구	주거개발진흥지구	주거기능 중심 개발·정비
	산업유통개발진흥지구	공업기능 중심 개발·정비
	관광휴양개발진흥지구	관광·휴양기능 중심 개발·정비
	복합개발진흥지구	주거기능, 공업기능, 유통·물류기능 및 관광·휴양기능 중 2 이상의 기능 중심 개발·정비
	특정개발진흥지구	위의 기능 외 기능을 중심으로 특정한 목적 개발·정비
특정용도제한지구		주거기능, 청소년보호 등 목적으로 특정시설 입지제한
복합용도지구		토지이용, 개발 수요 등 고려해 복합적 토지이용 도모

위의 표 중 '용도지구'는 국토계획법상 분류되는 용도지구이며 '세분'은 시행령에 따라 세분된 지구를 가리킨다. 지역 여건상 필요한 경우에는 경관지구, 특정용도제한지구, 중요시설보존지구를 도시·군계획조례로 더 세분해 지정할 수 있다. 물론 지자체에서 함부로 용도지구를 지정할 수는 없다. 부득이한 사유가 있어야 하고 최소한에 그쳐야 한다. 아울러 당해 용도지역이나 용도구역의 행위 제한을 완화하는 용도지구를 신설하지 못한다. 이처럼 용도지구는 용도지역에서 미처 다하지 못한 행위 제한을 추가, 보완하는 역할을 한다.

마음에 드는 토지나 구축 건물을 사서 새 건물을 짓고자 할 때 토지이용계획확인원에 위와 같은 용도지구가 기재되어 있다면 앞서 설명한 대로 해당 지역의 도시·군계획조례를 찾아 해당 용도지구에 어느 정도까지 건축이 제한되어 있는지 찾아보면 된다. 예를 들어 경기도 수원시의 토지를 매입하려고 하는데 토지이용계획확인원에 '자연경관지구'로 기재되어 있다면 자치법규정보시스템에서 수원시 도시계획조례 제52~54조를 참고하면 된다. 키보드에서 'Ctrl+F'키를 눌러 원하는 '자연경관지구'로 찾을 수도 있다. 그러면 아래 박스와 같이 건폐율, 높이, 규모, 대지 안의 조경에 대한 수원시 기준을 확인할 수 있다.

다만 모든 용도지구의 건축 제한사항을 도시·군계획조례로 확인할 수

자연경관지구에 대한 세부사항   출처 : 수원시

제52조(자연경관지구 안에서의 건폐율) (조 제목 개정 2018.04.30)
① 자연경관지구 안에서 건축하는 건축물의 건폐율은 영 제72조제2항에 따라 40퍼센트 이하로 한다. 다만, 자연여건 등에 따라 경관 유지에 지장이 없거나 토지이용을 높일 필요가 있는 지역으로서 시 도시계획위원회의 심의를 거쳐 건폐율은 50퍼센트 이하로 할 수 있다. (개정 2018.04.30)
② 제1항에도 불구하고 자연경관지구로 지정된 녹지지역 안에서는 해당 지역의 건폐율을 적용하며, 지구단위계획구역 안에서는 지구단위계획에 따른다. (개정 2018.04.30)

제53조(자연경관지구 안에서의 높이 등) (조 제목 개정 2018.04.30)
① 자연경관지구 안에서 건축하는 건축물의 높이·층수는 영 제72조제2항에 따라 5층으로써 20미터 이하(주거지역, 상업지역, 공업지역 이외의 용도지역 안에서는 3층으로써 12미터 이하로 한다)로 하여야 한다. 다만, 경관유지에 지장이 없다고 판단하여 시 도시계획위원회의 심의를 거쳐 각 호의 높이의 1.5배까지 건축할 수 있다. (개정 2018.04.30)
② 제1항에도 불구하고 자연경관지구로 지정된 녹지지역 및 제1종일반주거지역 안에서는 3층으로써 12미터 이하로 한다. (개정 2018.04.30)
③ 지구단위계획구역 안에서의 높이제한은 지구단위계획에 따른다.

제54조(자연경관지구 안에서의 건축물의 규모) (조 제목 개정 2018.04.30)자연경관지구 안에서는 영 제72조제2항에 따라 건축물의 1개동의 규모는 정면부 길이를 50미터 미만으로 하며, 연면적은 1,500제곱미터를 초과할 수 없다. 다만, 자연여건 등에 따라 경관유지에 지장이 없거나 토지이용을 높일 필요가 있는 지역으로서 시 도시계획위원회의 심의를 거쳐 연면적 3천제곱미터까지 건축할 수 있다. (개정 2018.04.30)

제55조(자연경관지구 안에서의 대지 안의 조경) (조 제목 개정 2018.04.30)자연경관지구 안에서는 영 제72조제2항에 따라 건축물을 건축하는 경우에는 주거지역 안에서는 대지면적의 15퍼센트 이상, 녹지지역 안에서는 대지면적의 40퍼센트 이상에 해당하는 조경 면적을 확보하여야 한다. 다만, 다른 법령에 따라 조경 등의 조치를 하지 않아도 되는 건축물은 제외한다. (개정 2018.04.30)

있는 것은 아니다. 예외가 있으므로 다음과 같은 용도지구가 기재되었다면 그에 맞는 법률이나 시행령을 추가로 찾아봐야 한다.

- **고도지구** 도시·군관리계획
- **자연취락지구** 국토계획법 시행령
- **집단취락지구** 개발제한구역의 지정 및 관리에 관한 특별조치법
- **개발진흥지구** 관계된 개발계획이나 지구단위계획

신축이 아닌 리모델링이 필요한 건축물이라면 경관지구, 고도지구 내에서 높이·규모 등의 제한이 완화될 수도 있다.

용도구역

용도구역은 용도지역과 용도지구의 행위 제한을 완화 또는 강화하기 위한 것으로 대부분 강력한 행위 제한, 즉 개발을 제한하는 역할을 한다. '시가지의 무질서한 확산을 방지하고 계획적이고 단계적인 토지이용의 도모, 토지이용의 종합적 조정·관리 등을 위하여 도시·군관리계획으로 결정하는 지역'을 말하며 개발제한구역, 시가화조정구역, 수산자원보호구역, 도시자연공원구역, 입지규제최소구역 등이 있다. 이들 모두 사적인 용도로 개발하는 것은 거의 불가능하므로, 매입하려는 토지에서 다음과 같은 용도구역이 보인다면 근거법령을 찾아 행위 제한의 내용을 정확히 살펴봐야 한다.

용도구역	지정 목적 및 대상
개발제한구역	도시의 무질서한 확산을 방지하고 도시 주변의 자연환경을 보전하여 도시민의 건전한 생활환경을 확보하기 위하여 도시의 개발을 제한할 필요가 있거나 국방부 장관의 요청이 있어 보안상 도시의 개발을 제한
도시자연공원구역	도시의 자연환경 및 경관을 보호하고 도시민에게 건전한 여가·휴식공간을 제공하기 위하여 도시지역 안의 식생이 양호한 산지(山地)의 개발을 제한
시가화조정구역	도시지역과 그 주변지역의 무질서한 시가화를 방지하고 계획적·단계적 개발을 도모하기 위하여 5년 이상 20년 미만의 일정 기간 동안 시가화를 유보
수산자원보호구역	수산자원의 보호·육성을 위하여 필요한 공유수면이나 그에 인접한 토지
입지규제최소구역	도시지역에서 복합적인 토지이용을 증진시켜 도시정비를 촉진하고 지역거점을 육성할 필요가 있는 지역

힘이 제일 센 지구단위계획구역

▼

토지를 보유하고 있는 사람이라면 누구나 해당 용도지역의 건폐율과 용적률을 최대로 적용해 크고 높은 건물을 짓고 싶어 한다. 그만큼 많은 임차인이 들어와 월세가 늘어나고, 직접 장사를 하더라도 더 넓은 공간에서 영업할 수 있기 때문이다. 이와 달리 월세와 큰 관련이 없는 도로, 공원, 주차장 등을 설치하려는 토지 소유자는 거의 없다. 이렇듯 건물 위주의 개발을 토지 소유자가 선호하고 이런 행위가 지속되다 보니 도심은 난개발이 이뤄지게 된다. 도로는 좁고 꼬불꼬불한 데다 공원, 학교, 수도시설 등이 부족해 도시의 기능과 효율성이 떨어질 수밖에 없는 것이다.

이런 문제를 해결하고자 도입된 '지구단위계획'은 해당 지역에 전체적인 그림을 그려두고, 공공시설을 설치하거나 부지를 제공하는 등 공공의 목적에 부합하면 건폐율과 용적률 등 건축 기준을 완화해주는 제도다. 구체적으로는 '토지이용을 합리화하고 그 기능을 증진시키며 미관을 개선하고 양호한 환경을 확보하며, 그 지역을 체계적·계획적으로 관리하기 위하여 수립하는 도시·군관리계획'을 말한다. 지구단위계획의 내용에는 기반시설(도로, 철도, 공원, 녹지, 수도설비 등)의 배치와 규모, 건축물의 용도 제한, 건축물의 건폐율 또는 용적률, 건축물 높이의 최고한도 또는 최저한도가 반드시 포함되어야 한다.

부동산 투자 시 지구단위계획구역이 중요한 이유는 예컨대 용도지역과 건축법상으로는 숙박시설 운영이 가능할 것처럼 보여도 지구단위계획에서 불허 용도로 지정된 경우에는 불가능하기 때문이다. 국토계획법 제54조에 그 이유가 잘 드러나 있다.

국토계획법 제54조(지구단위계획구역에서의 건축 등)

지구단위계획구역에서 건축물을 건축 또는 용도 변경하거나 공작물을 설치하려면 그 지구단위계획에 맞게 하여야 한다. 다만, 지구단위계획이 수립되어 있지 아니한 경우에는 그러하지 아니하다.

그러므로 특히 오래된 단독주택을 허물고 새 건물을 지을 목적으로 투자할 때에는 토지이용계획확인원에 '지구단위계획'이 기재된 경우, 해당 내용을 자세히 살펴봐야 한다.

주택 경매물건의 상세 정보

출처 : 지지옥션

소 재 지	서울 영등포구 신길동 3701 도로명주소		
용 도	주택	감 정 가	202,296,000
토 지 면 적	60.0㎡ (18.2평)	최 저 가	202,296,000 (100%)
건 물 면 적	32㎡ (10평)	보 증 금	20,229,600 (10%)
경 매 구 분	임의경매	소 유 자	하○○○○○
청 구 액	150,000,000	채 무 자	하○○○○○
채 권 자	오○○		

서울시 영등포구에서 경매 진행된 단독주택 물건을 함께 살펴보자. 아래 물건은 토지면적 18.2평, 건물면적 10평, 감정가는 약 2억 200만 원이다.

경매정보에 나온 위 사진상으로는 건물 현황이 잘 보이지 않지만, 아래 상세 사진을 자세히 살펴보면 중요한 사항을 확인할 수 있다. 이 물건은

1968년 사용 승인된 것으로, 50년이 넘는 세월 동안 심하게 낡고 훼손돼서 현 상태로는 도저히 주거용으로 사용할 수 없음을 알 수 있다.

이 물건의 토지이용계획확인원을 보면 '국토계획법'란에 '제1종 지구단위계획구역'이라고 기재되어 있다. 과거에는 지구단위계획구역을 1종, 2종으로 구분했는데 현재는 '도시지역', '도시지역 외'로 구분한다. 이 물건에는 도시지역의 지구단위계획이 적용된다.

관심을 가진 물건에 이처럼 지구단위계획구역이라고 기재되어 있다면 다른 용어의 뜻을 알아보기 전에 먼저 해당 지구단위계획을 찾아봐야 한다. 지구단위계획이 다른 규제들보다 해당 물건에 가장 강력한 힘을 미치기 때문이다. 지구단위계획에 관한 자료는 해당 부동산이 소재한 지자체의 홈페이지에서 찾을 수 있다. 서울은 '서울도시계획포털(urban seoul. go.kr)'에서 한 번에 확인 가능하다.

서울도시계획포털에 접속해 '도시관리계획 현황 ➡ 지구단위계획'을 차례로 선택한 뒤 해당 지구단위계획구역을 찾아 '상세정보'를 클릭하면 고시문을 찾아볼 수 있다. 다만 최초 고시문만 등록되어 있거나 자세한 도면 표시가 되어 있지 않다면 해당 자치구의 '시행지침'을 한 번 더 확인해보자. 시행지침에는 토지이용 및 시설에 관한 계획, 획지 및 건축물에 관한 계획, 인센티브 등에 관한 수많은 사항이 담겨 있다.

지구단위계획

번호	구역명 위치	
16	신길동 제1종지구단위계획구역	상세정보
	신길동 3610번지 일대	
17	신길1생활권 제1종지구단위계획구…	상세정보
	영등포구 신길동 196-3번지 일대	
18	제1종지구단위계획구역	상세정보
	영등포구 문래동5가 10번지 일대	
19	여의도전략정비1구역 제1종 지…	상세정보
	영등포구 여의도동 50번지 일대	
20	여의도전략정비제2구역 제1종지…	상세정보
	여의도동 28번지 일대	

◀◀ 1 | 2 | 3 | 4 | 5 ▶▶
총 : 25 (4/5 page)

이를 여기서 모두 다룰 수는 없으므로 '불허용도'와 '공동건축의 강제 부분'만 살펴보자. 여기서 말하는 불허용도란 관련법령의 규정에 따라 허용되더라도 도시관리 등을 위해 지구단위계획상 건축할 수 없는 용도를

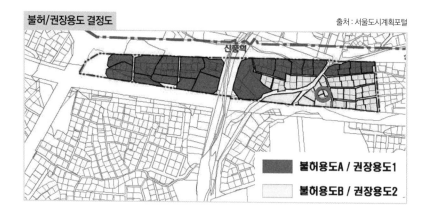

불허/권장용도 결정도

■ 불허용도A / 권장용도1
☐ 불허용도B / 권장용도2

말한다. 좌측 아래의 '불허/권장용도 결정도'에서 앞서 말한 경매물건을 찾아보자. 파란색 동그라미로 표시한 곳이 해당 경매물건으로, 불허용도 B, 권장용도 2가 적용되는 구역 안에 위치한 것을 알 수 있다.

다시 서울도시계획포털에서 불허용도를 찾아보면 해당 지역에는 위험물 저장 및 처리시설, 안마시술소가 허용되지 않음을 알 수 있다.

불허용도

구 분		전층 불허용도
신풍역 일대	A	• 위험물저장 및 처리시설 • 사후세리장시설 (단, 주차장 제외)	■1층 전면 불허용도 • 전층 불허용도 / • 주택 • 제1종근린생활시설 중 건축자재 및 수도 ·난방, 페인트, 유리 등 기타 이와 유사한 소매점 • 제2종근린생활시설 중 수리점으로 타이어 · 밧데리 등과 같은 자동차관련의 소매점
	B	• 위험물저장 및 처리시설 • 안마시술소	

그리고 298쪽의 '획지 및 건축물 등에 관한 결정(변경)도'를 보면 해당 경매물건이 소재한 토지, 즉 '3701대'라고 표기된 부분에 파란색 동그라미가 그려져 있고, 바로 아래의 '3741-53대'라고 표기된 토지와 선으로 연결된 것을 볼 수 있다. 그림 오른쪽의 범례를 보면 이 경매물건이 소재한 영등포구 신길동 3701번지$(60m^2)$와 4차선 도로에 접한 3741-53번지$(324m^2)$가 '공동개발'로 지정되어 있다는 점도 확인된다.

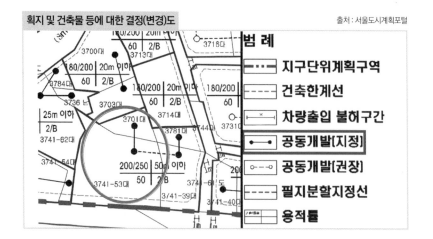

획지 및 건축물 등에 대한 결정(변경)도　　　　　　출처 : 서울도시계획포털

범 례

- ─•─•─ 지구단위계획구역
- ┄┄┄┄ 건축한계선
- ○━×━○ 차량출입 불허구간
- ●━•━● 공동개발[지정]
- ○╌•╌○ 공동개발[권장]
- ─ ─ ─ 필지분할지정선
- 용적률

 이 경우 3741-53번지 토지 소유자는 오래된 건물을 허물고 새 건물을 올리고 싶어도 혼자 마음대로 진행할 수 없다. 3701번지와 공동으로 묶어 하나의 대지로 건축물을 짓도록 지정돼 있기 때문이다. 오로지 지구단위계획 때문에, 면적이 더 넓고 도로와 접한 토지 소유자의 건축 가능 여부가 그 5분의 1도 안 되는 작은 토지의 소유자에게 달려 있는 것이다.

 단, 지구단위계획구역이 지정되고 도시·군관리계획결정의 고시일부터 3년 이내에 해당 지구단위계획구역에 관한 지구단위계획이 결정·고시되지 않으면, 3년이 되는 날의 다음 날에 그 지구단위계획구역의 지정에 관한 도시·군관리계획결정은 효력을 잃는다. 또한 주민이 입안을 제안한 경우, 고시일부터 5년 이내에 동법 또는 다른 법률에 따라 허가·인가·승인 등을 받아 사업이나 공사에 착수하지 않더라도, 5년이 된 날의 다음 날에 그 지구단위계획에 관한 도시·군관리계획결정은 효력을 잃는다. 그러므로 투자 시 지구단위계획의 실효 여부를 알아보고 투자해야 한다.

알아두면 피가 되고 살이 되는 토지 관련 용어

▼

용도지구나 용도구역과는 관계가 없지만 토지이용계획확인원에 적혀 있을 경우 소유자 마음대로 토지를 개발할 수 없게 만드는 몇 가지 주요 용어를 짚고 넘어가자. 아래는 서울의 한 주택가 토지이용계획확인원이다.

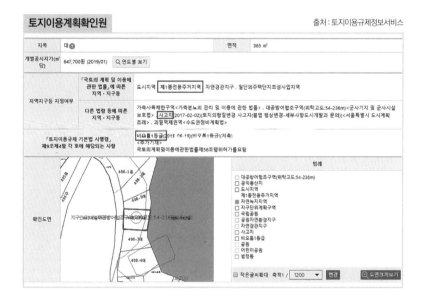

「국토의 계획 및 이용에 관한 법률」에 따른 지역·지구 등'란을 보면 용도지역이 제1종 전용주거지역으로 되어 있어 주택 용도로 사용하기 좋은 땅인 것으로 보인다. 확인도면을 살펴보니 토지의 모양이 깔끔한 사각형인 데다 서쪽으로는 도로가 충분히 접해 있어 건축하기에 안성맞춤으로 여겨진다. 그런데 '다른 법령 등에 따른 지역·지구 등'란에 있는 '사고지', 「토지이용규제 기본법 시행령」란'에 기재된 '비오톱 1등급'이라는 생소한 단어가 눈에 띈다. 과연 이 토지는 주택을 건축할 수 있는 땅일까?

비오톱 1등급

비오톱(Biotope)은 그리스어로 생명을 뜻하는 'Bios'와 땅이라는 뜻의 'Topos'가 합쳐진 말로 '특정 식물과 동물이 하나의 생활공동체를 이뤄 지표상에서 다른 곳과 명확히 구분되는 생물서식지'를 말한다. 비오톱은 동식물의 서식지 기능, 생물 서식의 잠재성, 식물의 층위 구조, 면적 및 희귀도를 종합하여 5개 등급으로 나눈다. 그중 1등급은 사람을 위한 땅이 아니라 동물과 식물을 위한 땅이라고 생각하면 맞다.

서울시 도시계획조례 제24조 별표 1에는 '도시생태현황 조사 결과 비오톱 유형평가 1등급이고 개별 비오톱 평가 1등급으로 지정된 부분은 보전하여야 한다'라고 기재되어 있다. 비오톱 1등급에는 사람이 사용할 만한 건축물을 짓기가 거의 불가능하다는 얘기다. 실제로 한 건설사에서 비오톱 1등급 토지에 주택건설사업계획 승인신청을 했지만 해당 구청에서 이를 반려한 바 있다. 이에 건설회사는 구청장을 상대로 반려처분 취소를 구하는 소를 제기했으나 대법원에서 패소한 사례(오른쪽 박스 참조)가 있으므로 투자자라면 주의해야 한다.

그리고 처분권자가 위와 같은 '공익상 필요' 여부를 판단함에 있어 그 근거로 삼거나 참고할 수 있는 자료가 특별히 한정되어 있는 것은 아니므로, 서울특별시도시계획조례 및 그 시행규칙에 의하여 서울특별시가 도시계획시설 입지 심의 등 각종 도시계획 입안과 자연환경보전법에 따른 생태계 보전지역의 설정 및 관리의 기초자료로 활용할 목적으로 서울특별시 전역에 대한 생태 현황을 조사하여 만든 도시생태현황도(비오톱 맵)의 내용도 불허가처분의 근거자료 내지 참고자료로 사용될 수 있는 것이며, 그러한 사용이 도시생태현황도의 제작 목적에 부합하지 않는 것으로서 법치행정의 원칙에 어긋난다거나 그로 인하여 임야의 형질변경제도 자체가 쓸모없게 된다고 할 수는 없다. (대법원 2007. 5. 10. 선고 2005두13315 판결)

사고지

'사고지'는 고의 또는 불법으로 입목이 훼손되어있거나 지형이 변경되어 원상회복이 이뤄지지 않은 토지를 가리킨다. 허가도 받지 않은 채 땅을 절토하거나 포장 등을 했을 때, 혹은 합법적으로 공사 진행 후 원상복구를 하지 않았을 때 지정된다. 쉽게 말해 개발업자가 사고 친 땅이라고 생각하면 된다. 이렇게 사고지로 지정된 땅은 각 지자체의 도시계획조례에 따라 원상복구가 끝난 후에도 일정 기간 개발을 못 하도록 하고 있다. 서울은 3년, 인천은 7년이다. 서울은 서울특별시 도시계획조례 시행규칙 제9조 별표 2에 따라서 복원을 해야만 개발이 가능하다.

대부분 해당 토지를 매입하자마자 공사를 시작하는 일정으로 자금 계획을 세우고 접근하게 마련이다. 그러나 사고지로 지정된 토지는 상당 기간 사용할 수 없어 그 기간 동안 금융 비용을 감당해야 하니 주의가 필요하다.

가. 입목 훼손의 경우

  (1) 복원방법

    (가) 서울특별시 ha당 평균입목축적의 120% 이상이 되도록 식재하여야
한다.

    (나) 식재 후 3년 이상의 입목의 활착을 위한 유예기간을 주어야 하며, 그 기
간 동안 입목을 관리하여야 한다. 수목의 생존율이 저조하여 재식재(보
식)한 경우 또한 같다.

    (다) 활착된 입목축적을 측정하여 서울특별시 ha당 평균입목축적의 120%
이상 되어야 해제할 수 있다.

  (2) 식재한 입목의 관리

    (가) 토지소유자 등은 식재한 입목에 대하여 매년 생육상태를 조사하여 그
결과를 제출하여야 한다. 이 경우 공인기관의 기술자에게 그 관리를
위임할 수 있다.

    (나) 제출된 생육상태에 대하여는 관리대장에 그 관리상황을 기록하여야 한다.

  (3) 식재할 입목은 산림청에서 정한 조림 권장수종 중 용재수종으로 하되, 도시생
태현황도의 현존식생도를 참조하여 주변 경관과 환경에 잘 어울리는 수종으로
한다. 이때 식재한 입목은 판매를 목적으로 재배하는 나무로 보지 아니한다.

나. 무단 형질변경의 경우

  (1) 복원방법

    (가) 훼손 전 경사도의 110% 이상을 성·절토하여야 하며 재해방지를 위하
여 최선을 다하여야 한다. 이 경우 훼손 전 경사도의 산정은 가장 최근에
작성된 지형도에 따른다.

    (나) 복구 후 3년 이상 토양의 안정화 기간을 주어야 하며 그 기간 동안
토양의 상태를 지속적으로 관리하여야 한다.

    (다) 토양의 안정화가 이루어졌을 경우 경사도는 훼손 전 경사도의 105%
이상 되어야 해제할 수 있다. 다만, 훼손된 성·절토량을 파악할 수 있는
경우에는 그 이상을 성·절토하여 복원할 수 있다

물이 흐르는 곳은 건축하기 좋을까?

앞에는 북한강이 흐르고 뒤로는 도로가 있는 농지가 법원경매 진행 중이다. 수려한 경관을 자랑하고 서울 접근성도 좋아 펜션 등 숙박업소를 운영하고자 덜컥 낙찰을 받았는데, 건축이 불가능한 경우가 있다. 바로 물과 관련된 각종 규제들 때문이다.

우리나라는 신생대 제3기에 '경동성 요곡운동'이 발생한 결과 국토가 비대칭으로 융기했다. 이로 인해 동쪽에는 태백산맥이 솟아올라 급격한 사면이 형성된 반면, 서쪽으로는 완만한 사면이 만들어졌다. 이 때문에 물이 모여 하천을 이루면 대개 태백산맥과 소백산맥이 발원지가 되며, 동쪽은 경사가 급해 물이 모이지 않고 바다로 빠르게 흘러나간다.

한반도의 주요 산맥   출처 : 국토지리정보원

동해와 달리 서해나 남해 쪽으로 흐르는 하천은 경사가 완만해 물이 천천히 흐르기 때문에 유역 면적이 넓고 시민들의 식수원 역할을 한다. 특히 서울과 경기권에 식수를 공급해주는 한강은 남한강과 북한강이 합류하는 상류 지역이나 상수원 인근이 상수원보호구역, 수변구역, 수질보전특별대책지역 등으로 지정돼 물을 오염시키는 행위가 엄격하게 금지되어 있다. 이런 곳의 땅을 개발

목적으로 함부로 매입해서는 안 된다.

❶ 상수원 보호구역

상수원 보호구역은 상수원 확보와 수질 보전을 위해 도입되었다.

토지이용계획확인원

출처 : 토지이용규제정보서비스

보기방법	● 기본 ○ 통합	🖨 인쇄	⊕ 도면크게보기			◢ 용적률·건폐율	🏢 지도보기	⦸ 행위제한	🏛 도시계획

소재지	경기도 남양주시 조안면 송촌리 일반 16-7		
지목	답 ❓	면적	375 ㎡
개별공시지가(㎡당)	117,000원 (2019/01)　🔍 연도별 보기		
지역지구등 지정여부	「국토의 계획 및 이용에 관한 법률」에 따른 지역·지구등	도시지역 , 자연녹지지역	
	다른 법령 등에 따른 지역·지구등	개발제한구역<개발제한구역의 지정 및 관리에 관한 특별조치법> , 환경정비구역<상수원관리규칙> , 자연보전권역<수도권정비계획법> , 상수원보호구역<수도법> , 배출시설설치제한지역<수질 및 수생태계 보전에 관한 법률> , 홍수관리구역(북한강)<하천법> , (한강)폐기물매립시설 설치제한지역<한강수계 상수원수질개선 및 주민지원 등에 관한 법률> , (한강)상수원보호구역<한강수계 상수원수질개선 및 주민지원 등에 관한 법률> , 수질보전특별대책지역(1권역)<환경정책기본법>	
「토지이용규제 기본법 시행령」 제9조제4항 각 호에 해당되는 사항			

수도법 제7조 제1항에 의해 환경부 장관이 지정할 수 있다. 또한 「금강 수계 물관리 및 주민지원 등에 관한 법률」 제7조, 「낙동강수계 물관리 및 주민지원 등에 관한 법률」 제7조, 「영산강·섬진강수계 물관리 및 주민지 원 등에 관한 법률」 제7조, 「상수원관리규칙」 제4조에 의해서도 지정할 수 있다. 금지되는 행위는 수도법(제7조 제3항)과 수도법 시행령(제12조)에 명시돼 있다.

이처럼 상수원 보호구역에서는 오수나 폐수를 버리는 행위가 엄격하 게 금지되며, 이를 위반할 경우 벌칙을 받게 되므로 소유자의 재산권이 제한된다. 이로 인한 인근 주민의 불만을 해소하기 위해 1996년부터 주민들에 대한 각종 지원사업을 시행하고 있다. 물론 외지인이나 투자자를 지원하려는 목적이 아니므로, 상수원 보호구역에 거주하는 주민 또는 상수원 보호구역에서 농림·수산업 등에 종사하는 자로 대상이 제한된다. 이 경우 시장·군수·구청장은 시·도지사의 승인을 받아야 한다. 주민지원사업의 종류는 다음과 같다.

사업구분	세부 사업내역
소득증대사업	농기구수리시설, 생산품공동저장소, 농로, 농업용수로, 농업용양수장 및 농작물재배시설 등 농림수산업 관련시설의 지원과 기타 환경부 장관이 수질보전과 조화되도록 영농방법을 개선하기 위하여 필요하다고 인정하는 사업
복지증진사업	1. 상수도시설의 시원 2. 수세식 화장실, 마을 단위 오수정화시설과 개별농가의 분뇨 또는 생활오수 처리시설의 지원 3. 진료소, 의료기구 및 구급차의 지원과 주민의 생활수준 향상을 위한 부조사업 4. 도서관, 유치원, 통학차 및 문화시설의 지원 5. 기타 환경부 장관이 주민의 복지증진을 위해 필요하다고 인정하는 사업
육영사업	교육기자재, 도서의 공급, 학자금·장학금지급, 장학기금적립, 학교급식시설지원 등 육영관련사업과 기타 환경부 장관이 필요하다고 인정하는 사업
기타사업	가. 상수원 보호구역의 지정으로 환경규제기준이 강화되어 다른 지역보다 오염물질 정화비용이 추가로 소요되는 경우의 소요비용에 대한 지원사업 나. 상수원 보호구역 지정으로 인한 행위금지 또는 제한으로 인하여 당해 구역 안에서 생업을 유지하기 곤란하다고 인정되는 자의 이주 또는 전업에 대한 지원사업

한마디로 상수원 보호구역에 거주하는 주민은 말할 것도 없고 그 외 지역에 거주하는 사람도 공익 목적 외에는 개발행위를 거의 할 수 없다고 보면 된다.

❷ 수변구역

수변구역은 한강, 금강, 낙동강 및 영산강, 섬진강 수계의 수질을 보전하기 위해 상수원으로 이용되는 댐(계획홍수위선 기준)과 그 상류지역 중 일정지역에 대해 환경부 장관이 지정·고시한 구역을 말한다.

토지이용계획확인원

소재지	경상북도 경주시 산내면 대현리 산 109			
지목	임야 ❼		면적	291,174 ㎡
개별공시지가(㎡당)	460원 (2019/01)　🔍 연도별 보기			
지역지구등 지정여부	「국토의 계획 및 이용에 관한 법률」에 따른 지역·지구등	농림지역 , 보전관리지역		
	다른 법령 등에 따른 지역·지구등	(낙동강)수변구역<낙동강수계 물관리 및 주민지원 등에 관한 법률> , 보전산지 <산지관리법> , 임업용산지 <산지관리법> , 배출시설설치제한지역 <수질 및 수생태계 보전에 관한 법률>		
「토지이용규제 기본법 시행령」 제9조제4항 각 호에 해당되는 사항	<추가기재> 도시관리계획(재정비) 입안 중(2018-08-17),가축분뇨 배출시설 설치 제한 입안중(2018.11.8.)			

수변구역은 수계별 지정대상 지역 중 필요하다고 인정되는 지역을 대상으로 지정된다. 지정대상 지역이더라도 중복 규제로 인한 주민 피해를 최소화하기 위해 다음에 해당하는 지역은 해당 수계의 여건을 고려하여 수변구역에서 제외하고 있다.

◆ 상수원보호구역, 개발제한구역, 군사기지 및 군사시설 보호구역, 하수처리구역, 도시지역, 지구단위계획구역(주거형에 한정), 일정 호수 이상으로 자연마을이 형성되어 있는 지역

각 수계별 수변구역의 범위는 다음 표와 같다.

수계	수변구역의 범위
한강	• 팔당호, 한강, 북한강 및 경안천 중 다음의 하나에 해당되는 지역으로서 필요하다고 인정하는 지역 • 특별대책지역은 그 하천·호소(湖沼)의 경계로부터 1km 이내의 지역 • 그 밖의 지역은 그 하천·호소의 경계로부터 500m 이내의 지역
낙동강	• 상수원으로 이용되는 댐 • 상수원으로 이용되는 댐의 상류지역 중 해당 댐으로부터 다음의 거리 이내의 지역으로서 수질에 미치는 영향이 크다고 인정되는 지역 • 댐 및 그 댐으로 유입되는 하천(해당 하천으로 유입되는 지천(支川)은 제외)의 경계로부터 500m 이내의 지역
영산강 및 섬진강	• 주암호·동복호·상사호·수어호 및 장흥댐의 경계로부터 500m 이내의 지역으로서 필요하다고 인정하는 지역 • 위 지역의 상류지역 중 해당 댐으로 유입되는 하천 및 이에 직접 유입되는 지류의 경계로부터 500m 이내의 지역으로서 필요하다고 인정하는 지역
금강	• 상수원으로 이용되는 댐과 특별대책지역의 금강 본류(本流)인 경우에는 해당 댐과 하천의 경계로부터 1km 이내의 지역 • 금강 본류인 경우에는 해당 하천의 경계로부터 500m 이내의 지역 • 금강 본류에 직접 유입되는 하천인 경우에는 그 하천의 경계로부터 300m 이내의 지역

　낙동강 수변구역에서 할 수 없는 행위는 「낙동강수계 물관리 및 주민 지원 등에 관한 법률」 제5조를 참고하면 된다. 상수원 보호구역과 마찬가지로 오수나 폐수가 배출되는 시설을 설치할 수가 없어서 대부분의 건축이 불가능함을 알 수 있다. 그런데 제1항 제4호를 보면 '단독주택(다가구주택에 한정한다)'이라고 기재되어 있다. 낙동강 수변구역에서는 인근 지역주민이 아니더라도 단독주택이나 다중주택은 건축이 가능하다는 것을 알 수 있다. 상수원 보호구역보다는 규제가 덜한 셈이다. 그러나 이는 수변구역에 관한 행위 제한으로만 판단한 것이므로, 투자를 결정할 때에는 관할관청이나 전문 건축사를 통해 단독주택 건축이 가능한지를 판단해야 한다.

출처 : 법제처

제5조(수변구역에서의 행위제한) ① 누구든지 수변구역에서 다음 각 호의 어느 하나에 해당하는 시설을 새로 설치(용도변경을 포함한다. 이하 이 조에서 같다)하여서는 아니 된다. 〈개정 2009. 2. 6., 2014. 1. 28., 2016. 1. 19., 2017. 1. 17.〉

1. 「물환경보전법」 제2조제10호에 따른 폐수배출시설(이하 "폐수배출시설"이라 한다)
2. 「가축분뇨의 관리 및 이용에 관한 법률」 제2조제3호에 따른 배출시설
3. 다음 각 목의 어느 하나에 해당하는 업(業)을 영위하기 위한 시설
   가. 「식품위생법」 제36조제1항제3호에 따른 식품접객업
   나. 「공중위생관리법」 제2조제1항제2호 및 제3호에 따른 숙박업 및 목욕장업
   다. 「관광진흥법」 제3조제1항제2호에 따른 관광숙박업
4. 「건축법」 제2조제2항제1호에 따른 단독주택(다가구주택에 한정한다) 및 같은 항 제2호에 따른 공동주택
5. 「건축법」 제2조제2항제6호에 따른 종교시설
6. 「주택법」 제2조제4호의 준주택에 해당하는 노인복지시설 중 다음 각 목의 어느 하나에 해당하는 시설
   가. 「노인복지법」 제32조제1항제1호에 따른 양로시설로서 환경부령으로 정하는 입소정원 이상인 시설

❸ 수질보전 특별대책지역

특별대책지역은 환경오염·환경훼손 또는 자연생태계의 변화가 현저하거나 현저하게 될 우려가 있는 지역과 환경기준을 자주 초과하는 지역의 환경보전을 위하여 환경부 장관이 「환경정책기본법」에 따라 지정·고시한 지역을 말한다. 환경정책기본법의 '제38조(특별종합대책의 수립)'에 해당 내용이 있고, 이에 대한 자세한 규제사항은 '팔당·대청호 상수원 수질보전 특별대책지역 지정 및 특별종합대책(환경부고시 제2019-105호)'에서 찾아볼 수 있다.

출처 : 토지이용규제정보서비스

소재지	경기도 광주시 목동 산 14-3			
지목	임야 ❓		면적	1,653 ㎡
개별공시지가(㎡당)	8,560원 (2019/01) 🔍 연도별 보기			
지역지구등 지정여부	「국토의 계획 및 이용에 관한 법률」에 따른 지역·지구등	계획관리지역(계획관리)		
	다른 법령 등에 따른 지역·지구등	준보전산지<산지관리법> , 자연보전권역<수도권정비계획법> , 공장설립승인지역<수도법> , 배출시설설치제한지역<수질 및 수생태계 보전에 관한 법률> 특별대책지역(1권역)<환경정책기본법>		

수질보전 특별대책지역은 강에서 가까운 Ⅰ권역과 약간 거리가 있는 Ⅱ권역으로 나뉘며 앞서 언급한 상수원 보호구역, 수변구역보다는 규제가 덜하다. Ⅰ권역은 건축허가 또는 건축허가를 위한 농지전용 등의 인허가를 신청하는 경우, 세대주를 포함한 세대원이 권역 내에 6개월 이전부터 주민등록이 되어 있어야 하는 등의 여러 제한이 있으므로 미리 잘 살펴야 한다. 자세한 것은 앞서 언급한 특별종합대책의 '[별표 3] 특별대책지역 Ⅰ권역 내 하수처리구역 외 지역에서의 필지분할 등에 따른 입지제한기준'을 살펴보면 된다. Ⅱ권역은 발생폐수를 '생물화학적산소요구량(BOD)' 30mg/l 이하로 처리한 후 방류하거나 공공하수처리시설에 유입시켜 처리하는 폐수배출시설을 설치할 수 있다.

수도권 과밀화를 막는 삼총사 : 과밀억제·성장관리·자연보전권역

우리나라는 1970~80년대에 수도권으로 인구가 집중되었고, 1990년대 이후로는 공공기관과 기업의 이전을 통해 수도권 집중이 완화되었다. 그 이후에는 서울시의 과밀화로 인해 경기도와 인천으로 많은 인구 유입이 이루어졌다. 결과적으로 국내 인구 약 5,100만 명 중 서울시에 960여만 명, 경기도에 1,300여만 명 등 44%에 달하는 인구가 모여 살다 보니 주택과 기반시설, 물이 부족하고 교통체증이 심해지는 등 많은 문제점이 발생했다. 이를 해소하기 위해 인구 및 산업의 수도권 집중을 억제하고 적정하게 배치하고자 국토종합계획을 기본으로 한 「수도권정비계획법」이 제정되었다.

이 법에 따라 현재 수도권은 과밀억제권역, 성장관리권역, 자연보전권역의 3개 권역으로 구분·관리되고 있다. 행정중심복합도시 건설, 공공기관 지방 이전 등 국내의 여건 변화 외에도 중국의 급속한 성장으로 국가 경쟁력 강화를 위한 수도권 혁신의 필요성이 커지면서 제2차 수도권정비계획(1997~2011)을 조기에 종료하고, 새로운 수도권의 비전과 발전 방향을 담은 제3차 수도권정비계획(2006~2020)을 수립해 시행 중이다. 수도권정비계획법이 중요한 이유는 이에 맞지 않는 토지이용계획이나 개발계획 등은 수립할 수 없기 때문으로, 토지이용계획확인원에서도 이를 확인할 수 있다. 특히 개발 목적으로 수도권 토지에 투자한다면 반드시 알아둬야 하는데, 권역별 의미는 다음과 같다.

- **과밀억제권역** 인구와 산업이 지나치게 집중되었거나 집중될 우려가 있어 이전하거나 정비할 필요가 있는 지역
- **성장관리권역** 과밀억제권역으로부터 이전하는 인구와 산업을 계획적으로 유치하고 산업의 입지와 도시의 개발을 적정하게 관리할 필요가 있는 지역
- **자연보전권역** 한강 수계의 수질과 녹지 등 자연환경을 보전할 필요가 있는 지역

토지이용계획확인원　　　　　　　　　　出처 : 토지이용규제정보서비스

소재지	경기도 동두천시 지행동 일반 267		
지목	전 ❷	면적	1,712 m²
개별공시지가(㎡당)	119,500원 (2019/01)　🔍 연도별 보기		
지역지구등 지정여부	「국토의 계획 및 이용에 관한 법률」에 따른 지역·지구등	도시지역 , 자연녹지지역 , 제1종일반주거지역 , 소로1류(2015-06-12)(저촉)	
	다른 법령 등에 따른 지역·지구등	가축사육제한구역(2016-12-01)(300m 이내 · 일부제한구역)<가축분뇨의 관리 및 이용에 관한 법률> , 가축사육제한구역(2016-12-01)(전부제한구역)<가축분뇨의 관리 및 이용에 관한 법률> , 상대보호구역<교육환경 보호에 관한 법률> , 성장관리권역<수도권정비계획법> , 배출시설설치제한지역<수질 및 수생태계 보전에 관한 법률>	

경매 투자자 관점에서 과밀억제권역은 주거용·상업용 물건을 점유 중인 소액임차인의 판단 기준 중 하나이므로 그 변경 내용을 모두 알고 있어야 한다.

수도권정비계획법 중 과밀억제권역

기준일		지역
2001.01.29 ~2009.01.15	서울특별시	전 지역
	인천광역시	강화군, 옹진군, 중구·운남동·운북동·운서동·중산동·남북동·덕교동·을왕동·무의동, 서구 대곡동·불노동·마전동·금곡동·오류동·왕길동·당하동·원당동·연수구 송도매립지(인천광역시장이 송도신시가지 조성을 위하여 1990.11.12 송도 앞 공유수면매립공사면허를 받은 지역), 남동유치지역은 각 제외
	경기도	의정부시, 구리시, 남양주시(호평동·평내동·금곡동·일패동·이패동·삼패동·가운동·수석동·지금동 및 도농동만 해당), 하남시, 고양시, 성남시, 안양시, 부천시, 광명시, 과천시, 의왕시, 군포시, 시흥시(반월특수지역 제외)
2009.01.16 ~2010.07.25	서울특별시	전 지역
	인천광역시	강화군, 옹진군, 서구 대곡동·불노동·마전동·금곡동·오류동·왕길동·당하동·원당동, 인천경제자유구역 및 남동 국가산업단지는 각 제외
	경기도	의정부시, 구리시, 남양주시(호평동·평내동·금곡동·일패동·이패동·삼패동·가운동·수석동·지금동·도농동만 해당), 하남시, 고양시, 수원시, 성남시, 안양시, 부천시, 광명시, 과천시, 의왕시, 군포시, 시흥시(반월특수지역 제외)
2010.07.26 ~2011.03.08	서울특별시	전 지역
	인천광역시	강화군, 옹진군, 서구 대곡동·불노동·마전동·금곡동·오류동·왕길동·당하동·원당동, 인천경제자유구역 및 남동 국가산업단지는 각 제외
	경기도	의정부시, 구리시, 남양주시(호평동·평내동·금곡동·일패동·이패동·삼패동·가운동·수석동·지금동·도농동만 해당), 하남시, 고양시, 수원시, 성남시, 안양시, 부천시, 광명시, 과천시, 의왕시, 군포시, 시흥시(반월특수지역 제외)
2011.03.09 ~2017.06.19	서울특별시	전 지역
	인천광역시	강화군, 옹진군, 서구 대곡동·불노동·마전동·금곡동·오류동·왕길동·당하동·원당동, 인천경제자유구역 및 남동 국가산업단지는 각 제외
	경기도	의정부시, 구리시, 남양주시(호평동·평내동·금곡동·일패동·이패동·삼패동·가운동·수석동·지금동·도농동만 해당), 하남시, 고양시, 수원시, 성남시, 안양시, 부천시, 광명시, 과천시, 의왕시, 군포시, 시흥시(반월특수지역(반월특수지역에서 해제된 지역 포함) 제외)
2017.06.20 ~ 현재	서울특별시	전 지역
	인천광역시	강화군, 옹진군, 서구 대곡동·불노동·마전동·금곡동·오류동·왕길동·당하동·원당동, 인천경제자유구역 및 남동 국가산업단지는 각 제외
	경기도	의정부시, 구리시, 남양주시(호평동·평내동·금곡동·일패동·이패동·삼패동·가운동·수석동·지금동·도농동만 해당), 하남시, 고양시, 수원시, 성남시, 안양시, 부천시, 광명시, 과천시, 의왕시, 군포시, 시흥시(반월특수지역(반월특수지역에서 해제된 지역 포함) 제외)

2019년 6월 19일에 시행된 수도권정비계획법을 기준으로 과밀억제
권역, 성장관리권역, 자연보전권역의 범위와 각 권역별 규제 현황을 살펴
보자. 수도권 소재 도시의 입장에서 보자면 수도권정비계획법은 개발 측
면에서 불리하다. 반면 비수도권에서는 산업단지를 개발하거나 인구집
중 유발시설을 유치할 수 있는 근거가 된다.

수도권정비계획법의 권역별 규제사항 (공장, 인구집중 유발시설)

구분			과밀억제권역	성장관리권역	자연보전권역
인구			685.8만 명(52.4%)	500.4만 명(38.3%)	121.5만 명(9.3%)
면적			1,167.95㎢(11.5%)	5,189.84㎢(50.9%)	3,830.0㎢(37.6%)
공업지역(산단)지정			금지 (대체지정 시 심의 후 허용) ※산업단지 30만㎡ 이상 추가 심의 후 허용	가능 (30만㎡ 이상 심의 후 허용) ※산업단지의 경우 물량배정(수도권 산업단지 공급계획)	가능 (3만~6만㎡ 이하 심의 후 허용) ※별도 물량배정 없이 산업단지 지정(6만㎡ 이하)
인구집중유발시설	공장기준		500만㎡ 이상 공장 신·증설은 공장총량제 물량배정(단, 사무실·창고 제외)		
	대학	신설	금지 ※산업대학·전문대학(서울 제외), 대학원대학 신설 ※간호전문대학(3년제, 신설 10년 이후)을 간호대학으로 신설(심의)	금지 ※산업대학·전문대학·대학원대학 ※소규모대학(50인 이하) 신설(심의) ※신설 8년 미만 소규모 대학 증원(심의)	금지 ※전문대학·대학원대학·소규모대학(50인 이하) 신설(심의) ※신설 8년 미만 소규모 대학 증원(심의)
		이전	가능 과밀 ➡ 과밀 ※단, "과밀(경기) ➡ 서울" 금지	가능 수도권 ➡ 성장	금지 ※전문·대학원대학, 소규모대학(50인 이하)에 한하여 권역 내 이전 가능
		증원	매년 총량으로 규제		
	대형건축물		(건축연면적 기준) 판매용 15천㎡, 업무용 25천㎡, 복합용 25천㎡ 이상의 규모일 경우		
			과밀부담금 부과 (인천·경기 제외)	-	-
	연수시설		금지	심의 후 허용 (이전·기존 20% 내 증축 가능)	심의 후 허용 (기존시설 10% 증축 가능)
	공공청사		• 신축·증축 또는 용도변경(임대) 시 심의 : 중앙행정기관의 청사(청을 제외) • 증축 또는 용도변경(임대) 시 심의 : 중앙행정기관 중 청의 청사 및 중앙행정기관의 소속기관의 청사(교육, 연수 또는 시험기관의 청사는 제외), 공공법인 사무소		

그러나 비수도권은 해당 지역에서 생산한 재화를 그 지역에서 모두 소비할 수 없어 수도권으로 가져와야 하므로 많은 물류비용을 감수해야 한다. 이런 이유로 수도권과 인접한 이천이나 용인, 안성 등 자연보전권역에서 공장 수요가 높다.

그런데 자연보전권역은 6만㎡를 초과하는 산업단지는 입주가 어렵다 보니 중소 규모의 개별공장이 무분별하게 들어서는 등 난개발이 지속되고 있다. 자연보전권역은 공장과 인구집중 유발시설뿐만 아니라 대규모 도시개발사업에도 규제를 가하고 있다.

수도권정비계획법의 권역별 규제사항 (대규모 개발사업)

구분	과밀억제권역·성장관리권역		자연보전권역
택지 조성 사업	100만㎡ 이상 심의 후 허용 • 주택건설사업, 택지개발사업, 산업단지 내 주택지조성사업	공통	**금지** 아파트·연립주택이 없는 3만㎡ 미만 사업 가능
		도시	10만㎡ 이상의 지구단위계획구역 내 사업에 한해 심의(한꺼번에) 후 허용 ※주변 시가화 완료로 추가개발이 불가능한 10만㎡ 미만의 구역 내 사업인 경우 국토부장관 협의 후 가능
		비도시	10만~50만㎡의 지구단위계획구역 내 사업에 한해 심의(한꺼번에) 후 허용
도시 개발 사업	100만㎡ 이상 심의 후 허용 ※100만㎡ 미만의 사업 중에서 공업용도가 30만㎡ 이상인 사업 심의	공통	6만㎡ 이하 심의 후 허용 **(6만㎡ 초과 ~ 10만㎡ 미만의 사업은 금지)**
		도시	10만㎡ 이상 심의 후 허용 ※주변 시가화 완료로 추가개발이 불가능한 10만㎡ 미만의 사업인 경우 국토부장관 협의 후 가능
		비도시	10만 ~ 50만㎡ 심의 후 허용
공업용지 조성사업	30만㎡ 이상 심의 후 허용 • 산업단지 개발사업, 자유무역지역 조성사업, 공장용지 조성사업 등		3만 ~ 6만㎡ 심의 후 허용
관광지 조성사업	시설계획지구면적이 10만㎡ 이상인 사업의 경우 심의 후 허용 • 관광단지 조성사업, 유원지 설치사업, 온천이용시설 설치사업		시설계획지구면적 3만㎡ 이상인 사업의 경우 심의 후 허용

택지개발, 주택건설, 도시개발 등 양질의 주택을 잘 갖춰진 기반시설과 함께 공급하는 대규모 개발사업은 자연보전권역에서 진행하기가 어렵다. 일정 규모 이하임에도 심의를 받아야 하는 경우가 있으므로 특히 경기 동부권역(광주, 이천, 여주, 양평, 가평, 용인·안성·남양주시 일부)은 수질 관련 규제(상수원 보호구역, 수변구역, 특별대책지역)까지 중첩된 규제를 받고 있어 투자 시 꼼꼼하게 검토해야 한다. 3개 권역을 지도로 표시하면 다음과 같다.

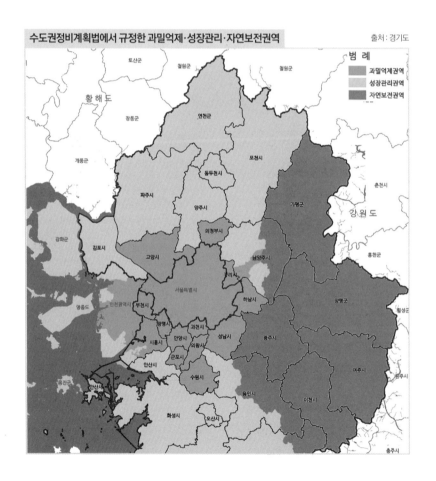

수도권정비계획법에서 규정한 과밀억제·성장관리·자연보전권역　　　　출처: 경기도

2006년에 수립된 '제3차 수도권정비종합계획'이 2020년을 기점으로 종료되고, 제4차 수도권정비종합계획이 제5차 국토종합계획과 함께 2021년부터 적용될 예정이다. 현재 자연보전권역에 속해 4년제 대학교나 대규모 산업단지 유치 등이 불가능한 이천, 여주, 안성 등이 수도권에서 제외해줄 것을 지속적으로 요청하고 있어 제4차 수도권정비종합계획의 내용을 잘 살펴야 한다.

부대장의 허락이 있어야 건축할 수 있는 군사시설 보호구역

우리나라는 세계 유일의 분단국가다. 1953년 정전협정이 체결된 이후 2020년 현재까지 67년간이나 휴전 상태를 유지해오고 있다. 이런 이유로 군사시설 관련법 적용을 엄격하게 하는 편이다. '군사기지 및 군사시설 보호구역'이란 군사기지 및 군사시설을 보호하고 군사작전을 원활히 수행하기 위하여 국방부 장관이 「군사기지 및 군사시설 보호법」에 따라 지정·고시하는 구역을 말하며 통제보호구역과 제한보호구역으로 나뉜다. 제한보호구역보다 통제보호구역이 군사분계선이나 군사시설과 더 가까워 한층 엄격한 규제를 적용받는다.

❶ 통제보호구역

군사기지 및 군사시설 보호구역(이하 '보호구역') 중 고도의 군사활동 보장이 요구되는 군사분계선 인접 지역과 중요한 군사기지 및 군사시설의 기능 보전이 요구되는 구역이다. 민간인 통제선 이북(以北) 지역과 그 외 지역에 있는 중요한 군사기지 및 군사시설의 최외곽 경계선으로부터

300m 이내 지역이 통제보호구역으로 지정된다. 방공기지의 경우에는 최외곽 경계선으로부터 500m 이내를 지정 지역으로 한다.

토지이용계획확인원				출처 : 토지이용규제정보서비스
소재지	경기도 연천군 백학면 두현리 산 133-1			
지목	임야 ❓		면적	26,281 m²
개별공시지가(㎡ 당)	3,450원 (2019/01) 🔍 연도별 보기			
지역지구등 지정여부	「국토의 계획 및 이용에 관한 법률」에 따른 지역·지구등	보전관리지역		
	다른 법령 등에 따른 지역·지구등	통제보호구역<군사기지 및 군사시설 보호법> , 준보전산지<산지관리법>		

❷ 제한보호구역

보호구역 중 군사작전의 원활한 수행에 필요한 지역과 군사기지 및 군사시설의 보호 또는 지역주민의 안전이 요구되는 구역이다. 지정 범위는 군사분계선 이남 25㎞ 이내 지역 중 민간인 통제선 이남 지역과 그 외 지역에 있는 군사기지 및 군사시설의 최외곽 경계선으로부터 500m 이내 지역이다. 취락지역에 위치한 군사기지 및 군사시설의 경우에는 당해 군사기지 및 군사시설의 최외곽 경계선으로부터 300m 이내 지역이 해당된다.

통제보호구역은 주택 신축이 불가능하다. 제한보호구역은 건축을 하려면 관할 군부대장의 허가를 받아야 하는 경우가 있으므로 사전에 군사기지 및 군사시설 보호법 제9조를 참고해 투자 여부를 결정해야 한다. 그런데 간혹 통제보호구역에서 제한보호구역으로 규제가 완화되거나 제한보호구역에서 군사시설 보호구역 외로 해제되기도 한다. 이 경우 건축행위가 쉬워지므로 토지가격은 상승한다. 어떤 경우든 건축법이나 다른 법령에 따른 건축이 가능한지를 꼼꼼하게 따져본 후 매입 또는 입찰 여부를 결정해야 한다. 지도 위에 표시한 통제보호구역과 제한보호구역 현황은 아래와 같다.

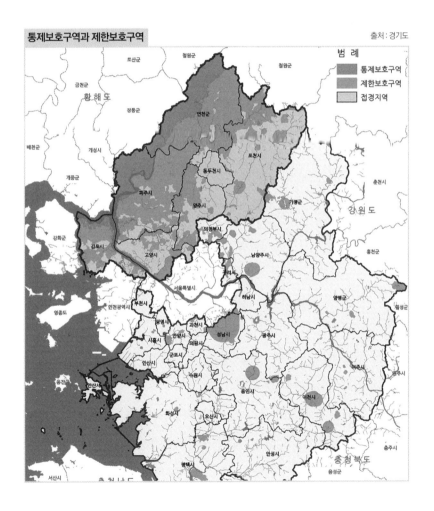

통제보호구역과 제한보호구역

출처 : 경기도

범 례
■ 통제보호구역
■ 제한보호구역
□ 접경지역

❸ 비행안전구역

군용 항공기의 이착륙 시 안전비행을 위해 국방부 장관이 군사기지 및 군사시설 보호법에 따라 지정·고시하는 구역을 말한다.

출처 : 토지이용규제정보서비스

비행기가 뜨고 내리려면 항로 위에 장애물이 없어야 하고 시야를 가려서도 안 되기 때문에 이러한 구역을 지정해둔 것이다. 항공작전기지는 전술항공작전기지, 지원항공작전기지, 헬기전용/예비항공 작전기지, 비상활주로의 4가지로 나뉜다.

자주 만나볼 수 있는 전술항공작전기지의 비행안전구역은 1구역부터 6구역까지 나눌 수 있다. 1구역은 비행 활주로에 매우 근접해 있어 건축행위뿐만 아니라 식물을 심거나 공작물, 장애물을 설치하기도 어렵다. 농사조차 거의 불가능하다는 얘기다. 2구역부터 6구역의 경우 건축행위는 가능하지만 높이 제한이 있다.

이를 쉽게 알아보려면 '국가공간정보포털(www.nsdi.go.kr)'을 활용하면 된다. 국가공간정보포털에 접속해 '지도서비스'를 선택한 뒤 나타나는 지도 왼쪽의 '비행안전'을 클릭한다. 주소 입력란에 비행안전구역에 포함된 주소지를 입력하고 검색을 누르면 해당 주소가 포함된 여러 검색결과가 나타난다. 검색결과 창에서 보고자 하는 주소지를 선택한다.

320쪽 그림 왼쪽 하단의 비행안전구역 상세정보를 통해 고도제한 해발높이와 함께 관할부대 및 전화번호까지 손쉽게 파악할 수 있다. 여기 나타난 고도제한 해발높이는 참고용으로만 활용하고, 실제 토지 매입 전에 관할부대로 연락해 고도제한 높이를 정확히 확인해야 한다.

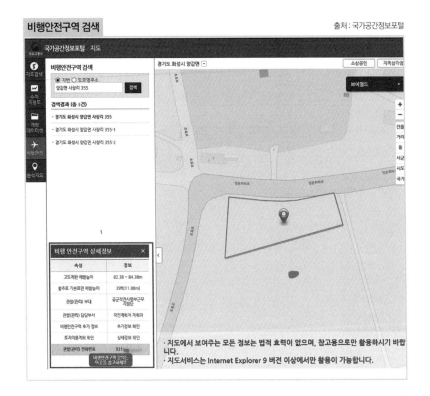

내 땅에 문화재가? : 문화재보호구역 & 현상변경허가 대상구역

문화재를 보존하고 활용할 수 있도록 제정된 법이 「문화재보호법」이다. 이 법에 의해 문화재보호구역이나 현상변경허가 대상구역, 문화재보존 영향 검토대상구역 등으로 지정되었다면 문화재청장의 허가를 받아야 한다. 경미한 행위일지라도 특별자치시장, 특별자치도지사, 시장·군수 또 는 구청장의 허가를 받아야 할 수 있다.

❶ 문화재보호구역

지상에 고정돼 있는 유형물이나 일정한 지역이 문화재로 지정된 경우, 해당 지정문화재의 점유 면적을 제외한 지역으로서 그 지정문화재를 보호하기 위하여 문화재보호법에 따라 지정·고시된 구역이다.

토지이용계획확인원		출처 : 토지이용규제정보서비스	
소재지	대전광역시 대덕구 연축동 산 40-5		
지목	임야 ❷	면적	9,049 m²
개별공시지가(m²당)	45,200원 (2019/01) Q 연도별 보기		
지역지구등 지정여부	「국토의 계획 및 이용에 관한 법률」에 따른 지역·지구등	도시지역 , 자연녹지지역 , 시가지경관지구(일반) , 대로1류(2015-04-17)(저축)	
	다른 법령 등에 따른 지역·지구등	가축사육제한구역<가축분뇨의 관리 및 이용에 관한 법률> 문화재보호구역 문화재로부터300m영향성검토구역> 문화재보호법> , 공익용산지<산지관리법> , 보전산지<산지관리법> , 준보전산지<산지관리법>	

❷ 현상변경허가 대상구역

국가지정문화재(보호물, 보호구역과 천연기념물 중 죽은 것 포함)의 현상을 변경(천연기념물을 표본 또는 박제하는 행위 포함)하는 행위를 할 때 허가를 받아야 하는 지역을 말한다.

토지이용계획확인원		출처 : 토지이용규제정보서비스	
소재지	강원도 삼척시 근덕면 궁촌리 일반 412		
지목	답 ❷	면적	139 m²
개별공시지가(m²당)	17,600원 (2019/01) Q 연도별 보기		
지역지구등 지정여부	「국토의 계획 및 이용에 관한 법률」에 따른 지역·지구등	계획관리지역	
	다른 법령 등에 따른 지역·지구등	상대보호구역(궁촌초등학교)<교육환경 보호에 관한 법률> 현상변경허가 대상구역 궁촌리음나무><문화재보호법>	

❸ 문화재보존영향 검토대상구역

행정기관이 지정문화재 외곽 경계의 외부 지역에서 시행하려는 건설공사에 대하여 인허가 등을 하기 전에 해당 공사의 시행이 문화재 보존에 영향을 미치는지 아닌지를 검토해야 하는 구역을 말한다. 검토대상구역은 시·도지사가 문화재청장과 협의하여 조례로 정한다.

토지이용계획확인원   출처 : 토지이용규제정보서비스

소재지	경상북도 경주시 안강읍 산대리 일반 14		
지목	답 ❷	면적	4,717 ㎡
개별공시지가(㎡당)	56,500원 (2019/01) Q 연도별 보기		
지역지구등 지정여부	「국토의 계획 및 이용에 관한 법률」에 따른 지역·지구등	계획관리지역	
	다른 법령 등에 따른 지역·지구등	가축사육제한구역(일부제한구역 100m)<가축분뇨의 관리 및 이용에 관한 법률>, 경상북도문화재보호조례>	문화재보존영향 검토대상구역

만약 토지이용계획확인원에 위와 같은 용어나 문화재보호법이 보인다면 문화재 관련 규제사항이 있는지를 파악해야 한다. 해당법과 시행령을 일일이 찾아보는 방법도 있지만, 좀 더 손쉽게 규제사항을 확인하려면 '문화재보존관리지도(www.gis-heritage.go.kr/re)' 홈페이지를 활용하기 바란다. 홈페이지 왼쪽에 원하는 주소를 입력 및 검색한 후 왼쪽 아래의 '규제정보'를 선택하면 알림창이 하나 뜬다.

해당 주소에 국가지정문화재, 시·도지정문화재가 각각 한 건씩 있음을 알 수 있다. 아래로 더 내려보면 각 문화재와 관련된 규제구역과 허용기준 및 규제내용, 관련법령 등을 알 수 있다. 이런 방식으로 관심물건에 대한 조사를 신속히 마칠 수 있다. 다만 이 홈페이지의 규제정보 검색결과

는 법적 효력이 없으니 참고자료로만 활용하고, 입찰이나 매수 전 문화재 관리기관에 따로 문의를 해보는 것이 좋다.

공익과 사익의 50년간의 대립 : 개발제한구역

토지 투자를 한 번도 해보지 않은 사람이라도 '개발제한구역'이라는 말은 많이 들어봤을 것이다. 개인이 사적인 목적으로 개발할 수 없는 토지를 건축행위를 할 수 있다고 속여 여러 필지로 쪼개 매매하거나 공유지분으로 파는 기획부동산 고발 뉴스에 단골로 나오는 용어다. 도심지와 가까워 활용도가 높은 위치임에도 공적인 목적으로 45년 이상 사유재산을 제한, 해당 토지 소유자들의 불만이 극에 달했다는 뉴스에도 개발제한구역은 어김없이 등장한다.

토지이용계획확인원

출처 : 토지이용규제정보서비스

소재지	서울특별시 도봉구		
지목	임야 ❓	면적	343,636 ㎡
개별공시지가(㎡당)	9,000원 (2019/01)　🔍 연도별 보기		
지역지구등 지정여부	「국토의 계획 및 이용에 관한 법률」에 따른 지역·지구등	도시지역 , 자연녹지지역	
	다른 법령 등에 따른 지역·지구등	가축사육제한구역<가축분뇨의 관리 및 이용에 관한 법률> , 개발제한구역<개발제한구역의 지정 및 관리에 관한 특별조치법> , 대공방어협조구역(위학고도:77-257m)<군사기지 및 군사시설 보호법> , 공익용산지<산지관리법> , 보전산지<산지관리법> , 과밀억제권역<수도권정비계획법> , 공원자연환경지구<자연공원법> , 국립공원<자연공원법>	
「토지이용규제 기본법 시행령」 제9조제4항 각 호에 해당되는 사항		비오톱1등급(저촉)	

위에 예시로 든 서울시 도봉구의 한 임야는 개발제한구역이면서 앞서 언급한 비오톱 1등급으로 개발이 거의 불가능한 땅인데도 소유자가 무려 889명에 달한다. 아마도 광역교통망 같은 대형 개발사업 혹은 장기미집행 공원부지의 지정 해제를 미끼로 지분을 쪼개 팔아 폭리를 취한 것으로 보인다.

소유자가 889명인 임야

출처 :인터넷등기소

부동산 고유번호	부동산 소재지번	소유자	상태	선택
1160-1996-310573	서울특별시 도봉구	주식회사우****~ 외 888명	현행	선택

아파트나 오피스텔, 상가 등은 거의 다 완성되었거나 추후 완성될 것이 거의 확실하므로 매입해도 위험요소가 그리 크지 않다. 그러나 임야나 농지 등 원형지는 국토계획법뿐만 아니라 산지관리법, 농지법, 개발제한구역법 등에 따른 중복 규제를 하나하나 넘어야만 개발할 수 있어 매우 복잡하다. 이를 노린 기획부동산들이 이해가 부족한 일반인들에게 토지를 팔아 폭리를 취하는 일이 자주 발생하므로, 이 책에서 언급한 단어들만이라도 숙지해 사고를 예방하기 바란다.

❶ 개발제한구역이란?

국토교통부 장관은 도시의 무질서한 확산을 방지하고 도시 주변의 자연환경을 보전하여 도시민의 건전한 생활환경을 확보하기 위해 도시 개발을 제한할 필요가 있거나, 국방부 장관의 요청이 있어 보안상 도시 개발을 제한할 필요가 있다고 인정되면 개발제한구역의 지정 또는 변경을 도시·군관리계획으로 결정할 수 있다.

❷ 개발제한구역 지정

개발제한구역은 다음 중 하나에 해당하는 지역을 지정 대상으로 한다.

◆ 도시가 무질서하게 확산하는 것 또는 서로 인접한 도시가 시가지로 연결되는 것을 방지하기 위하여 개발을 제한할 필요가 있는 지역

◆ 도시 주변의 자연환경 및 생태계를 보전하고 도시민의 건전한 생활환경을 확보하기 위하여 개발을 제한할 필요가 있는 지역

◆ 국가보안상 개발을 제한할 필요가 있는 지역

◆ 도시의 정체성 확보 및 적정한 성장 관리를 위하여 개발을 제한할 필요가 있는 지역

1971년 수도권을 시작으로 1977년 여수권에 이르기까지 총 8차례에 걸쳐 전국 14개 도시권에 전 국토의 5.4%에 해당하는 5,397.1km^2의 개발제한구역을 지정했다. 이후 신규 지정된 사례는 없다.

❸ 개발제한구역 현황

현재 수도권, 부산권, 대구권, 광주권, 대전권, 울산권, 창원권에 개발제한구역이 있으며 이 중 일부는 해제됐다. 춘천권, 청주권, 전주권, 여수권, 진주권, 통영권, 제주권의 개발제한구역은 지정되었던 전체 면적이 해제됐다.

아래 현황도에서 보듯 개발제한구역은 도심권을 감싸는 형태로 지정됐기 때문에 도심 중심부와 가까워질수록 개발 압력도 높아진다. 하지만 강력한 규제로 개발이 불가능하자 버섯재배사로 건축한 뒤 물류창고로 불법 사용하는 경우를 종종 볼 수 있다.

수도권 개발제한구역 현황도　　　　　　　　　출처 : 경기도

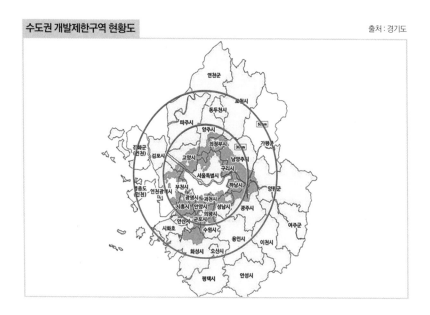

❹ 개발제한구역의 행위 제한

개발제한구역은 원칙적으로 개발할 수 없다. 허가주의가 원칙이므로 건

축물의 건축 및 용도 변경, 토지의 형질 변경 등은 제한적인 범위 내에서 특별자치도지사·시장·군수 또는 구청장의 허가를 받아야만 시행할 수 있다. 다만 주택 및 근린생활시설은 기존 면적을 포함한 연면적의 합계가 100㎡ 이하인 증축·개축 및 대수선에 한해 시장·군수·구청장에 대한 신고만으로도 가능하다.

개발제한구역에서 일정 면적 이상을 개발하기 위해서는 도시계획위원회의 심의와 환경영향평가를 받아야 한다. 그러나 신청한다 해도 이를 통과하기가 매우 어렵다. 하천 및 운하, 등산로, 산책로, 실외 체육시설 등 개발제한구역의 보전 및 관리에 도움이 될 수 있는 시설 및 선형시설과 필수시설, 허가의 세부 기준 등은 「개발제한구역의 지정 및 관리에 관한 특별조치법 시행령」 별표 1과 별표 2를 참고하기 바란다.

❺ 개발제한구역 해제

공익 성격이 강한 개발제한구역을 해제하는 목적은 크게 도시용지 공급과 주민불편 해소 두 가지로 나눌 수 있다.

해제 목적	도시용지 공급	주민불편 해소
해제 유형	도시용지로 전환·활용할 필요성이 인정되는 국책사업 및 지역현안사업	집단취락, 자투리 토지 (단절토지, 경계선 관통대지)
최소 해제가능 면적	20만㎡ 이상(다만 기존 시가지와 연접한 공공주택지구 및 공공시설 등은 예외)	• (집단취락) 주택호수 20호 이상, 호수밀도 10호/ha 이상 • (단절토지) 3만㎡ 미만 • (경계선 관통대지) 1,000㎡ 이하
해제 결정권자	국토교통부 장관(다만 일정 요건을 만족하는 30만㎡ 이하 규모의 해제사업은 시·도지사가 해제를 결정할 수 있도록 위임)	시·도지사

도시용지를 공급하려는 공적인 목적에서 해제되는 개발제한구역은 해당 구역 내에 토지를 갖고 있지 않은 외부인이 투자용으로 삼기에는 무리가 있다. 외부 투자자는 개발이 된다는 소문을 듣고 어느 정도 가격이 상승한 상태에서 매입하게 마련인데, 도시용지 공급 목적으로 해제된 경우 대부분은 수용 방식으로 토지 소유자에게 보상금을 지급한다. 문제는 보상 금액이 공시지가를 기준으로 감정평가사가 평가한 가격으로 결정되는데, 이 평가 가격에는 그린벨트에서 해제된 데 따른 지가 상승분은 반영되지 않는다는 점이다. 이로 인해 외부 투자자는 구입한 가격에 비해 적은 금액으로 수용되는 경우가 흔하다.

　기존 주민들의 토지 역시 주거지역이나 상업지역으로 용도가 바뀐 후에 오른 가격이 아니라 변경 전 개발제한구역 상태에서의 공시지가를 기준으로 저렴하게 수용되기 때문에 국책사업이나 지역 현안사업에 크게 반발하는 것이다. 그러니 대규모 개발제한구역이 택지개발지구에 포함됐다며 공유지분으로 토지를 매입하라는 기획부동산의 유혹에 속아서는 안 된다. 예정대로 개발이 진행되더라도 구입한 가격보다 저렴한 가격에 수용될 것이고, 진행되지 않는다면 매매로 지분을 처분하기란 불가능에 가깝기 때문이다.

　그렇다면 투자자 관점에서 개발제한구역의 토지는 무조건 관심도 갖지 말아야 할 위험한 물건일까? 꼭 그렇지만은 않다. 도시용지 공급을 위한 공적인 목적으로 해제되는 양에 비해 매우 적긴 하지만, 합법적으로 개발제한구역에서 해제되고 저렴하게 수용되지 않는 경우도 있기 때문이다. 단절토지와 경계선 관통 대지로 인해 해제되는 경우가 이에 해당한다. 이를 충족하려면 일반적으로 환경평가 결과 3~5등급지여야 하고 표고는 70m 미만, 면적은 20m² 이상이어야 한다.

단절토지 개발제한구역 해제기준

(a) 도로, 철도 또는 하천(지방하천 이상) 개수로로 인해
(b) 단절토지(3만m²)가 발생해야 한다.

　단절토지에 대한 규정은 개발제한구역의 지정 및 관리에 관한 특별조치법 시행령이 개정되면서 3,000m²(2003년 1월) → 1만m²(2009년 8월) → 3만m² 미만(2016년 3월)으로 계속 완화됐으므로 시행령 개정 여부를 그때그때 확인해봐야 한다. 위에서 말한 '도로'는 '중로2류 15m 이상'이 원칙이나, '소로2류 8m 이상' 도로로 인해 단절되고 토지이용현황, 주변 환경 등을 고려할 때 시·도지사가 개발제한구역으로 관리할 필요성이 현저히 낮다고 판단하는 3만m² 미만의 토지를 포함한다.

　지자체마다 배제 기준이 있을 수 있는데, 서울의 경우 환경평가 1·2등급, 비오톱 1등급, 국공유지 50% 이상, 공공시설부지라면 해제가 되지 않으므로 유의해야 한다. 소규모로 단절된 토지가 개발제한구역에서 해제되는 경우 녹지지역으로 지정되는 것이 원칙이다. 단, 다음 요건을 모두 갖췄을 때에는 다른 용도지역으로 지정할 수 있다.

◆ 도시발전을 위하여 다른 용도지역으로 지정할 필요가 있고 광역도시계획 및 도시·군기본계획에 부합할 것

◆ 개발제한구역에서 해제된 인근의 집단 취락 또는 인근의 개발제한구역이 아닌 지역의 용도지역과 조화되게 정할 필요가 있을 것

◆ 다른 용도지역으로 지정되더라도 기반시설을 추가적으로 설치할 필요가 없을 것

실제 화성시에서 위의 조건에 부합해 개발제한구역에서 해제된 후 투기 방지 목적의 개발행위허가 제한지역으로 지정된 곳의 지형도면을 살펴보자. 파란색 점선으로 표시된 곳이 본래 개발제한구역이었으나 흰색 도로와 옅은 회색으로 표시된 1종 일반주거지역으로 둘러싸여 단절토지 해제기준에 부합하는 것을 알 수 있다.

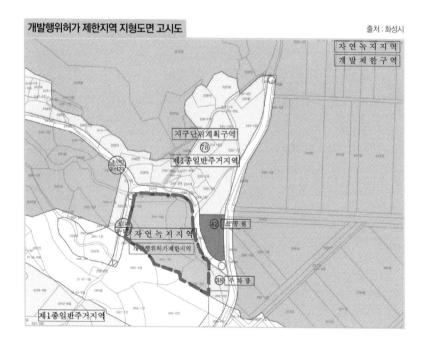

개발행위허가 제한지역 지형도면 고시도　　　　출처 : 화성시

단절된 토지의 면적을 계산해보려면 네이버 지도를 이용하면 된다. 네이버 지도에서 해당 지역을 찾은 후 '지적편집도 ➡ 거리측정 ➡ 면적측정'을 차례로 선택해 단절토지 부분을 마우스 왼쪽 버튼으로 클릭하면 간편하게 단절토지의 면적을 확인할 수 있다.

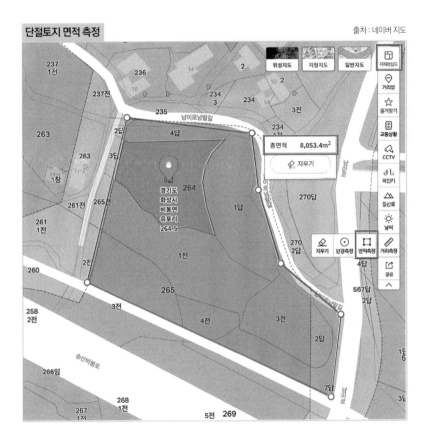

이 토지의 경우 단절된 토지 면적이 약 $8,000\,m^2$로 조건에 부합해 개발제한구역에서 해제된 것을 알 수 있다.

집단취락지구 개발제한구역 해제기준

1만㎡당 주택의 수를 가리키는 '호수밀도'가 10호 이상인 집단취락지구 중 호수밀도 20호 이상인 곳은 개발제한구역에서 해제될 수 있다. 해제시 '호수밀도는 1만㎡당 주택 20호 이상으로까지, 주택 호수기준은 100호 이상으로까지' 그 요건을 각각 강화해 적용할 수 있으므로 잘 확인해야 한다. 호수밀도뿐만 아니라 '주택호수'라는 지표까지 기준에 부합해야 한다는 뜻이다. 이때 필요한 주택호수의 산정 기준은 행정규칙인 '개발제한구역의 조정을 위한 도시관리계획 변경안 수립 지침[국토교통부훈령 제1060호]' 제3절에 나와 있다.

경기도 고시 제2018-193호

고양 도시관리계획(개발제한구역 해제, 집단취락지구 폐지) 결정(변경) 및 지형도면 고시

고양 도시관리계획(개발제한구역 해제, 집단취락지구 폐지) 결정(변경)에 대하여「개발제한구역의 지정 및 관리에 관한 특별조치법」제8조, 제15조, 같은 법 시행령 제7조 및「국토의 계획 및 이용에 관한 법률」제30조, 제37조, 같은 법 시행령 제25조 규정에 따라 다음과 같이 결정(변경)하고「국토의 계획 및 이용에 관한 법률」제32조 및 「토지이용규제 기본법」제8조, 같은 법 시행령 제7조의 규정에 따라 지형도면 고시합니다.

2018. 7. 20.
경 기 도 지 사

1. 도시관리계획 결정(변경) 내용
   가. 용도구역 결정(변경)
   1) 개발제한구역 결정(변경) 조서

도면표시번호	구역명	위 치	면 적(㎢)			비고
			기정	변경	변경후	
-	고양시 개발제한구역	고양시 덕양구 일원	119.355	감)0.089	119.266	-

※ 기정은 경기도 고시 제2016-114호(2016.07.05.)에 따른 면적임.

   2) 개발제한구역 결정(변경) 사유서

구분	도면표시번호	위 치	면적(㎡)	결정(변경) 사유
변경	①	고양시 덕양구 대장동 142-2 일원	25,421	양호한 주거환경을 조성하기 위하여 「개발제한구역의 지정 및 관리에 관한 특별조치법」제3조에 따른 용도구역 변경(개발제한구역 일부 해제)
	②	고양시 덕양구 주교동 1238 일원	19,842	
	③	고양시 덕양구 지축동 147-3 일원	43,565	
	계		88,828	

경계선 관통대지 해제기준

대상은 일반적으로 환경평가 3~5등급, 표고 $70m$ 미만, 면적 $20m^2$ 이상을 충족하고 개발제한구역 경계선이 관통하는 대지로서 다음 각 목의 요건을 모두 갖춘 지역을 말한다.

(a) 개발제한구역의 지정 당시 또는 해제 당시부터 대지의 면적이 $1,000m^2$ 이하로서 개발제한구역 경계선이 그 대지를 관통하도록 설정되었을 것

(b) 대지 중 개발제한구역인 부분의 면적이 기준면적 이하일 것. 이 경우 기준면적은 특별시·광역시·특별자치시·도 또는 특별자치도의 관할 구역 중 개발제한구역 경계선이 관통하는 대지의 수, 그 대지 중 개발제한구역인 부분의 규모와 그 분포 상황, 토지이용 실태 및 지형·지세 등 지역 특성을 고려하여 시·도의 조례로 정한다.

위 (b)항목의 해당 지자체 조례는 자치법규 정보센터 홈페이지에서 해당 지역의 '도시계획조례' 중 '개발제한구역 경계선 관통 대지의 해제 기준면적'을 참고하면 된다. 다만 국토교통부의 기준에 따르면 심각한 부정형, 환경평가 1·2등급, 연속성 상실 토지 $1,000m^2$ 초과 발생 시, 그리고 공공시설부지나 국공유지인 경우 배제될 수 있다.

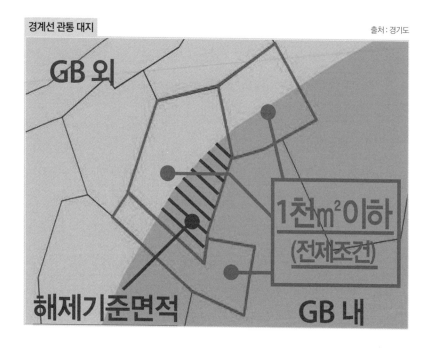

GB 외

GB 내

1천㎡이하
(전제조건)

해제기준면적

농사짓는 땅에 어떻게 투자할 수 있을까?

▼

아파트나 오피스텔, 상가 등 건물 위주의 부동산 투자를 많이 해본 사람이라도 막상 토지 투자를 하려면 막막한 것이 현실이다. 도시지역에 위치한, 즉시 건물을 올릴 수 있는 땅은 너무 비싸고 개발 비용도 만만치 않다. 건물이 있는 부동산이라면 임차인에게 보증금을 받거나 대출과 월세 등을 통해 투자금을 최소화하고 매월 나가는 비용을 줄일 수 있다. 이에 반해 토지는 누군가에게 빌려준다고 해도 건물보다 훨씬 저렴한 가격에 빌려줘야 하므로 당연히 투자금이 많이 들어갈 수밖에 없다. 그래서 소액으로 토지 투자는 불가능하다고 생각하는 이들도 종종 있다.

2018년을 기준으로 이미 개발 완료된 곳이 많은 도시지역(주거·상업·공업·녹지지역)은 전체 국토의 16.7%다. 비도시지역에 속하는 관리지역은 25.6%, 농림지역은 46.4%, 자연환경보전지역은 11.2%를 차지한다. 농지는 녹지·관리·농림·자연환경보전지역에서 자주 만나볼 수 있고 도시의 토지보다 저렴해 소액으로도 투자할 수 있다. 물론 가격이 더 저렴한 임야도 있지만 경사가 급하고 나무가 많은 데다 표고도 높아 초보자가 접근하기 쉽지 않으므로 평지가 많은 농지를 우선 고려하는 것이 좋다.

농지란 무엇인가?

농지는 기본적으로 국민에게 식량을 공급하고 국토환경을 보전하는 데에 필요한 기반이다. 농업과 국민경제의 조화로운 발전에 영향을 미치는 귀중하고 한정된 자원이므로, 소중히 보전하고 공공복리에 적합하게 관리해야 한다. 이런 이유로 농지에 관한 권리의 행사에는 제한과 의무가 따른다. 또한 '농업 생산성을 높이는 방향으로 소유·이용되어야 하며 투기의 대상이 되어서는 안 된다'는 것이 농지법의 기본 이념이다.

❶ 농지의 개념

법적 지목 여하를 불문하고 실제 토지 현상이 농경지 또는 다년생식물 재배지(과수원, 뽕나무, 종묘, 인삼, 약초밭 등)로 이용되는 토지와 그 개량시설(수로, 농로, 제방 등)의 부지를 말한다.

❷ 농지 취득

농지는 원칙적으로 자신이 농업경영에 이용하거나 이용할 자가 아니면 소유할 수 없다. 아울러 비농업인이 소유 상한을 초과한 농지를 소유한 경우 그 초과면적은 처분해야 한다. 농업경영 목적으로 농지를 취득하는 경우 농지 소유면적 상한에 대한 제한은 없으나, 농업인의 범위가 '1,000m^2 이상의 농지 경작자'로 규정되어 있어 최소한 1,000m^2 이상의 농지를 취득해야 한다. 비농업인이 상속으로 소유한 경우에는 1만m^2 이하, 도시민이 주말·체험 영농 목적으로 소유한 경우에는 1,000m^2 미만으로 농지 소유의 상한이 정해져 있다.

농지 구매 또는 낙찰 시에는 법으로 정한 조건의 구비 여부를 심사받은 후 농지 소재지를 담당하는 읍·면장으로부터 농지취득자격증명을 발급 받아야 한다. 이 증명을 발급 받으려면 법이 정한 영농조건과 자격에 합당하도록 기재해야 하며, 경우에 따라서는 소정 양식의 농업경영계획서를 첨부해야 할 수도 있다.

❸ 농지 처분명령

자신의 농업 경영에 이용하지 않거나 거짓으로 농지취득자격증명을 발급 받아 농지를 소유하는 등 농지법 제10조에 해당한다면 그 사유가 발생한 날부터 1년 이내에 해당 농지를 처분해야 한다. 만약 처분 의무기간 내에 처분하지 않는다면 시장·군수 또는 구청장은 6개월 이내에 그 농지를 처분할 것을 명할 수 있다. 소유자가 직접 처분하지 못하면 한국농어촌공사에 매수 청구가 가능하다. 이때 농어촌공사는 공시지가 수준에서

저렴한 가격에 매수하므로, 농지 소유자는 처분명령을 받지 않도록 신경
써야 한다.

농지취득자격증명 발급

농지 소유권을 취득하고자 한다면 농지취득자격증명을 발급 받은 후 소
유권에 관한 등기를 신청할 때 이를 첨부해야 한다. 일반매매라면 만약
해당 농지를 사고자 하는 사람이 농취증발급을 거절당하면 매매계약을
해제한다는 조건부 계약을 하면 된다. 그러나 법원경매의 경우에는 농취
증을 발급 받지 못해 법원에 기한 내에 제출하지 못하면 보증금이 몰수
될 수 있으니 주의해야 한다.

매각물건명세서상의 농지취득자격증명 제출 요건	출처 : 대법원
비고란	
농지취득자격증명 제출요(미제출시 보증금 미반환)	

상속에 의해 농지를 취득하는 경우 등을 제외하고는 개인적인 목적으
로 사용하는 투자자나 실수요자 대부분은 농취증을 발급 받아야 한다. 해
당 지자체의 농취증 발급 담당자에게 낙찰 전 미리 연락해 해당 지번을
알려주며 농취증 발급 가능 여부를 물어보는 것이 안전하다. 지지옥션의
경매정보에는 농취증 발급에 필요한 관할관청의 연락처가 기재되어 있
으니 참고하기 바란다.

| 특수권리분석

· **농취증** 매각결정기일까지 영동지원에 농취증을 제출하여야 매 각허가를 받을 수 있습니다. 미제출시 입찰보증금이 몰수될 수 있으 므로 유의 바랍니다. 본 물건은 면적이 1,610㎡로 주말.체험영농 목 적으로 농지소유가 불가능하며, 농업경영계획서를 첨부하여 실천면사무소(☎ 043-742-6   )게 발급신청을 하여야 합니다. 농취증 발급 소요 기간은 법적으로 4일 이내이므로 사전에 방문(전화) 조사가 필수 입니다.

농지물건의 농취증 발급 여부를 미리 파악할 때에는 해당 농지의 면적에 따라 구분해서 접근해야 한다. 예를 들어 면적이 $1,000㎡$ 미만이면 '주말·체험 영농목적'으로 분류되어 농업인이 아닌 개인만 농취증을 발급 받을 수 있다. 농지법 시행규칙 제7조에 따른 농지취득자격증명신청서만 작성해 관할 시·구·읍·면장에게 제출하면 된다. 이 경우 관할관청은 신청서 접수일부터 2일 이내에 농취증을 발급해야 한다. 실무에서는 4일이 걸린다고 대답하는 때도 종종 있다.

$1,000㎡$ 이상이면 농업인 또는 농업인이 되고자 하는 자나 농업법인만 농취증을 발급 받을 수 있다. 이때는 신청서 접수일부터 4일 이내에 자격증명을 발급해주는데, 보통 기한의 마지막 날에야 발급해준다. 발급 기한은 주말을 제외한 영업일 기준으로 4일인 반면 법원의 농취증 제출 기한은 주말을 포함해 7일이므로, 낙찰 받은 당일에 바로 신청해야만 늦지 않게 제출할 수 있다.

예를 들어 목요일에 낙찰 받고 다음 날인 금요일에 해당 농지의 관할 읍사무소에 농취증을 신청했다고 가정해보자. 낙찰 후 매각허가결정 기한은 주말 포함 7일이기 때문에 그다음 주 목요일 오후 2시에 결정이 내려진다. 이때까지 농취증을 발급 받아 법원에 내야 한다.

문제는 민법 제157조(기간의 기산점)에 의해 농취증을 신청한 날은 4일의 발급 기한에는 산입되지 않아 신청 다음 날부터 영업일로 4일이 발급 기한이라는 점이다. 따라서 다음 주 목요일에나 발급이 될 텐데, 만약 목요일 오후 2시 이후에 나온다면 당일 경매법원에 제출하지 못할 수도 있다. 그러므로 낙찰 당일 바로 신청을 해야 한다. 아울러 농업경영이 목적이므로 1,000㎡가 넘는 경우에는 농지취득자격증명신청서와 함께 농업경영계획서도 제출해야 한다.

농업경영계획서

	⑧취득자 및 세대원의 농업경영능력					
농업 경영 노동력의 확보 방안	취득자와 관계	성별	현령	비업	영농경려(년)	향후 영농여부
	⑨취득농지의 농업경영에 필요한 노동력확보방안					
	자기노동력		일부고용		일부위탁	전부위탁(임대)
농업 기계·장비 의 확보 방안	⑩농업기계·장비의 보유현황					
	기계·장비명	규격	보유현황	기계·장비명	규격	보유현황
	⑪농업기계장비의 보유 계획					
	기계·장비명	규격	보유계획	기계·장비명	규격	보유계획
⑫연고자에 관한 사항	연고자 성명				관계	

　농취증신청서에는 신청인의 인적사항, 농지 소재지, 취득 목적 등 간단한 사항만 기재하면 되지만, 농업경영계획서에는 노동력뿐만 아니라 농

업기계와 장비의 확보 방안까지 구체적으로 작성해야 하므로 낙찰 전 미리 관련 사항을 준비해둬야 한다.

농지는 용도지역만으로 구분하면 안 된다

농지는 국토계획법에 따른 용도지역만으로 효용성과 가격이 결정되지 않는다. 농지법에 따른 분류 방법을 알아야 해당 토지의 효용성을 파악할 수 있다.

구분		개념
농업진흥지역	농업진흥구역	농업의 진흥을 도모해야 하는 다음 각 목의 어느 하나에 해당하는 지역 • 농지조성사업 또는 농업기반조성사업이 시행되었거나 시행 중인 지역으로서 농업용으로 이용하고 있거나 이용할 토지가 집단화되어 있는 지역 • 이외 지역으로서 농업용으로 이용하고 있는 토지가 집단화되어 있는 지역
	농업보호구역	농업진흥구역의 용수원 확보, 수질 보전 등 농업환경을 보호하기 위해 필요한 지역
농업진흥지역 외		농업진흥지역에 포함되지 않는 농지로서 보편적인 개발이 가능

농업진흥지역으로 지정되는 곳은 녹지지역(특별시 녹지지역 제외)·관리지역·농림지역 및 자연환경보전지역을 대상으로 한다. 농업진흥지역 중 농업진흥구역에서는 농업생산 혹은 농지개량과 직접 관련되는 농작물의 경작, 다년생식물 재배, 비닐하우스, 간이 퇴비장 설치, 농업인을 위한 농업인 주택 설치 등의 토지이용행위가 가능하다. 농지법상 구분되는 농지 중 가장 행위 제한이 강하기 때문에 수익형 사업은 거의 할 수 없다고 보

면 된다. 그래서 가장 저렴하다.

　농업보호구역에서는 주말농원사업(3,000㎡ 미만), 관광농원사업(2만㎡ 미만)을 할 수 있고 단독주택, 소매점, 의원, 체육도장, 마을회관, 동물병원 등을 설치할 수 있어 토지의 효용성이 농업진흥구역보다 높아 보통 가격이 더 비싸다. 농업진흥지역에 속하지 않는 농지는 농지법에서 예외적으로 정하는 사항을 제외하고 국토계획법에 따라 개발할 수 있다. 이 때문에 농업진흥지역 내 토지보다 가격이 더 비싸다.

　아래의 위성사진을 보면 (A)처럼 네모반듯하게 경지정리가 잘되어 있는 농지가 농업진흥구역이고, (B)와 같이 농업진흥구역 근처에 있으면서 껑기긴기기 잘되어 있지 않고 건축물을 볼 수 있는 곳이 농업보호구역이다.

농지 위성사진　　　　　　　　　　　　　　　　출처 : 국토정보플랫폼

농사만 지을 수 있는 땅을 더 비싼 땅으로 바꿔준다고? : 농업진흥지역 해제

헌법에 명시돼 있는 '경자유전(耕者有田)'의 법칙에 따라 우리나라에서는 농사를 짓는 사람만 농지를 소유하는 것이 원칙이다. 국내에서 양식으로 이용하는 농산물은 쌀, 보리, 밀, 콩, 녹두, 고구마, 감자 등 여러 종류가 있지만, 그중에서 가장 많이 소비하는 것은 단연 쌀이다. 2000년도만 하더라도 우리 국민 1인이 연간 소비하는 쌀의 양은 93.6kg이었다. 그러나 1인 가구 증가, 식습관의 서구화 등 여러 원인으로 인해 직접 쌀을 사서 밥을 짓기보다는 이미 가공된 간편식을 사 먹거나 즉석식을 먹는 사람들이 늘면서 국내 쌀 소비량은 점차 줄어들고 있다.

통계청의 양곡 소비량 조사결과에 따르면 2018년 1인당 연간 쌀 소비량은 2000년에 비해 무려 30kg이나 감소했다. 이에 따라 농사를 짓는 목적으로만 사용이 가능한 농업진흥지역 토지에 대한 수요도 줄어들고

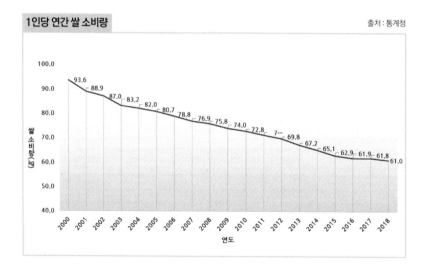

1인당 연간 쌀 소비량   출처 : 통계청

있다. 여기에 농업진흥지역 내 토지의 강력한 행위 제한에 불만을 품은 소유자들의 민원도 갈수록 늘면서 더 이상 농사 목적으로 사용하기 어렵다고 판단되는 곳은 이를 해제 또는 변경해주고 있다.

이때 농업진흥구역에서 농업보호구역으로 바뀌는 것을 '농업진흥지역 변경', 농업진흥구역에서 농업진흥지역 외 지역으로 바뀌는 것을 '농업진흥지역 해제'라고 한다. '변경'되는 경우 지가 상승이 미미하지만 '해제'되는 경우에는 일반적으로 80~100%까지 지가가 폭등하므로 유심히 살펴볼 필요가 있다. 농지 전용을 수반하여 용도지역을 변경하는 경우나 농지 전용에 관한 협의를 하는 경우, 시·도지사가 농업진흥지역 또는 용도구역을 변경 또는 해제할 수 있다.

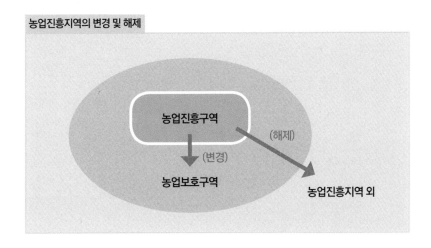

농업진흥지역의 변경 및 해제

우리가 주목해야 할 것은 3만㎡의 자투리 토지가 되어 해제·변경되는 경우다. 자투리 토지가 되는 경우는 다음과 같다.

| 자투리 토지 | 다음 각 호 중 어느 하나에 의해 집단화된 농지와 분리된 토지
• 도로법 제10조에 따른 도로
• 도시·군계획시설의 도로(폭 8m 미만인 소로는 제외)
• 「철도산업기본법」 제3조 제1호에 따른 철도
• 「하천법」 제2조 제1호에 따른 하천 | 이 경우 그 농업진흥지역 안의 부지 면적이 3만㎡ 이하인 경우로 한정 |
| | 택지, 산업단지 지정 등으로 인해 집단화된 농지와 분리된 토지 | |

이렇게 신분이 상승(?)하는 토지는 농림축산식품부 장관의 승인 후 고시하는데, 지자체 홈페이지에서 고시문 확인이 가능하므로 자주 체크해봐야 한다. 위와 같은 자투리 토지에 해당하더라도 당장 해제되는 것이 아니므로, 안전한 투자를 위해서는 고시문에서 주소지까지 확인한 후에 낙찰이나 매입을 고려하는 것이 좋다.

다음과 같이 변경·해제 조건에 부합해 농업진흥지역에서 농업진흥지역 외로 신분이 상승한 토지가 주소지까지 고시되는 것을 볼 수 있다. 농지 경매물건을 찾다가 해제 조건에 부합한다고 생각된다면 고시문과 비교해볼 필요가 있다. 다만 이미 오른 가격이 반영된 상태에서 매입하는 것은 의미가 없다.

농업진흥지역 해제조서   출처 : 경기도

시·군	읍·면	리·동	지번	지목	면적 (㎡)	해제면적 (㎡)	진흥지역 용도구분	비고
평택시	청북읍	고렴리		구	484	484	농업보호구역	농업진흥지역밖으로
평택시	청북읍	고렴리		답	33	33	농업보호구역	농업진흥지역밖으로
평택시	청북읍	고렴리		답	3	3	농업보호구역	농업진흥지역밖으로
평택시	청북읍	고렴리		구	70	70	농업보호구역	농업진흥지역밖으로
평택시	청북읍	고렴리		답	111	111	농업보호구역	농업진흥지역밖으로
평택시	서탄면	수월암리		답	2,749	2,749	농업진흥구역	농업진흥지역밖으로
평택시	서탄면	수월암리		전	889	889	농업진흥구역	농업진흥지역밖으로

반대로 농업진흥지역 외에서 농업진흥구역으로 신분이 하락하는 경우

도 간혹 있는데, 이렇게 되면 지가 하락이 불가피하므로 투자자라면 주의해야 한다.

농업진흥지역 재지정조서

출처 : 경기도

› 재지정 토지조서

소 재 지			지번	지목	면 적 (㎡)	해제면적 (㎡)	진흥지역 용도구분	비고
시·군	읍·면	리·동						
평택시	청북읍	율북리		도	595	140	농업진흥지역밖	농업진흥구역으로
평택시	청북읍	율북리		전	1,003	276	농업진흥지역밖	농업진흥구역으로
평택시	청북읍	율북리		전	567	650	농업진흥지역밖	농업진흥구역으로
평택시	청북읍	율북리		전	804	417	농업진흥지역밖	농업진흥구역으로
평택시	청북읍	어연리		구	54	216	농업진흥지역밖	농업진흥구역으로
평택시	청북읍	율북리		전	1,324	756	농업진흥지역밖	농업진흥구역으로

도로는 토지에 생명을 불어넣어 주는 혈관과 같다

아무리 수도권 근처에 있는 평평한 땅이라고 해도 도로가 없는 땅은 피해야 한다는 것은 널리 알려진 사실이다. 남의 땅을 밟고 도보나 차를 이용해 갈 수는 있겠지만 산지·농지전용, 건축·개발행위허가 등으로 인해 합법적으로 건물을 세우기란 불가능하다. 여러 부동산 중 특히 토지는 이처럼 도로 여건이 매우 중요하기 때문에 수용, 환지, 정비사업 등과 같이 매수인이 확실한 경우가 아니라면 투자 대상에서 제외하는 것이 맞다.

그런데 맹지에 도로가 개설되어 사람과 차량이 다닐 수 있게 되고, 나아가 건축까지 가능해진다면 어떨까? 인기 없던 땅이 한순간에 인기 만점짜리 땅이 될 수 있다. 그렇다면 현재 도로와 닿아 있지 않더라도 나중에 도로와 연결될 수 있는 곳을 미리 선점해두면 좋을 것이다. 하지만 346쪽 그림처럼 토지이용계획확인원의 도로계획선에 파란색 선이 그려져 있다고 해서 나중에 무조건 맹지 탈출을 할 수 있는 것은 아니다.

아래 토지의 토지이용계획확인원을 보면 현황이 도로가 아님에도 불구하고 '도로구역', '소로1류(저촉)'라고 표기돼 있다. 장래에 도로가 될 예정인 곳이다.

| 지역지구등 지정여부 | 「국토의 계획 및 이용에 관한 법률」에 따른 지역 · 지구등 | 도시지역 , 자연녹지지역 소로1류(폭 10M~12M)(저촉) |
| | 다른 법령 등에 따른 지역 · 지구등 | 가축사육제한구역(100m 이내 - 전 축종 제한)<가축분뇨의 관리 및 이용에 관한 법률> , 도로구역<도로법> , 자연보전권역<수도권정비계획법> , 공장설립승인지역<수도법> , 배출시설설치제한지역<수질 및 수생태계 보전에 관한 법률> , 수질보전특별대책지역<환경정책기본법> |

아래 확인도면에서 파란색 선은 도로구역을 의미하는데, 현재 실제 이용이 가능한 도로일 수도 있고 미래에 생길 도로일 수도 있다. 예정 도로와 맞닿아 있다고 해서 무조건 맹지에서 벗어날 수 있다고 생각해선 안 된다. 관할관청의 예산 상황에 따라 사업 진행속도가 느릴 수도 있고, 진입도로가 아닌 터널이나 고가도로가 생기는 때도 있으며, 교차로 영향권,

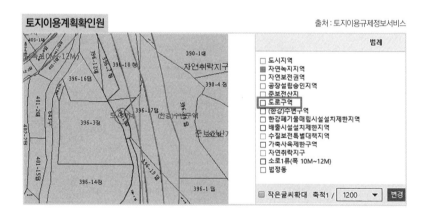

높은 기울기, 완충녹지 등으로 인해 도로가 생기지만 연결이 되지 않을 수도 있기 때문이다.

보통 도로가 없거나 2차선 도로만 있던 곳에 잘 포장된 고속화도로 혹은 나들목이 생기면 해당 지역은 유동인구의 증가로 활기를 띠게 된다. 지역주민들도 당연히 도로개통 소식을 반긴다. 그런데 도로가 새로 놓이면 무조건 좋을까?

아래 두 개 지도 중 왼쪽에 굵게 표시된 선이 현재의 왕복 2차선 도로이고, 오른쪽의 굵은 선은 해당 지역의 예정 도로다. 기존의 좁고 구불구불했던 도로를 확장하고 직선화하여 포장하는 것이다. 이와 같이 좀 더 편리한 새로운 도로가 개통을 하면 새 도로에 포함되지 못한 예전 도로는 통행량이 줄고, 그만큼 유동인구도 급격히 감소하게 된다. 예전 도로 주변에 소재한 주유소나 식당 등의 업종은 새 도로의 개통이 악재로 다가올 수밖에 없다.

도로 지도

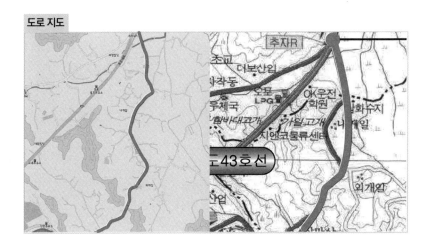

국토의 혈관과 같은 역할을 하며 토지 가치를 높이기도 낮추기도 하는 도로는 「도로법」, 「국토계획법」, 「건축법」, 「공간정보의 구축 및 관리 등에 관한 법률」, 「사도법」 등 여러 법령에 따라 분류된다. 토지 투자를 염두에 두고 있다면 반드시 알고 있어야 한다.

공간정보의 구축 및 관리 등에 관한 법률에 따른 도로

과거 「지적법」, 「측량·수로조사 및 지적에 관한 법률」이 이 법의 원형으로, 지목이 '도로'인 경우가 이 법에 해당한다고 볼 수 있다. 토지이용계획확인원에서 지목이 도로인지를 쉽게 확인할 수 있다.

토지이용계획확인원   출처 : 토지이용규제정보서비스

지목	도로		면적	20 ㎡
개별공시지가(㎡당)	개별공시지가 자료 없음.　Q 연도별 보기			
지역지구등 지정여부	「국토의 계획 및 이용에 관한 법률」에 따른 지역·지구등	도시지역, 제1종일반주거지역		
	다른 법령 등에 따른 지역·지구등	자연보전권역<수도권정비계획법> , 공장설립승인지역<수도법> , 배출시설설치제한지역<수질 및 수생태계 보전에 관한 법률> , 특별대책지역(1권역)<환경정책기본법>		

지목상 도로와 붙어 있는 토지라 해도 실제로 도로로 사용할 수 있는 요건이 아니라면 건축법상의 도로 요건에 부합하지 않아 건축이 불가능할 수 있다. 반드시 현장조사를 통해 도로로 사용할 수 있는지 여부를 파악해야 한다.

국토계획법에 따른 도로

국토계획법상 도로는 기반시설(교통시설, 공간시설, 유통·공급시설, 공공·문화체

육시설, 방재시설, 보건위생시설, 환경기초시설) 중 하나에 포함되므로 반드시 도시·군관리계획으로 결정해 설치하여야 한다. 국토계획법에 의한 도로는 지역주민이나 시민을 위한 도로라고 생각하면 된다. 직선화해서 빠른 속도로 먼 거리를 가기보다는 여러 지역에 분산 거주하는 시민들의 편의를 위한 것이므로 경유지가 많고 도로법상의 도로보다 구불구불한 것이 특징이다.

도로법에 의한 도로

도로법은 국민이 안전하고 편리하게 이용할 수 있는 도로의 건설과 공공복리 향상에 이바지함을 목적으로 한다. 공익상의 목적도 갖고 있어 이 법에 의한 도로는 빠른 이동을 위해 직선화, 고속화되어 있는 것이 특징이다.

❶ 도로구역의 결정과 도로관리대장 작성

도로구역은 '도로 노선이 지정되거나 도로 노선의 인정 또는 변경 공고가 된 경우 도로관리청이 도로법에 따라 결정·고시한 구역'을 말한다. 도로구역은 실제로 차가 다니는 차도와 차도를 구분해주는 중앙분리대뿐만 아니라 도로의 주요 구조부를 보호하고 비상시에 이용하기 위한 공간인 길어깨, 자전거도로, 보도, 사면 등까지 포함되므로 실제 도로 폭보다 넓게 설정된다. 도로구역을 결정하거나 변경하는 경우, 그 도로가 있는 지역의 토지를 적절하고 합리적으로 이용하는 데 필요하다고 인정하면 지상이나 지하 공간 등 도로의 상·하 범위를 정해 도로구역으로 지정할 수 있다. 도로관리청은 이렇게 지정된 도로에 대한 도로대장을 작성해서 영구히 보관해야 한다. 도로대장은 주요 시설물 제원, 기하구조 조서, 토공 및 배수조서, 안전시설 조서, 도로구역, 접도구역 및 도로점용 등의 사항에 관한 조서 등이 포함되며 준공도면, 지형도면도 함께 보관한다.

❷ 접도구역

도로 구조의 파손 방지, 미관의 훼손 또는 교통에 대한 위험 방지를 위하여 필요 시 소관 도로의 경계선에서 20m(고속국도의 경우 50m)를 초과하지 아니하는 범위에서 대통령령으로 정하는 바에 따라 접도구역을 지정할 수 있다. 앞서 설명한 도로구역의 바깥쪽이라고 생각하면 된다.

　접도구역에서는 토지의 형질을 변경하는 행위, 건축물이나 그 밖의 공작물을 신축·개축 또는 증축하는 행위가 금지된다. 따라서 접도구역에 일부가 포함된 토지를 매입해 건물을 신축하고자 할 때에는 해당 토지의 전체 면적이 아닌 접도구역에 포함된 면적을 제외한, 즉 실제 건축이 가능한 면적만으로 매입가를 산정해야 한다. 다만 연면적 $10m^2$ 이하의 화

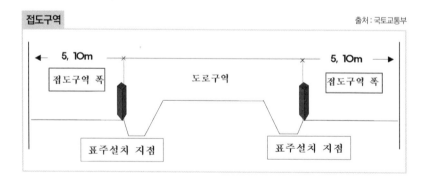

접도구역 　　　　　　　　　　　　　　　　　　　　　　출처 : 국토교통부

장실 또는 연면적 30㎡ 이하의 축사 신축이나 주차장, 통로 설치 등 도로법 시행령 제39조 제3항에 명시한 '도로의 파손이나 교통에 대한 위험을 가져오지 않는 행위'는 가능하다.

국토계획법 제51조 제3항에 따른 지구단위계획구역과 도로관리청이 교통에 대한 위험 등이 없다고 인정하는 지역은 접도구역을 지정하지 않아도 된다. 관련법규가 개정되어 과거에는 접도구역이었으나 해제되는 경우 해당 토지의 효용성이 높아지므로 투자자로서는 눈여겨볼 필요가 있다. 해제 사실이 고시되었는데도 여전히 토지이용계획확인원에는 접도구역이라고 기재돼 있거나 해당 토지 소유자가 이를 모르는 경우가 비일비재하기 때문이다. 다음 그림을 통해 구(舊)조문과 신(新)조문의 차이점을 눈에 익혀두기 바란다.

◆ 차도·길어깨·비탈면·측도·보도 및 길도랑 등에 제공되지 아니하는 부지의 폭(부체도로의 폭을 포함한다)이 인접한 접도구역의 폭 이상인 지역

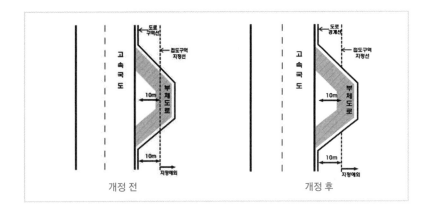

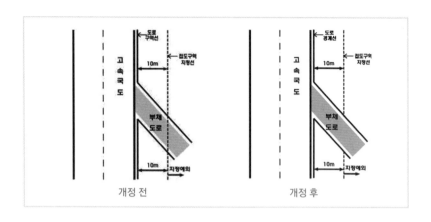

개정 전 개정 후

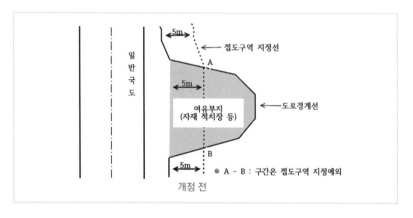

개정 전

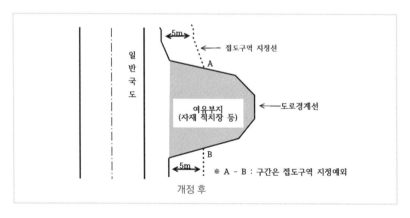

개정 후

◆ 해당 지역의 도로의 폭 및 구조 등이 인접한 도시지역의 도로의 폭 및 구조 등과 유사하게 정비된 지역으로서 그 도시지역으로부터 1km 이내에 있는 지역 중 주민의 집단적 생활근거지로 이용되는 지역

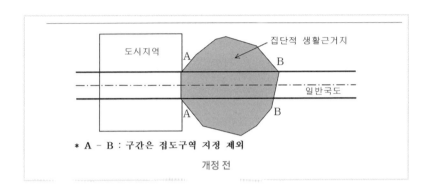

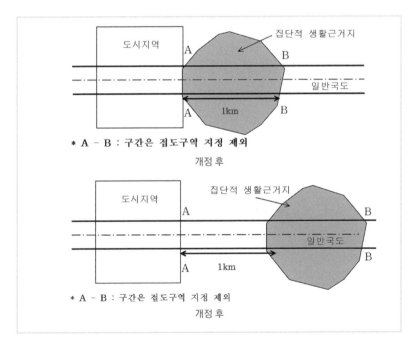

◆ 해당 지역의 도로의 폭 및 구조 등이 인접한 도시지역 도로의 폭 및 구조 등과 유사하게 정비된 지역으로서 해당 지역의 양측에 인접한 도시지역 상호간의 거리가 $10km$ 이내인 지역

접도구역 지정 제외

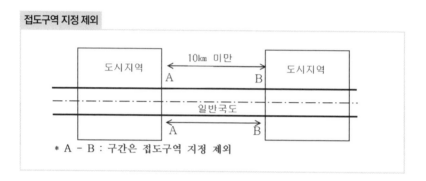

* A - B : 구간은 접도구역 지정 제외

이와 같은 접도구역은 국토계획법 제83조에 의거한 도시지역(주거·상업·공업·녹지지역)에서는 만나보기 어렵다. 도시지역에는 접도구역과 비슷한 도로 인근에서 만나볼 수 있는 완충녹지라는 개념이 있다. 접도구역과 혼동할 수 있으므로 주의를 요한다.

완충녹지

'녹지'란 도시지역에서 자연환경을 보전하거나 개선하고, 공해나 재해를 방지함으로써 도시경관의 향상을 도모하기 위하여 국토계획법 제30조에 따른 도시·군관리계획으로 결정된 것을 말한다. 녹지는 도시공원 및 녹지 등에 관한 법률에 따라 완충녹지, 경관녹지, 연결녹지의 3가지로 구분된다. 이 중 완충녹지란 대기오염, 소음,

진동, 악취, 그 밖에 이에 준하는 공해와 각종 사고나 자연재해 등의 방지를 위해 설치하는 녹지를 말한다. 주택(상가)과 연접하지 아니한 산업단지는 최소 5m 이상, 그 외에는 원인시설에 접한 부분부터 10m 이상이 되어야 한다.

도로와 토지 사이에 완충녹지가 있는 경우 해당 도로로 건축허가를 받기란 거의 불가능하다. 녹지점용허가를 통해 녹지를 가로지르는 진입도로의 설치가 가능하다고는 하나, 허가가 나지 않는 경우가 대부분이다. 바로 이 점이 접도구역과의 차이점이다. 아래 토지이용계획확인원처럼 완충녹지가 해제될 예정의 토지라면 가치가 더 올라갈 수 있다고 예상할 수 있다.

「국토의 계획 및 이용에 관한 법률」에 따른 지역 · 지구등	생산녹지지역	완충녹지(폐지 입안중)(저족)

건축법에 의한 도로

결국 도로가 필요한 이유는 사람에게 쓸모 있는 건물을 짓기 위함이다. 용적률과 건폐율이 더 높고 상위 용도의 건물을 짓는다면 토지 주인은 더 많은 이익을 얻을 수 있다. 이런 이유로 건물을 건축할 때 적용되는 건축법에도 도로 조건이 있다.

❶ 건축법상 도로란?

◆ 보행과 자동차 통행이 가능한 너비 4m 이상의 도로로서 다음 각 목의 어느 하나에 해당하는 도로나 그 예정도로

(a) 「국토의 계획 및 이용에 관한 법률」, 「도로법」, 「사도법」, 그 밖의

관계 법령에 따라 신설 또는 변경에 관한 고시가 된 도로

(b) 건축허가 또는 신고 시에 특별시장·광역시장·특별자치시장·도지
사·특별자치도지사(이하 '시·도지사'라 한다) 또는 시장·군수·구청장
(자치구의 구청장을 말한다. 이하 같다)이 위치를 지정하여 공고한 도로

◆ 지형적으로 자동차 통행이 불가능한 경우와 막다른 도로의 경우에는
대통령령으로 정하는 구조와 너비의 도로

(a) 특별자치시장·특별자치도지사 또는 시장·군수·구청장이 지형적
조건으로 인하여 차량통행을 위한 도로의 설치가 곤란하다고 인
정하여 그 위치를 지정·공고하는 구간의 너비 3m 이상(길이가 10m
미만인 막다른 도로인 경우에는 너비 2m 이상)인 도로

(b) 위에 해당하지 아니하는 막다른 도로로서 도로의 너비가 그 길이
에 따라 각각 다음 표에 정하는 기준 이상인 도로

막다른 도로의 길이	도로의 너비
10m 미만	2m
10m 이상 35m 미만	3m
35m 이상	6m(도시지역이 아닌 읍·면 지역은 4m)

위 건축법상 도로에 관한 기준을 보면 기본적으로 사람이 걸어 다닐
수 있어야 하고 차량도 통행할 수 있어야 한다. 만약 차량통행이 불가능
하다면 허가권자가 인정할 경우 건축이 가능하다는 것을 알 수 있다.

산 중턱에 위치한 서울의 오래된 주택가를 상상해보자. 계단으로 이루어진 길뿐인지라 사람은 걸어 다닐 수 있지만 자동차는 다닐 수 없다. 이 길과 접한 곳은 건물 신축이 가능하다. 반대로 고속도로처럼 차량은 통행할 수 있지만 사람은 걸어 다닐 수 없는 도로도 있다. 이 도로와 접한 곳은 건축법상 도로로 인정되지 않기 때문에 건축이 불가능하다.

❷ 땅에 도로가 얼마나 접해야 할까?

건축행위를 하기 위해서는 건축물의 대지가 2m 이상의 도로(자동차만의 통행에 사용되는 도로는 제외)에 접해야 한다. 다만 아래의 어느 하나에 해당하면 예외가 인정된다.

◆ 해당 건축물의 출입에 지장이 없다고 인정되는 경우
◆ 건축물의 주변에 광장, 공원, 유원지, 그 밖에 관계법령에 따라 건축이 금지되고 공중의 통행에 지장이 없는 공지로서 허가권자가 인정한 공지가 있는 경우
◆ 농막을 건축하는 경우

이때 연면적의 합계가 2,000m²(공장은 3,000m²) 이상인 건축물(축사, 작물 재배사, 그 밖에 이와 비슷한 건축물로서 건축조례로 정하는 규모의 건축물은 제외)의 대지는 너비 6m 이상의 도로에 4m 이상 접해야 한다. 따라서 관심 있는 토지의 면적이 크다면 도로 요건을 잘 살펴보기 바란다.

❸ 건축법이 전 국토에서 동일하게 적용되지는 않는다.

건축법 제3조에 지정문화재, 고속도로 통행료 징수시설, 수문조작실 등 건축법이 적용되지 않는 건축물에 관한 내용이 있다. 여기서 투자자들이 꼭 알아야 할 부분은 제2항이다.

건축법 제3조 제2항

「국토의 계획 및 이용에 관한 법률」에 따른 도시지역 및 같은 법 제51조 제3항에 따른 지구단위계획구역(이하 '지구단위계획구역'이라 한다) 외의 지역으로서 동이나 읍(동이나 읍에 속하는 섬의 경우에는 인구가 500명 이상인 경우만 해당된다)이 아닌 지역은 제44조부터 제47조까지, 제51조 및 제57조를 적용하지 아니한다.

위의 내용을 정리하면 아래와 같다.

비도시지역 면·리에서 적용되지 않는 건축법	
제44조	대지와 도로의 관계 : 건축물의 대지는 2m 이상 도로에 접해야 한다.
제45조	도로의 지정·폐기 또는 변경 : 도로 지정 시 이해관계인의 동의가 필요한 경우와 필요치 않은 경우
제46조	건축선의 지정 : 건축물을 건축할 수 있는 선의 지정
제47조	건축선에 따른 건축제한 : 건축물과 담장은 건축선의 수직면을 넘을 수 없다.
제51조	방화지구 안의 건축물 : 방화지구 안에서는 건축물을 내화구조로 해야 한다.
제57조	대지의 분할제한 : 건축물이 있는 대지는 일정기준에 따른 면적보다 작게 분할할 수 없다.

앞 표의 내용을 꼼꼼히 살펴보면 도시지역 내 관리·농림·자연환경보전지역의 면·리에서는 도로로 지정·공고되지 않은 폭 4m가 넘지 않는 현황도로로도 건축 가능성이 커진다는 것을 알 수 있다. 또한 대지와 도로가 2m 이상 접하지 않아도 된다는 사실도 알 수 있다. 물론 비도시지역의 면·리 지역이라도 무조건 건축이 가능한 것은 아니며, 허가권자의 판단에 따라 결과가 달라질 수 있지만 미리 질의나 정보공개청구 등을 통해 충분히 알아볼 수 있다.

문제는 비도시지역에서 도시지역으로 바뀌거나 면·리에서 동으로 행정구역이 승격되는 경우다. 비도시지역의 면·리였을 때에는 폭 2m의 현황도로에 접하면 건축이 가능했지만, 동으로 바뀐다면 폭 4m가 넘는 도로에 2m 이상 접해야 하므로 건축이 불가능한 맹지가 될 수 있다. 이런 탓에 행정구역 승격이 무조건 반길 일만은 아니다.

부동산 가격에 큰 영향을 끼치는 요인 중 하나가 공급량이라는 점은 이 책에서 필자가 꾸준히 강조하고 있는 바다. 아파트, 오피스텔, 상가 등의 건축물은 필요에 따라 토지에 여러 공법을 적용해 자유롭게 공급할 수 있는 성격의 재화다. 사람의 힘으로 만들 수 있다는 뜻이다. 이에 반해 토지는 간척지 매립 등 특별한 경우가 아닌 이상 사람이 마음대로 공급할 수 없는 한정적인 재화다. 따라서 토지는 행위 제한이나 규제가 풀린다든지 용도지역이 상향하는 등 더 다양한 용도의 건축물을 지을 수 있는 상태로 변하는지 여부가 공급량을 결정하기 때문에 건물과는 다른 기준으로 접근해야 한다.

직장생활과 부동산 투자생활의
겸업 노하우

직장생활에서 조우한 경매

직장생활을 하며 부동산 경매와 어떻게 친해질 수 있을까?

직장생활에서 조우한 경매

▼

투자로 성공한 사람보다는 실패한 사람을 많이 보며 자라서였을까? 부동산 투자나 경매는 위험하다는 생각을 가지고 살았다. 마찬가지로 사업을 하는 것도 위험하다고 생각했다. 모험은 위험을 불러올 거라 여겼다. '사업을 하다가 잘 안 되면 집이 경매로 넘어가겠지? 좀 적더라도 월급이 잘 나오는 직업을 갖자!' 안정적인 직장이 우선이라 여겼고, 그래서 '임상병리사'라는 직업을 선택했다. 큰 병원에 취업하면 25년 이상은 안정적으로 일할 수 있단다. 게다가 오랫동안 일하면 숨을 거둘 때까지 연금이 나온다니, 소심한 나에게 딱 맞는 직업이라 여겼다.

나름대로 최선을 다해 공부했다. 대학 동기들의 꿈은 서울시내의 대학병원에서 근무하는 것이었다. 병원 개수는 한정되어 있고, 자리는 많지 않은데 전국 각지의 임상병리학과에서 배출하는 학생은 점점 늘어나니, 직원 두 명을 뽑는데 200여 명이 원서를 냈다. 여러 번 면접 탈락의 고배를 마셔서 큰 기대는 하지 않던 차에 운 좋게도 서울의 한 대학병원에 입사할 수 있었다.

모든 것이 순조롭게 흘러가는 듯했다. 아직 대학원에 다니는 친구도 있었고, 공무원시험 준비를 하는 친구도 있었다. 그들에 비해 사회생활을 일찍 시작하게 된 만큼 더 빨리 자립할 수 있고, 앞으로의 인생도 더 멋지게 펼쳐질 거라 믿었다. 일찍 좋은 직장을 잡았다며 친구들의 진심 어린 축하도 받았다. 직장생활은 안정적이고 행복할 것 같았다. 정말로 처음 몇 년간은 '평생직장이야! 열심히 하자'라는 마음가짐으로 일했다.

내가 다닌 대학병원의 정규 근무시간은 오전 9시부터 오후 6시까지였다. 하지만 선배들은 대부분 8시 이전에 출근했다. 업무가 시작되기 전에 검사 장비를 예열해두고 바로 쓸 수 있도록 해놔야 했기 때문이다. 선배들이 8시에 출근하니 아무것도 모르는 막내는 7시 20분에 출근해야 했다. 배워야 할 것이 많다는 이유로 3개월간은 밤 9시에 퇴근했다. 의사가 환자의 상태를 판단하기 위한 검사의 중요성은 이루 말할 수 없기에, 온종일 신경을 곤두세우고 일을 할 수밖에 없었다. 업무량도 많고 배워야 할 것도 많아서 몸은 힘들었지만 자긍심을 갖고 일했었다.

하지만 20대 중반의 사회 초년생이 직장생활에 대해 품었던 장밋빛 환상은 머지않아 깨지고 말았다. 오전 7시 반에 출근해서 저녁 6시까지, 잠깐의 점심시간을 제외하면 쉬는 시간은 거의 없었다. 시간대별로 오는 표본과 긴급을 요하는 환자의 표본을 최대한 빨리 전처리해서 검사해야 한다. "최 선생아, 뚜껑에 빨간 표시 보이지? 이건 한 시간 내로 무조건 결과가 나와야 한다!"

그리고 업무 특성상 각 병동과 외래과에서 많은 전화가 오는데, 이를 일일이 받아서 처리를 해주다 보면 눈코 뜰 새 없이 바쁘다. 그러다 보니 유일하게 쉬는 시간인 점심시간마저 일정하지 않은 데다 교대로 20~30분 정도만 허락됐다. 단 20분이라도 편하게 앉아서 식사할 수 있다면 다행이었다. 간혹 밥을 엄청나게 빨리 먹는 선배와 같이 먹다 보면 5분 안에 식판을 비워야 하는 때도 있어서 툭하면 체하거나 역류성 식도염에 시달려야 했다.

야간 근무를 하게 되면 한 달에 300시간 이상 근무할 때도 종종 있었다. 특히 주말에는 일요일 아침 7시에 출근해서 다음 날인 월요일 오전 9~10시까지 일할 때도 있었다. 특히 야간에는 검증을 전문으로 하는 인력이 상주하지 않으므로, 온갖 응급검사를 시간 내에 처리해야 한다는 부담감과 스트레스가 매우 컸다. 그렇게 2년 내내 긴장감 속에 일하던 어느 날, 퇴근길에 동기에게 이렇게 말한 적이 있었다.

"야, 진짜 이거 계속하다가는 죽을 수도 있겠는데?"

농담 같은 진담이었다.

겉보기에는 흰 가운을 입고 여름에는 시원한 곳에서, 겨울에는 따뜻한 곳에서 일하는 편한 직업이라 생각할 수도 있지만, 심리적·육체적으로 절대 쉽지 않은 일이었다. 이렇게 점점 직장생활에 대한 염증이 커져 갈 즈음, 평소 과묵하기만 하던 아버지가 한마디 하셨다.

"너도 이제 학생이 아니니 부동산을 알아야 한다. ○○사이버대학교에 부동산학과가 생겼다던데, 일하면서 공부 한번 해보는 게 어떠냐?"

"부동산이라고요??"

수년간 축적된 직장생활에 대한 염증과 우연한 아버지의 권유로 25살의 임상병리사는 그렇게 부동산이라는 새로운 길을 조금씩 걸어갔다. 직장에서 나는 시키면 시키는 대로 해야 하는 일종의 부속품 같은 존재였고, 저렴한 가격에 부려 먹다가 나이 들고 고임금을 줘야 할 때가 되면 빼서 교체해버리면 그만인 사람이었다. 직장은 부속품의 인생에 관심을 갖지 않는다.

임상병리사도 전문직이다. 보건복지부에서 주관하는 국가시험을 통과해야 면허가 발급되고, 특수한 분야에서 일할 수 있다. 전문직은 한번 들어가면 오래 일을 할 수 있다는 장점이 있다. 그러나 전문적인 그 일이 아니면 할 수 있는 일이 거의 없다는 것이 가장 큰 단점이다.

내가 행복하게 살 수 있는 길을 스스로 찾아야 한다고 생각했다. 개인시간을 좀 더 많이 낼 수 있는 다른 병원으로 옮길까 고민도 해봤지만, 공급(관련학과 졸업생 수)보다 수요(병원의 직원 채용)가 매우 적기 때문에 백수생활을 하게 될 가능성도 있었다.

혹시라도 부동산이 나의 성향과 맞지 않을지도 모른다는 생각에 우선은 최대한 시간을 쪼개 부동산 관련 공부를 하며 재미를 느낄 수 있는 학문인지를 알아보기로 했다. 동기 중에는 경매를 접한 후 새로운 세상에 대한 희망과 여러 성공사례에 현혹되어 입문 한 달 만에 직장을 그만둔 친구도 여럿 있었다. 그러나 몇 개월 후 다시 직장으로 유턴한 경우가 적지 않았다. 되도록이면 안정적 생활을 보장해주고 대출한도를 늘리는 데에도 도움이 되는 직장이 있는 상태에서 공부하고 투자를 하는 것이 좋다. 결코 직장을 쉽게 버려서는 안 된다.

직장생활을 하며 부동산 경매와 어떻게 친해질 수 있을까?

▼

직장생활을 하면서 주 3~5회 헬스장이나 요가학원에 나가 체력을 키우려면 마음을 독하게 먹어야 한다. 말이 좋아서 8시간 근무지, 준비하고 출퇴근에 소요되는 시간을 합하면(집이 직장 코앞에 있는 경우를 제외하면) 직장생활을 위해 쓰는 시간이 보통 하루 13시간 정도다. 취침시간을 빼면 하루 중 온전히 사용할 수 있는 시간은 길어봐야 4~5시간에 불과하다. 여기서 운동하는 데 필요한 2시간을 빼고 나면 남는 시간은 2~3시간밖에 없다. 운동 대신 회식이나 친구와 약속을 잡는다면 가용시간은 더 적어진다. 하물며 직장생활을 하면서 부동산 경매 투자를 한다면 어떻겠는가?

본업을 하면서 경매와 관련된 각종 법률에 익숙해져야 하고, 마음에 드는 경매물건에 대한 권리분석을 해야 하고, 현장조사를 나가기 전 충분한 사전조사가 이뤄져야 한다. 그 후에는 현장에서만 알 수 있는 것들이 있기에 임장활동도 해야 한다. 그런 다음 조사한 자료를 취합해 입찰한다. 만약 낙찰을 받지 못했다면 다시 다른 물건을 조사해야 한다.

운이 좋아서 낙찰을 받았다고 치자. 경락잔금대출을 받으려면 금융권이나 법무사 사무실에 가서 자서를 해야 하고, 낙찰 후 내보내야 할 사람이 연락두절이라면 법원에 가서 이해관계인 서류를 열람해야 한다. 그리고 명도를 위해 안내문과 내용증명을 발송해야 하고, 점유자가 이사하는 날 현장에 직접 가서 명도를 마무리해야 한다.

위에 간략히 나열한 사항만 보더라도 직장생활을 하며 운동을 다니는 것보다는 훨씬 더 많은 집중력과 시간이 필요하다는 점을 알 수 있을 것이다. 매달 받는 월급의 80%가 넘는 월세를 부동산을 통해서 만들기까지 수년간 직장생활과 경매 투자라는 투잡 활동을 병행해왔다. 그 방법을 알려드릴 테니 관심 있는 사람들은 적용해보기 바란다.

직장에서 해야 할 업무는 직장에서 모두 끝내자

투잡 활동을 한다고 해서 직장에서 주어진 업무를 등한시할 수는 없다. 본업에 소홀하고 실수가 생기면 그로 인해 겸업 활동에까지 좋지 않은 영향을 끼치게 된다. 직장생활에서 해야 할 일은 깔끔하게 근무시간, 즉 퇴근 전에 모두 끝내고 집에 일거리를 가져가지 말자. 그러자면 하루 중 나에게 주어진 자유시간을 조금이라도 더 늘려야 한다.

"최 선생, 왜 이리 안 쉬고 일만 해? 캔커피 마시며 담배 한 대 피러 갈까?"

나를 걱정하는 선배가 따뜻한 말 한마디 건네도 정에 이끌려 소중한 시간 10분을 낭비해선 안 된다. 근무시간 중 10분을 낭비하면 퇴근 후 경매 관련 공부나 일을 할 수 있는 10분을 빼앗긴다고 생각해야 한다.

"죄송합니다. 목 상태가 안 좋아서 당분간 담배는 줄이려고요."

이런 식으로 걱정해주는 선배의 기분이 상하지 않도록 요령 있게 몇 번 거절하면 업무시간에는 오롯이 업무에만 집중할 수 있게 된다. 직장 다닐 때에는 담배를 끊으려야 끊을 수가 없었다. 그러나 전업투자자로 전

향한 지금은 담배 생각이 전혀 나지 않는다. 이 역시 하고 싶은 일을 하면서 살다 보니 얻게 된 긍정적인 효과다.

휴식이 필요하다면 차라리 혼자 쉬면서 그 시간을 활용하는 것이 낫다. 그리고 업무시간이 끝난 후에는 곧바로 퇴근하지 말고, 관심물건 인근의 공인중개사무소에 전화를 걸어서 현장 나가기에 앞서 해야 할 사전조사를 하자. 6시나 7시쯤 퇴근해서 약 한 시간 후 집에 도착해 씻고 나오는 순간 공인중개사의 영업시간은 끝날 확률이 높다. 그러니 부동산을 조사할 때 필수적인 공인중개사와의 전화 통화는 퇴근 전 혹은 휴식시간을 활용하자.

자투리 시간을 적극 활용하자

부동산을 처음 공부할 때 퇴근 후 저녁을 먹고 나서 책상 앞에 앉는다면 나를 반기는 것은 무엇일까? 슬슬 감기는 피곤한 눈꺼풀이다. 마음에 드는 책을 발견하거나 도움이 될 만한 동영상 강의를 찾았다면 출퇴근시간, 점심식사 후 남은 휴식시간 등을 활용해 반복해서 읽고 들어야 한다. 그래야만 전문가들이 사용하는 생소한 용어가 가랑비에 옷 젖듯 내 머리에 스며들 수 있고, 궁금하거나 추가로 알아보고 싶은 것들을 조사하면서 흥미를 느낄 수 있다.

이론 공부만 하기가 지루하다면 자투리 시간이 날 때마다 경매물건을 찾는 습관을 기르자. 평소에 위치와 가격, 종류별로 마음에 드는 물건을 찾아둔다면, 퇴근 후 곧바로 물건을 찾아보며 시간을 아껴 심도 있는 조사를 할 수 있을 것이다.

경매 이론을 습득했다면 즉시 행동에 옮기자

부동산 관련 교육을 받았거나 평소 큰 관심이 있지 않은 이상, 대부분의 초심자가 겪는 증상이 있다. 바로 망각의 순환 고리에 빠지는 것이다. 온종일 공부에만 매달릴 수 있는 여건이 아니므로 하루에 1~2시간 정도만 공부할 수 있는데, 그마저도 지쳐서 비몽사몽이다. 그러다 보니 아무리 꾸준히 노력해도 보름 정도만 지나면 까맣게 잊게 된다.

이렇게 노력하는 이유는 학위를 따서 교수가 되기 위함이 아니다. 이론을 바탕으로 실무에 적용해보고, 수익을 얻기 위한 공부임을 잊어서는 안 된다. 사실 필자도 공부를 위한 공부인지 투자를 위한 공부인지 헷갈릴 때가 가끔 있었다.

권리분석에 대해 배웠다면 경매 진행되는 부동산의 등기사항전부증명서를 열람해 권리분석을 해보고, 추후 낙찰되고 소유권이 이전된 후 내가 예상한 대로 말소가 되었는지 확인해보자. 배당에 대해 배웠다면 임차인이 여러 명 있는 물건을 위주로 배당표를 작성해보고, 해당 물건의 배당기일에 직접 법원에 참석해 배당표를 받아봐야 한다.

사전조사 및 현장조사 방법을 배웠다면 휴가나 주말을 이용해서, 그래도 시간이 부족하다면 퇴근 후에라도 현장조사를 나가서 직접 부딪혀봐야 한다. 배운 즉시 실전에 적용을 해봐야만 체득할 수 있는 것이 경매의 특징이다.

언제 어디서나 찾아볼 수 있는 나만의 데이터베이스를 만들자

경매 공부와 입찰을 계속하다 보면 낙찰을 받을 때가 온다. 여러 대출 조건을 비교하고 명도를 하고 해당 물건을 관리해야 할 날이 온다. 여러 물건을 동시에 조사해야 할 때도 있다. 물건별로 진행 상황이나 명도 상황이 다를 것이고, 월세가 며칠씩 밀리다가 한 달 치가 밀린 사람도 있을 것이다.

이런 상황에 대비해서 그동안 공부한 내용은 물론이거니와 조사, 진행하고 있는 물건들에 대한 자료를 언제 어디서나 쉽게 열람해볼 수 있도록 정리해둬야 한다. 수기로 수첩에 적어두는 전통적인 방식도 나쁘지 않다. 하지만 사진이나 녹음 파일, 국토교통부의 발표자료 등은 오프라인으로 정리하기가 까다로우므로 클라우드형 프로그램을 활용할 것을 추천한다.

개인적으로 급한 메모는 네이버 메모 애플리케이션을 사용하고, 자료를 취합하고 찾을 때에는 에버노트(EVERNOTE)라는 프로그램을 사용한다. 일정 정리는 구글과 네이버 스케줄러를 추천한다. 필자의 에버노트에는 거의 3,500개에 달하는 노트가 있는데, 여기에는 그동안 알게 된 부동산 관련 지식, 낙찰 후 명도 진행상황, 부동산 관련 판례, 기사 등 여러 자료가 들어 있다.

이런 식으로 나만의 데이터베이스를 만들고 언제 어디서나 찾아볼 수 있다면 아는 내용을 재확인하거나 자료를 찾는 데 소요되는 시간을 현저히 단축할 수 있다. 투자에 있어서 든든한 우군 역할을 한다.

필자의 에버노트

경매와 관련된 인맥 전선을 구축하자

부동산 투자를 본격적으로 하다 보면 참 많은 궁금증이 생긴다. 일반 매매가 아닌 경매 투자는 '재테크계의 종합예술'이라고 불릴 정도로 폭넓은 지식이 요구되다 보니, 투자를 하는 도중 막히는 경우가 분명히 발생한다. 그럴 때 관련 문제를 해결해줄 분야별 전문가를 최소 한 명 이상 알아두면 빠르고 정확한 판단을 하는 데 큰 도움이 된다. 평소에 부동산 멘토뿐만 아니라 함께 공부를 시작한 동료, 법무사, 법무법인의 사무장, 변호사, 공인중개사, 대출중개인, 세무사 등과 친분(업무관계라도 좋다)을 맺어둔다면 시간이 모자란 당신에게 큰 도움이 될 것이다.

관련 서적을 꾸준히 읽자

몸을 부딪혀가며 하는 직접 체험이 가장 좋지만, 직장인은 절대적인 시간이 부족하므로 간접 체험을 많이 해보는 것이 좋다. 부동산 경매 서적뿐만 아니라 민법, 공법, 세법, 정비사업, 지도 읽는 법, 타인을 설득하는 법 등 여러 분야의 책을 탐독하는 습관을 기르자.

적어도 20번 이상 입찰하는 것을 목표로 하자

운 좋게 첫 입찰을 했는데 낙찰을 받았다. 그것도 2등과 20만 원 차이로 말이다. 그때 이렇게 생각했다.

'맙소사, 알고 보니 난 경매계의 전설이 될 사람이었던 거야? 왜 이제야 이걸 배웠지? 이렇게 입찰가를 잘 정하다니, 이러다가 입찰할 때마다 낙찰 받는 거 아냐?'

이후 열정적으로 물건 조사를 하며 주말에 갈 수 있는 지역은 모두 다니면서 입찰을 했다. 그런데 필자의 운은 첫 물건에 다 쓴 듯했다. 이후 연달아 15건 정도를 패찰한 것이다. 그중에는 현재 재테크 강사로 유명 인사가 된 분이 낙찰 받고 아쉽게 2등을 한 사례도 여러 건 있었다. 근소한 차이로 패찰하는 바람에 본의 아니게 1등을 기분 좋게 만들어주는 역할만 했다. 첫 낙찰 때와는 달리 이런 생각이 들 수밖에 없었다.

'뭐야, 저분은 저렇게 운 좋게 몇 개씩 낙찰 받아 가고, 나는 계속 떨어지고……. 경매는 나랑 안 맞는 걸까?'

그러나 애초에 패찰하더라도 20번 이상은 꼭 입찰을 해보자고 마음먹었기 때문에 포기하지 않고 몇 건만 더 입찰해보기로 했다.

20번을 입찰하기 위해 입찰 횟수보다 훨씬 많은 50번 이상의 현장조사를 해야 했다. 입찰 포기 물건이나 한 번의 임장으로는 조사가 부족한 물건들 때문이었다. 다행히 15번의 패찰 이후로는 낙찰을 받을 수 있었다. 패찰하는 동안 수없이 많은 사전조사를 하고, 여러 지역을 돌아다니며 현장조사를 한 것이 투자생활에 밑거름이 되었다. 그러니 낙찰을 받든 못 받든 최소 20번은 입찰을 하자는 생각으로 노력해보자. 한 건도 낙찰받지 못했더라도 부동산을 보는 눈이 몰라보게 달라졌음을 느낄 것이다. 또한 그렇게 달라진 눈은 큰 수익을 품은 물건을 가져다줄 것이다.

주말에는 경매정보를 들고 여행을 떠나자

어느 정도 이론 공부를 했다면 수발마나 관심 지역에 임장 가는 것을 습관화하자. 그러면 주말 임장을 위해서라도 주중에는 어쩔 수 없이 자투리 시간을 활용해 많은 정보를 입수하고, 분석하며 시간을 아껴 쓰게 된다. 매주 반복되는 현장조사는 부동산 보는 눈과 임장 실력을 향상시켜 줄 것이다.

스트레스 해소와 운동은 임장으로 해결하자

직장생활 혹은 사업을 하며 스트레스가 쌓이고, 운동 부족으로 체력이 떨어졌다고 생각한다면 부지런히 임장을 다니자. 딱딱한 구두 대신 발에 무리가 가지 않는 편안한 운동화를 신고, 원하는 물건의 경매정보를 뽑아서 가방에 넣고 현장조사를 가보자.

자가용을 타고 운전해서 돌아보면 매일 지나던 동네라도 달리 보일 것이며, 구석구석 발품을 팔다 보면 어느새 체력도 좋아질 것이다. 더욱이 인터넷상에서 발견하지 못했던 각종 정보를 현장조사를 통해 얻는 순간의 쾌감은 스트레스를 한 방에 날려준다.

블루투스 무선 이어폰을 활용하자

경매를 통한 부동산 투자를 지속하다 보면 짧은 통화를 자주 하게 된다. 중개업소에 시세를 물어보거나 낙찰 받은 물건에 들어올 임차인을 구해야 한다. 공사 중인 인테리어 업체에서 전화가 올 수도 있고, 관할관청에 전화로 확인할 사항도 생긴다.

그럴 때마다 근무시간에 밖에 나가서 스마트폰을 들고 통화를 한다면 '나는 근무시간에 업무에 집중 안 하고 있습니다'라고 광고하는 꼴이 된다. 직장 내에서 미운털이 박히면 경매 투자활동에도 좋을 것이 없다. 두 손은 업무에 집중하며 필요한 통화를 끝내고, 휴식시간에는 무선 이어폰을 통해 강의나 뉴스를 들으며 지식을 채우길 권한다.

뚜렷한 목표를 세워 작심삼일이 되지 않도록 하자

아무리 세밀하고 좋은 계획을 세워두더라도 꾸준히 하지 않으면 별 효과를 거둘 수 없다. 경매를 통해 내가 이루고 싶은 것이 무엇인지 항상 머리에 새겨두고 꾸준히 노력하자. 이렇게 날마다 꾸준히 노력하면 누구도 함부로 무너뜨릴 수 없는 견고한 탑을 쌓을 수 있고, 그로 인해 저절로 따라오는 수익이 당신의 인생을 바꿔줄 것이다. 당장 오늘부터라도 하나씩 실천해보길 바란다.

그런데 지금까지 나열한 방법을 읽어본 후 이렇게 생각하는 사람도 있을 것이다.

'에이…… 저렇게 행동하면 사회생활을 어떻게 하라는 거야? 직장에서 왕따 되면 어쩌라고?'

직장에서 모든 이들과 두루 잘 지내고 평생 월급 받으며 행복하게 살 수 있을 거라 생각하는가?

대부분의 회사가 개개인에게 원하는 것은 부속품 역할을 충실히 하는 것이다. 물론 그렇지 않은 회사도 있겠지만 필자가 느낀 바로는 그렇다. 개성이나 아이디어보다는 지금껏 해온 안전한 일을 계속하고, 저렴한 비용으로 많은 소득을 창출하는 것이 회사의 목표다. 구성원들은 각자의 자리에서 맡은 일을 충실히 해야만 소득 창출이 가능하나. 물론 그렇게 해야 월급이 나온다. 그 과정에서 낡은 부속품은 새로운 부품으로 갈아 끼워진다.

그렇다고 직장생활을 무조건 평가절하하는 것은 아니다. 당장 회사를 그만두라는 얘기가 아니라, 원치 않은 때에 본인 의사와 상관없이 다른 누군가로 교체되기 전에, 시간을 좀 더 쪼개서 적극적으로 미래를 준비하라는 말이다. 나 역시 10년이란 시간 동안 직장에 충실한 삶을 살았고, 많은 것들을 배울 수 있었다. 직장이라는 경제적 버팀목이 있을 때 차근차근 실력을 쌓아가다가, 경매를 통한 월수입이 월급의 80% 정도가 될 때 그만둬도 늦지 않다. 효율적인 시간 관리를 통해 실력을 쌓고, 효과적인 사전조사와 현장조사를 통해 수익을 늘려나가기 바란다.

땀 흘려 키운 투자 체력이 경제적 자유를 안겨준다

"3,000만 원으로 1년 만에 2억을 벌었습니다."

이런 낙찰 성공사례는 이 책에 담겨 있지 않다. 글쓴이의 관점에서, 낙찰 성공사례를 책에 담는다는 것은 어려운 이론이나 딱딱한 실무적 내용을 쓰는 것보다 좀 더 많은 분량을 편하게 써 내려갈 수 있음을 의미한다. 길지 않은 기간 동안 한 권의 책을 쓰면서 한 페이지 채우는 것이 결코 쉽지 않다는 사실을 깨달았다. 빈 칸으로 남아 있는 페이지를 채우기 위해 낙찰 사례 몇 건을 넣고 싶은 충동이 들었던 것도 사실이다. 어차피 투자나 명도를 진행할 때 메모해둔 게 있으니 쓰는 일은 어렵지 않을 터였다.

독자의 관점에서, 낙찰 후기는 '나도 이렇게 돈을 벌 수 있겠구나'라는 가슴 떨림과 자신감을 얻을 수 있음을 의미한다. 지루하지 않게 읽을 수 있는 구간이기도 하다. 그러나 낙찰 성공사례는 이미 지나간 일일 뿐, 똑같이 흉내 낸다고 돈을 벌 수 있는 것은 아니다. 한 페이지라도 낭비하지 않고 투자물건을 고르는 데 실제 도움이 될 만한 조사 방법, 관련 법조문 찾는 방법 등 물고기를 낚아 올리는 방법을 알려주고 싶었다.

시중에는 성공사례로 포장해 독자의 흥미를 불러일으키는, 검증되지 않은 책이나 강의가 적지 않다. 컨설팅, 기획부동산, 상가분양업체의 영업 행위도 마찬가지다. 실제로 이러한 책이나 강의를 접하고는 1~2년 만에 많은 돈을 벌 수 있다며 추천물건만 사면 수익이 발생한다고 맹목적으로 신뢰하는 초심자들을 본 적이 있었다. 당시 그들은 마치 아편에 취한 듯 잔뜩 흥분한 상태에서 빚을 내거나 친구의 쌈짓돈을 모은 후 관광버스를 타고 다니며 추천물건을 아무런 판단 없이 경쟁석으로 사들였다. 필자가 아무리 "당장 등기이전해서 부동산 개수를 늘리는 데 집중하지 말고, 본인이 직접 판단할 수 있을 때 사도 늦지 않아요"라며 천천히 매입할 것을 권해도 전혀 듣지 않았다. 그러다 짧게는 1년, 혹은 2~4년 후 풀죽은 목소리로 전화가 온다.

"전세버스 타고 가서 샀던 아파트 전세가 4,000만 원이나 빠졌는데 어쩌죠?"

"분명히 오래된 단독 허물고 다가구 신축된다고 했는데 구청에서 안 된대요."

"월세 350만 원 내던 상가 세입자가 나갔는데 지금 시세가 100만 원이라네요."

"분명히 개발할 수 있다고 했는데 상수원 보호구역이라 개발할 수 없다는데요?"

이제 와서 해줄 수 있는 일은 아무것도 없다. 샀던 가격보다 훨씬 저렴하게 시장에 내놓고, 본인처럼 눈먼 누군가가 매수해주길 기다리는 수밖에 없다. 어떤 일이든 처음 시작할 때에는 시행착오를 겪게 마련이다. 단, 스스로 공부해서 판단하고, 자신의 경제력으로 감당할 수 있을 만큼의 저렴한 물건을 매입했는데 실패한 경우라면 그 경험을 발판 삼아 더 좋은 방향으로 나아갈 수 있다. 그러나 위험요인을 모른 채 추천으로 매입한 고가 물건이 실패한다면 하천 위의 나무다리가 부서진 것처럼 물에 휩쓸려 가버린다. 바라건대, 이 책만큼은 소문에 휩싸여 급하게 이익을 좇게 만들기보다 적당히 찬물을 끼얹으며 냉정함을 찾는 데 도움을 주는 역할을 했으면 한다.

부동산 투자의 큰 장점 중 하나가 수익을 예측하고 안전하게 투자할 수 있다는 것이다. 그러나 다른 사람의 추천만으로 부동산을 매입하는 것은 투자가 아니라 도박에 더 가깝다. 평소에 항상 관심을 두고 공부하는 것도 중요하지만, 그럴 시간이 부족하다면 적어도 계약금을 입금하기 전에 이 책에 제시된 기준들을 통해 한 번만 더 냉철하게 생각해보고 매입하길 바란다. 그렇게 위험요인을 하나하나 제거하고, 가치가 상승할 만한 요인을 찾는 데 집중하고 분석하며 현장조사를 다니다 보면 어느새 부동산 실력이 늘어난 것을 느끼게 된다. 이를 수년간 꾸준히 반복하다 보면 자신이 원하던 경제적 자유에 성큼 가까워지고, 궁극적으로는 직장에 얽매여 시간에 쫓기지 않는 삶을 살 수 있게 될 것이다.

경기, 공급량, 금리, 개발계획에 따라 아파트, 상가, 토지 등 각각의 부동산별로 투자의 적기가 따로 존재한다. 그러니 아파트 갭투자 등 한 가지 종목에만 한정하지 말고 폭넓게 공부하다 보면 더 많은 기회를 만날 수 있을 거라 장담한다. 누군가 운 좋게 부동산으로 쉽게 많은 돈을 벌었다고 해서 절대로 부러워하지 말자. 그 운 좋은 사람은 부동산 투자에 맛은 들였지만 어차피 다음 투자처를 혼자 찾는 방법을 모른다. 결국 쉽게 번 돈은 쉽게 나가게 마련이고, 아무리 높아도 모래성은 무너지게 되어 있다.

소액으로라도 책에 제시한 기준을 대입해 분석하고 현장조사를 다니는 등 천천히, 그리고 꾸준히 노력하면 태풍이 와도 무너지지 않을 자신만의 견고한 콘크리트 계단을 만들어 올라갈 수 있을 것이다. 모쪼록 부족한 이 책이 독자 여러분의 투자생활에 작은 디딤돌이라도 되었으면 하는 바람이다.

빅데이터
경매분석
이렇게 쉽다고?

1판 1쇄 발행 2020년 2월 24일

글 최윤석
편집 강은
발행 지지옥션
발행인 강명주

디자인 All design group
인쇄 올인피앤비

전화 02-711-9114
등록일자 2010년 4월 16일 제2008-000021호
주소 서울 용산구 청파로 49길3, 지지옥션빌딩 7층
ISBN 979-11-959514-3-7 13320
가격 16,700원